南开大学
世界古史
论　丛

由南开大学中外文明交叉科学中心资助出版
南开大学中外文明交叉科学中心文明互鉴系列

俄罗斯史与英国史探研

Researches on Russian
and British History

李景云　张义德————著

江苏人民出版社

图书在版编目（CIP）数据

俄罗斯史与英国史探研 / 李景云，张义德著. —南
京：江苏人民出版社，2023.11
（南开大学世界古史论丛）
ISBN 978 - 7 - 214 - 28430 - 3

Ⅰ. ①俄… Ⅱ. ①李… ②张… Ⅲ. ①俄罗斯－古代
史－研究②英国－古代史－研究 Ⅳ. ①K512.207
②K561.207

中国国家版本馆 CIP 数据核字（2023）第 190984 号

书　　　名	俄罗斯史与英国史探研
著　　　者	李景云　张义德
责 任 编 辑	魏　冉
责 任 监 制	王　娟
装 帧 设 计	刘　俊
出 版 发 行	江苏人民出版社
地　　　址	南京市湖南路 1 号 A 楼，邮编：210009
照　　　排	江苏凤凰制版有限公司
印　　　刷	南京新洲印刷有限公司
开　　　本	652 毫米×960 毫米　1/16
印　　　张	19.25　插页 4
字　　　数	260 千字
版　　　次	2023 年 11 月第 1 版
印　　　次	2023 年 11 月第 1 次印刷
标 准 书 号	ISBN 978 - 7 - 214 - 28430 - 3
定　　　价	80.00 元

（江苏人民出版社图书凡印装错误可向承印厂调换）

"南开大学世界古史论丛"总序

　　南开大学历史学科即将迎来建立百年的日子,为纪念这一重要时刻,特推出"南开大学世界古史论丛"。作为南开大学世界史学科发展的重要学科领域,世界上古中古史学科方向经几代学者的不懈努力,不仅培养了大批学有专长的后备人才,而且取得了显著的科研成果。在世界上古中古史学科发展的历史上,涌现出蒋廷黻(曾开设欧洲文艺复兴史)、雷海宗、黎国彬、辜燮高、陈楠、王敦书、于可、李景云等蜚声国内外的老一辈学者群体,他们的弟子遍及海内外,也为其后以陈志强、杨巨平和王以欣等学者为代表的学科中坚力量的发展打下了坚实的学术基础。

　　改革开放以来,本学科优势持续发扬光大,呈现出令人可喜的局面,形成了西方古典史、拜占庭史、希腊化史、古代中西交流史、古埃及学等诸多国内领先的研究领域,在国内外学界的影响力持续增强。作为南开大学世界史学科重要的组成部分。世界上古中古史学科方向建立了南开大学希腊研究中心(教育部国别和区域研究备案中心)、西方古典文明研究中心、东欧拜占庭研究中心、丝路古代文明研究中心等学术机构,承担国家社科基金重大项目及以下各级别研究课题多项,培养了数以百计的硕士和博士生,他们已经成为国内各高校和科研机构的骨干力量。

为了继承和发扬传统、回顾和总结经验和成果、激励后学,在学院和学校各级领导大力支持下,我们决定共同努力,收集整理南开大学世界史老中青三代教师们的相关成果,编辑和出版"南开大学世界古史论丛"。该论丛以马克思主义历史唯物论为指导,突出学术性,展现南开大学世界上古中古史研究的实力,并向南开大学历史学科百年生日献上一束花,祝愿学科发展再上层楼。

前　言

那些默默无闻的老师们
——南开大学历史系世界史的老师们
陈志强

　　李景云和张义德两位老师合著的作品即将问世，我在高兴之余，深切地缅怀已经仙逝的李景云老师，也祝90岁高龄的张义德老师身体健康。

　　为了做好两位先生的文稿整理工作，我和肖玉秋多次造访他们各自简陋的家，与听力下降的张友伦和张义德先生交流虽然十分困难，但重新坐在老师的身边，好像又回到了几十年前聆听他们教诲的时候，那时他们可都是正当学术壮年的"彪形大汉"。确实，他们两位都是身高超过180厘米的男子汉，即便如今都已年逾耄背，也都呈现出老者的身态，但仍然不失伟岸雄姿。正是在这个过程中，我们有幸获得了再次向老先生们学习的机会。走出老师的家门，和他们一样的、那些默默无闻的老师们重现在我的眼前，特别是当夜深人静时，脑海中总是浮现出他们的身影，其音容笑貌历历在目，犹如昨日。

　　1978年初，当我们兴冲冲走进遍布"防震棚"的南开大学校园时，简陋的教学条件丝毫没有影响同学们争抢郑天挺、王玉哲、杨志玖、吴廷璆、杨生茂、杨翼骧、黎国彬、来新夏、魏宏运等老先生的课程，现在想来，那时的他们都属于中年。同学们的注意力似乎都被那些大名鼎鼎的学者所吸引，其中还包括被同学们私下冠以"四大才子"的刘泽华、冯尔康、陈振江和李喜所。事实上，随着各门课程的陆续展开,我们逐渐认识了更多老师,他们虽然不似"老先生"那么有名气,但各个身怀绝技,讲课特色鲜明,于可的幽默、张友伦的庄重、王敦书的才华、南炳文的谦和、洪国起的条理、孙香兰的热情、张义德的豁达、张象的善辩、王涛的活跃、朱英瑞的英武、季邵德的激情、郭定达的笑话,等等,给同学们留下了深刻印象,至今是同学聚会的话题。

我们这一代人绝大多数经历了"文革"的磨难,能有机会进入全国排名前五的名校南开大学,是做梦都不敢想的事情。在拨乱反正的大氛围中,同学们的学习热情极为高涨,第一时间便陷入了几近疯狂的读书和思考之中,都像第一次跳进知识大海的人一样,自由自在地畅游,如饥似渴地吸收老师们讲授的新知,在辩论中无比幸福地感受学问和见识的智慧之光,夜以继日地从学问中增强自身的力量。那时,全社会都在深刻的反思中,为了解开我们这个有悠久历史文化传统的民族何以发生多次自我摧残的迷局而积极思考,也使得我们的历史责任感更为强烈,学习的动力更加强大。责任感促生的强大学习动力得到老师们的呵护,他们对学生爱护有加,倾全力认真教学,绞尽脑汁解答来自同学的各种"刁钻"问题。

南开大学历史系名师荟萃,改革开放的春天也激发出他们的学术青春,自郑天挺以下所有老师都争相走上讲台。近些年,许多老师的弟子门徒包括我自己在内都在不同场合畅谈恩师们的往事,或撰文回忆先生们的道德文章。我这里想聊聊我身边那些名气不大但默默无闻地教书育人的老师们。例如李景云老师。我们入学时,很多学校都在仓促准备复课,有些课程也没有专门老师做好上讲台的准备。比如北京大学中国史就因此推迟一年招收本科生,而世界史也因此比中国史提前一年招生。我们七七级的世界古代中世纪史基础课就是于可老师持续一年贯通讲下来的,因此我也无缘认识李景云老师。直到1982年初我留校任教后,直接成为她的助教,参与教学工作。

李景云老师是南方人，但地方口音并不明显，她声音清晰，富有磁性，讲课风格特别干脆利索。据说李景云老师是 1953 年作为南开大学历史系优秀毕业生留校任教的，三十年过去了，她仍旧保持着青春时代任教南开大学的风采。她个子不高，微胖，一张四川人的圆脸，皮肤特别白，一头短发干净利索，和同学讲话总是露出慈爱的笑容，对我也是如此。因此每次上课前，我都会格外当心，提前到教研室，拿好李景云老师上课使用的大地图，并在课堂黑板旁边挂好。那时的教学条件比较差，为了挂好地图，我总是不免在上课前手忙脚乱地寻找挂地图的钉子。这些地图非常适合教学用，是历史系特别聘请的男老师李先生专门整理绘制出来的，现在学院里可能没有人再能记得那位李先生了，这些为历史系学生成长默默做出贡献的老师本来都应该受到尊重。李景云老师讲课我做助教，原来的计划是：我跟着她学习，积累相关的教学经验、通过教研室试听审核批准后，也上讲台讲授世界中世纪史。这个计划仅仅实施了一个学期，便因为我出国留学而中断了。1983 年底，我受国家教委公派、南开大学具体落实派遣任务，去希腊亚里士多德大学进修学习拜占庭史和希腊语。没想到这一去就是两年，直到 1985 年下半年回国。这期间，我一直忐忑不安的是，我们原定的计划没有落实，原本应该由两位教师承担的世界中世纪史基础课都压在了李景云老师一个人身上。所以，回国后去拜见她时，我表达了十分抱歉的意思。没想到她特别爽快地说，没关系，公派留学机会难得，回来就好。从 1986 年初，我经过试讲和教研室老师试听审核批准后，正式开始走上南开大学历史系教学讲台，首先为 1985 年入学的新生讲授世界中世纪史。

曲折的事情到此并未结束。1989 年中，我在于可老师指导下完成了硕士学位论文写作，并结束了硕士论文答辩。而后，根据我在希腊亚里士多德大学进修学习时的指导教师雅尼卡拉扬诺布鲁斯教授的建议，返回希腊攻读博士学位。这就意味着，1983年制定的计划又要拖延了，李景云老师还是要一个人完成两个人的教学任务，原本由两个老师轮流讲授的本科生基础课任务将再次集中落在李景云老师身上。我确实感到很内疚，但渴望完成博士学业的想法压倒了一切。临行前，我向李景云老师辞行，她特别大度地建议我，不要因为上课的事情有压力，珍惜留学机会，好好读书，学成以后，回来好好工作不迟。我内心非常感谢李景云老师，深知作为留苏高才生张友伦老师家属的她，一定有理解和支持我的独特理由。

计划最终的落实一直要到1994年年底我结束留学生涯回到母校。1995年初，我接续中断多年的世界中世纪史基础课讲授，为了弥补以往耽误的授课缺失，连续几年讲授这门误。同时，作为负责历史系本科教学工作的副系主任，我陆续开设了多门选修课。当我登门拜访李景云老师，并请教问题时，她把整理好的教学用地图和许多教学资料，郑重地交给我。这时我才意识到，李景云老师已经到了退休的年龄了。时间真快！这么多年来，李景云老师尽心尽力地讲好世界中世纪史基础课，将青春年华和时间精力都默默无闻地贡献给了学生们，也帮助我这个年轻教师逐步成长。也许，李景云老师在后辈人那里默默无闻，如今在历史学院教师中没有多少青年教师还记得她，但在她的学生心中、在我的心中，她大名鼎鼎，令人终生难忘。

我们教研室还有一位陈楠老师，体弱多病，瘦瘦小小的，因此没有给我们正式讲授过大课。但是，她为我们几个同学组织的"中世纪兴趣小组"进行专业辅导，记得每两周她就安排我们几个同学在教研室里围桌而坐。先听陈楠老师讲解，而后围绕一个问题讨论。她总是笑眯眯地看着同学们高谈阔论，从来不否定同学的见解，其大家闺秀的儒雅令人尊敬。记得我们小组里有个叫程培英的女同学,在陈楠老师的指导下还在《南开学报》上正式发表了一篇学术论文,大家都非常羡慕。后来我毕业留校工作,就有机会常常去她家里拜访,请教问题。我出国前还专门去看过她,她送给我的几本中世纪资料书籍至今还珍藏在我的书架上。去她家拜访给我印象最深的就是要设法"突破"其丈夫谢主编的"封锁",因为他要保证她养病的安静环境。我非常理解他的严厉,但与陈楠老师的和颜悦色形成极度反差,至今记忆犹新。

　　和我所在教研室那些老师一样,我们在大学本科学习中还有许多名不见经传的老师们,他们有的已经作古,有的年迈体弱不常出门,有的早就离开南开大院住到别处去了。可是,我到了常常陷入回忆的年龄了,他们的身影不时就会浮现在我的眼前。举几个例子说说吧。我们在强化基本理论学习中,非常折服于朱英瑞老师,他身材适中,举止文雅,总是衣着得体,发丝不乱,无论是在阶梯教室讲课还是与同学交流,常能有条不紊,对答如流,对哲学问题的阐释,特别是那些有些绕口的哲学概念和基本原理,在朱老师口中都变成了通俗易懂的知识。同样,讲授经济学的郭定达老师也有很深的理论素养,特别是对马克思主义经济学有深刻的理解,他用平实的语言讲好一百多年来最伟大的理论很不简单,同学们回到宿舍里还在笑谈他在课上举出的例子。多年后,我有幸与他住在同一门栋,时常聊起他对马克思主义理论新的思考,直到他在刚刚修好的白堤路上出事。如今,每每路过这条道上的红绿灯,都会想起他兴致勃勃谈论学术问题的样子。还有洪国起老师在世界现代史课上,细论马克思主义历史唯物论,娓娓道来,条理清晰,逻辑严谨,那时他还没有去行政楼工作,全身心投入本科教学。我作为班长,多次去他北村简易筒子楼的家,记得他总是伏在床上备课。多少年后,他担任南开大学党委书记期间,我们有机会见面谈工作时,他伏在床上的侧面剪影总会浮现在眼前。讲授非洲史的张象老师讲课激情四射，唾沫星子乱飞，每堂课下来，嘴角泛着白色的唾液。那时国内研究非洲的老师非常少，对非洲的认知也不深刻，但张老师对非洲历史的深刻理解却令大家印象深刻，因为他总是能将复杂多变的非洲重大事件放在现代世界的大背景下去说明。讲中国现代史的高德福老师和张友伦、张义德两位老师有一比，也同样身材魁伟，声音洪亮，讲起课来滔滔不绝，直到下课铃响，便用"时间有限，这里就不展开了"作为结束语，而这个"这里就不展开了"后来成为同学中流传的一个"话梗"。同样讲授中国现代史的诸庆清老师也是这样，他对中国社会"三千年未有之大变局"时期的历史烂熟于心，无论是人物还是事件讲起来如数家珍，其南方（杭州）口音很有特点，下课时常常讲得满口白沫，意犹未尽。黄若迟老师讲世界当代史课，风格火辣，激情四射，感染力极强，讲到激动时她满脸涨红，矮胖的身材似乎燃烧起熊熊大火，同学们都被带入了历史的现场。说起讲课动情的老师非中文系来我系讲授古汉语的季邵德老师莫属，他讲课最有感情，讲到《孔雀东南飞》"徘徊庭树下，自挂东南枝"时，泪眼惺忪，声音颤抖，至今我重读这首诗时眼前仍浮现出"季子"的形象。

自 1978 年初 26 岁时进入南开大学学习，如今我在南开大院里度过了 43 个春秋，岁月流逝，弹指挥间。但本科课堂上教育我的那些老师还清晰地镌刻在脑海中，还不时浮现在眼前，时时激励我，不忘初心，努力前行。

于南开大学龙兴里教师公寓
2021 年 4 月 10 日

师恩如山　感念似海

——记我的硕士生导师张义德教授

肖玉秋

　　早就有写写我的硕士生导师张义德教授的愿望，但因为各种琐事一拖再拖。幸有出版先生文集的机会，让我下决心放下手头的工作，与我既熟悉又陌生的恩师好好聊一聊。采访于 2021 年 1 月 20 日和 30 日分两次进行。先生已到鲐背之年，听觉和视力大不如从前，再加上上海人的口音，所以有些沟通需要反复重复。但庆幸的是先生精神矍铄，思维相当清楚，甚至能回忆起一些人名和地名。在和先生聊之前，我也从网上做了一些功课。当我提及先生的同学等细节时，先生总是惊诧地问："你是怎么知道的啊！"在整个采访过程中，先生谈笑风生，使我想起了三十多年前在先生门下读书的许多故事。谨以此文字记录下我和先生的师生缘分！

　　张义德先生 1931 年出生在江苏江阴。父亲张鸿宾于 1927 年与表兄弟合股在上海开了三家"同保康"中药店，家境殷实。经查阅相关文献，得知"同保康国药号"以"同心同德保安保康"为宗旨，早在 1993 年就被命名为第一批中华老字号企业。先生的初中，一开始在上海的一所离家较远的中学就读。因为舅舅在常州教书，故初三时又转至常州的一所中学，由舅舅照管。淮海战役打响后，父亲考虑到战事及安全问题，嘱儿子回到上海。先生从 1948 年起进入上海华侨中学（现已改名为少云中学）念高中。先生笑称，这个中学虽名叫华侨中学，实际上跟"华侨"一点关系也没有。当时母亲患有肺病，父亲担心传染给儿子，就安排他在学校寄宿。由于华侨中学坐落在复旦大学附近，所以华侨中学的大部分老师是由复旦大学的年轻教师和高年级学生担任的。因为有复旦教师代课，华侨中学的整体教学水平还是比较高的。高中期间，先生为人正直，追求进步，学习成绩很好，在学生们中颇得信任，被推选为江湾区学生界代表，参加了第一届江湾区人民代表会议，之后又被区人民代表会议推选参加了上海市人民代表会议，选举产生第一届上海市人民代表大会代表。其间曾见到中华人民共和国成立后第一任上海市长陈毅，并获陈毅市长签名。

念高中时，先生就立下志愿：高中毕业后，要上大学，而且一定要到北京去上大学。当时的想法很简单，就认为上大学念书是正道。先生开玩笑说："上海有复旦大学、震旦大学等，就近念大学很方便，但我当时邪了个门，一门心思上北京。"之所以考历史系，与当时在华侨中学教书的复旦大学高年级学生金冲及[1]有很大关系。由于自己对大学里的专业并不清楚，就去向金冲及咨询。金冲及直截了当地说："要考北京，那北京大学当然是最好的啦！就考历史专业吧！""哈哈，他本人是学历史的，所以也建议我报考历史专业。他对我帮助很大，或者说影响很大。"——回想起此事时先生开心地说。1951年先生如愿考上北京大学史学系，是当年华侨中学唯一一位考上北大的学生。

先生是在1952年12月读大二时加入中国共产党的。我很好奇，从一位资本家的儿子成长为一名中共党员，经历了怎样的心路历程。但先生的回答，让我瞬间开悟。用先生自己的话说，"我是革命青年呀！"至今先生清楚地记得自己的两位入党介绍人：一位是本

---

[1] 金冲及，1948年加入中国共产党，1951年毕业于复旦大学历史学系。为著名的中国近代史和中共党史研究专家。曾任中国史学会会长，第七、八、九届全国政协委员。

系高年级的女同学,叫马模贞,是党支部成员,另一位是哲学系的同学,名叫华海峰,因为是上海老乡,对自己比较了解。三反五反运动开始后,先生作为北京工作队成员被派往上海参加运动。同行的人说:"你这是要革你爸爸的命呀! 你回上海以后怎么办啊?"先生毫不犹豫地回答:"该咋办就咋办!"先生正好被派到自家旁边的一个区,离家很近。"工作队住在提篮桥,那里有个监狱,腾出一大片儿地,我们就睡在那里。"大家知道先生的家就住在附近,问先生"回家吗?",先生说:"我不回家。要是你们觉得需要我工作,那你们尽可以派我工作。"先生的表现,显然是当时一位进步青年思想和行动的真实写照。

据先生回忆,大学第一年时,宿舍在城里北院,即北河沿,同时在红楼上课,北院距红楼步行十几分钟。翌年,即 1952 年,全国高等学校院系调整,由于北大历史系与清华历史系、燕京历史系合并而规模扩大,学生们就搬迁到了城外的校园——燕京大学所在地。本科期间印象最深的课程是杨人楩先生讲授的《世界近代史》。作为我国法国革命史和非洲史研究的开拓者,杨人楩先生的课为他打下了坚实的世界史基础。关于系主任翦伯赞,先生风趣地说,翦伯赞是名人呀,对他这样一位学生来说是遥不可及、高不可攀的。先生大学同班同学中有郑克晟和付同钦,前者是我国著名历史学家郑天挺①先生的儿子,后者是其未来的儿媳。二人后来均为南开大学历史系教授。

1955 年,先生大学毕业,大部分同窗好友都走上了工作岗位,而先生的志向是去中国人民大学读中国共产党党史专业研究生,原因是先生对中共党史抱有浓厚的兴趣,人大又是他心仪的好学校,而

---

① 1952 年高校院系调整,郑天挺先生由北京大学史学系调至南开大学历史系,任教授、系主任和中国史教研室主任。

且将来学成之后能从事中共党史的教学与研究工作。然而，就在先生等待分配之际，情况发生了变化。北大历史系安排先生留校读苏联史专业研究生。这意味着先生将必须放弃自己的既定计划，但先生义无反顾地服从了组织的分配。当时北大历史系临时办起了研究生班，聘请莫斯科大学谢拉菲玛·伊万诺夫娜·安东诺娃（Серафима Ивановна Антонова）①教授专门讲授苏联史。研究生班配有俄语翻译张广达，由1955年初调至北大历史系的杨人楩先生的夫人张蓉初担任助教，包括七位正式学生，还有校外来的一些进修生。苏联专家没有固定的教材，但教学手段灵活多样，富有启发性。安东诺娃讲授之后，会安排Семинар。Семинар俄文的意思是"课堂讨论""小讨论会"，汉语译成"习明纳尔"。②"习明纳尔"不是一学期一两次，而是经常有。为了在"习明纳尔"上有言可发，每位学生课下都要认真准备一番。虽然读本科时学过俄语，但突然间听起了苏联专家的课，还是困难重重，其不适应是可想而知的。研究生阶段，先生继续学习俄语，老师是北大俄语系派来的助教。但直至研究生毕业，也只是学了基础俄语。先生留在北大读研，看起来是机缘巧合，实际上与先生一心向学，志向高远密不可分。上名校，受教于名师，别说是在教育资源极端匮乏的新中国成立之初，就是在高校不断扩招的当下，也是令人向往和令人艳羡的事情。虽说上北大研究生班，对先生来说是一次被动的选择，然而恰恰是这个选择决定了先生一生的研究方向。

北大历史系的这个研究生班，用现在的话说，是小班授课。据

---

① 生于1909年，2007年去世。莫斯科大学历史系教授，著名历史学家。曾参加苏联卫国战争，获"保卫莫斯科"勋章。1955—1957年作为苏联专家来华，在北京大学历史系开办苏联史研究生班，被授予"苏中友谊勋章"。著有《斯托雷平农业政策改革对工人阶级构成的影响》《作为苏联历史文献的定期出版物（1895—1917）》《资本主义时期的苏联历史统计文献》《一个苏联人的回忆》等。

② 参见刘瑜：《难忘的岁月——忆恩师谢·伊·安东诺娃教授》，载王春梅、王美秀主编：《那时我们正年轻——北京大学历史系友回忆录》，现代教育出版社，2006年。

安东诺娃回忆,在研究生班听课的不仅有北京大学的研究生,还有来自其他高校的历史老师,一共有 17 个人。她需要在两年的时间里为学生讲完自古迄今的苏联历史。① 她真诚对待每一位中国同事和同学,与中国师生建立了亲密的友谊。她对教学工作非常投入,循循善诱。她充分考虑同学们的兴趣,自费购买各种苏联历史书籍和文学名著赠送给他们阅读。她当时这样对同学们说:"我没有预先在这些书上给你们每个人题字,因为我不确定你们选择什么。你们要自己选择。我爱你们所有的人,但你们的兴趣各不相同,所以你们要自己选书。"②在讲述库里科沃战役的时候,安东诺娃将布勃诺夫的《库里科沃战场的早晨》和阿维洛夫的《佩列斯韦特与切卢别伊的决斗》油画的复制品带到课堂上,让同学们在学习历史的同时,感受俄罗斯现实主义绘画艺术的魅力。先生在谈及研究生班的学习和生活时,特别强调"安东诺娃人特好",可以想见当时班里良好的学习和生活气氛。难怪 20 世纪 90 年代,当母校北大在校友中征集感言时,先生写下了这样的文字:"对母校印象最深和令人最怀念的是平等的师生关系和融洽的同学关系。"③

1957 年先生被分配至天津南开大学历史系工作,任助教。两年后升任讲师。这期间,他一边查字典自学俄语,进一步提高俄语水平,一边关注学术研究动态。1959 年 10 月 17 日至 11 月 1 日,为庆祝南开大学建校四十周年,南开大学举行了科学讨论会。先生在《历史教学》发文,就历史系师生在讨论会上提交的论文进行了报道。④ 20 个世纪 60 年代,先生还曾请张蓉初先生来南开讲课,继续与张蓉初先生保持学术联系。与此同时,先生也响应党和国家号

---

① 而我国学界通常以 1917 年十月革命为界,把之前的历史称为"俄国史",而将之后称为"苏联史"。

② Антонова С. И. Воспоминания советского человека. Москва : Весь мир, 2014. С. 330.

③ 参见董耀会主编:《北大人》,书目文献出版社,1993 年,第 770 页。

④ 张义德:《南开举行科学讨论会》,《历史教学》1959 年第 11 期。

召,将绝大部分精力投入到社会工作中。来南开入职不久,先生就被下放到南八里台八个月。六七十年代,国家大力提倡开门办学。先生经常带学生到工厂、农村、部队,其中包括开滦煤矿、天津港、河北省盐山等。当时并不是所有的老师和学生都走出了校门,而是有一部分人留在学校上课。先生是党员,年纪轻,工作起来又任劳任怨,所以成了系里选派带队老师的理想人选。作为带队老师,出发之前,先生要与相关单位就吃住等问题沟通,事无巨细都要提前联系好;到了社会的"大课堂"后,负责组织学生与工农兵一起劳动,等等。因为经常派外活,与留在学校教课的教师相比,先生的教学量自然少,这对日后先生晋升教授产生了不利影响。[1] 当然,这段时间先生也无暇钻研学术,就连来南开之后一直自学的俄语也差一点荒疏了。

20世纪70年代末,恢复高考和改革开放让先生的学术生命重新焕发生机。相较于苏联史,先生更喜欢研究十月革命以前的俄国史,而且觉得年代"越远越好"。过去先生跟苏联专家学习的时候,也学过俄国史。但在参加工作以后,受时间和资料的限制,一直未能深入钻研探索。当时,改革开放伊始,获取外文资料是相当困难的,先生基本上依靠北京大学、北京图书馆(现为国家图书馆)的馆藏,经常到这些单位筛选、收集资料,并复印带回南开。从1980年起,先生连续发表多篇论文,重点论述沙俄在亚洲东北部的扩张及俄日关系。[2] 先生有一个宏大的目标,就是待时机成熟之后出版一部《俄国东扩史》。但直至1993年4月荣退,也未能如愿。

在先生诸多研究成果中,我对先生与米庆余教授合写的一篇题

---

[1] 先生晋升教授的时间是1990年12月。
[2] 张义德、米庆余:《评普提雅廷出使东亚》,《南开史学》1980年第2期;张义德、米庆余:《沙俄从亚洲东北部向太平洋的扩张和早期的俄日关系》,《南开学报》1980年第4期;张义德、米庆余:《一九〇四年日俄帝国主义战争的准备过程》,《南开学报》1983年第3期(人大复印报刊资料《世界史》1983年第6期转载)。

为《评普提雅廷出使东亚》的论文颇有兴趣,因为近些年我在研究俄国东正教在华传播历史的过程中,也曾写过一篇关于普提雅廷的小文。[①] 先生说,他当年研究普提雅廷,就是要通过梳理其人在19世纪50年代两次出使东亚、逼迫签订俄日《下田条约》、中俄《天津条约》等不平等条约的过程,说明其所扮演的不是什么"和平使节",而是效忠于沙皇侵略扩张政策的急先锋。在我看来,我们师徒二人在不同时期从不同角度评述了普提雅廷其人,不仅仅是因为其人在中俄关系和俄日关系中发挥了重要作用,师徒兴趣暗合也是一个不可忽视的因素。先生开创了南开的俄国史研究,但愿一代代南开人能扮演好传承人的角色,使南开的俄国史研究薪火相传!

与此同时,先生给本科生开设了基础课《世界现代史》,并与教研室诸位老师合作在1980年第7期《历史教学》上发表《世界现代史(1917—1945)教学大纲(讨论稿)》。[②] 此教学大纲虽名为讨论稿,但无疑在恢复全国高校的世界现代史教学方面起到了引领和示范的作用。20世纪90年代,先生组织众多作者撰写《外国大事典》之欧洲现代卷。先生亲列条目近二百条,分配任务。如今问及《外国大事典》之欧洲现代卷,先生谦虚地说"我只是一个组织者"。我当时刚留校,有幸参与撰写了欧洲现代国际关系部分的条目。于我而言,这是科研上的一次锻炼,更对教学大有裨益。无论是讲授20世纪国际关系概论,还是世界现代史的国际关系部分,我都信心满满,驾驭自如。

当然,先生讲授的苏联史选修课更具特色,也更具吸引力,一方面是因为先生在苏联史方面造诣高深,另一方面在改革开放之初学

---

① 参见肖玉秋:《〈中俄天津条约〉中关于俄国在华自由传教条款的订立与实施》,《福建师范大学学报》2010年第5期。拙文认为,普提雅廷是俄国在华传播东正教的积极推动者,不仅迫使清政府同意将允许俄国自由在华传教的内容纳入了《中俄天津条约》文本,而且还积极向俄国政府进言献策,促其落实。

② 张象、洪国起、张义德、林和坤、黄若迟:《世界现代史(1917—1945)教学大纲(讨论稿)》,《历史教学》1980年第7期。

生们也迫切想了解苏联社会主义建设的经验和教训。在苏联史课堂上，先生从列宁、斯大林，讲到赫鲁晓夫，再到勃列日涅夫，抽丝剥茧，娓娓道来。虽然先生从大学时代起就学习 1938 年苏联出版的《联共(布)党史简明教程》，但给学生授课时则完全摆脱了窠臼，力图将一部客观而公正的苏联历史呈现给学生们。我清楚地记得，在课堂讨论时，我发言的题目是《斯大林时期农业集体化运动的得与失》。我从生产力与生产关系的辩证关系出发，认为虽然这场运动使苏联个体农户走上了集体经营的社会主义大农业的道路，但当时个体农民尚没有改变农村生产关系的强烈愿望，全盘农业集体化的结果是伤害了农民的生产积极性，破坏了农村的生产力。随着先生对苏联史讲授的逐步推进，我也越来越深刻地感受到苏联历史对我国建设的启示意义。此外，先生还给本科生开设了选修课苏联外交史，这应该与先生承担《苏联现代史(1917—1945)》之第九章《二十年代至四十年代初的对外政策》的撰写工作之间存在密切关联。

在教学实践中，先生深感以往在中国学界颇有影响的潘克拉托娃的《苏联通史》等苏联学者的中译本著作已无法满足 20 世纪 80 年代的教学需要，萌生了编写苏联史教材的想法。先生是 1985 年在西安成立的中国苏联东欧史研究会的理事。在参加该研究会年会期间，先生与部分与会代表达成了编写苏联现代史教材的共识。先生出身北大，又是研究生班毕业，学历高，而且在南开大学任教，有号召力，也有组织力，所以主编一职非先生莫属。先生列出提纲，然后根据各位参与者的研究所长，分配任务。经过集体努力，历时 22 个月，《苏联现代史(1917—1945)》的书稿顺利交付出版社，于 1988 年正式出版。该书的 8 位作者来自武汉大学、四川大学、辽宁大学等高校，都是 20 世纪五六十年代成长起来、七八十年代活跃于教学第一线的教师。南开大学原校长滕维藻先生在序言中写道："这本书广泛地汲取了国内外学者的研究成果，在资料搜集和运用上，尽量做到了求新而翔实。"①该书由我国著名历史学家周谷城先生题写书名,不仅是我国学者撰写的第一本苏联史教材,也代表了自改革开放以来我国学界的研究状况和水平。至今《苏联现代史(1917—1945)》仍是苏联史研究领域的必读书。谈及该书的出版一事,先生说是由东北师范大学夏景才教授牵线,促成了在吉林文史出版社的出版。夏老师比先生年长,当年他来北大进修,在安东诺娃教授的研究生班上结识了正在读研的先生;三十年后,夏景才教授向吉林文史出版社的于永玉编辑推荐了先生主编的教材。《苏联现代史(1917—1945)》问世后,先生在北京开会时偶遇金冲及,还把该书赠予了金先生。当年的懵懂青年,只因为金先生的一次指引,就将历史学变成了自己的专业和职业,如今又送上了一本沉甸甸的著作,这实在令金先生始料未及!

先生并不以出版《苏联现代史(1917—1945)》为满足。在先生的计划中,还要续写1945年以后的苏联历史,即苏联现代史的下册。但出人意料的是1989年前后东欧发生剧变,1991年底苏联解体。在这种形势下,下册的出版计划夭折了。

苏联的解体令世界震惊。作为一名苏联史研究者,伤心以及由此激起的内心波澜可想而知。1999年先生撰文,纵论七十四年的苏联历史,剖析其演变过程。先生认为,在建国初期,列宁领导开创了苏联政治和经济发展的新局面,而斯大林模式却将其引进了死胡同。尽管赫鲁晓夫和勃列日涅夫尝试进行改革,但都没有超出斯大林的传统体制,都没有从死胡同里找到出路。当1991年"8·19事件"后苏共被赶下政治舞台,苏联的解体已不可避免。因此,先生的结论正如该文的标题所言,"苏联解体势属必然"。②

---

① 张义德主编:《苏联现代史(1917—1945)》,吉林文史出版社,1988年,序言第2页。
② 张义德:《苏联解体势属必然》,载南开大学历史研究所编《南开大学历史研究所建所二十周年纪念文集(1979—1999)》,南开大学出版社,1999年。

尽管如此，20世纪90年代先生还是认为，"就苏联史研究来说，目前的形势是从未有过的好"，原因有两点，第一是"束缚和干扰大为减少"，第二是"大批档案材料纷纷公布"。"若有年轻人抓住这一机遇，安心学问，定会大有作为的。"针对当时国内盛行的文人下海现象，先生给出了自己的看法："文人下海，搞倒卖，摆地摊，不高明，也不一定搞得好。"他殷切地寄语年轻人，"目光应远大些"。① 先生对科学工作的执着，深深影响了周围的人，特别是他的学生们。

先生一共培养了6名硕士研究生：蔡洪波（1985级）、张晓东（1985级）、杨杰（1986级）、刘瓒（1986级）、肖玉秋（1986级）、孙壮志（1988级）。在指导研究生方面，先生有自己的心得，一是重视选才，选拔读书好有潜质的学生，二是注重培养学生自主学习的能力，要求学生多读书，善思考。每当开学初，我们就到先生家去，先生给我们布置一学期的必读书目，之后隔一段时间就向先生汇报读书心得或请教问题，期末完成一篇读书报告。这完全不同于当今有固定教室和固定上课时间的研究生培养方式，而是给了学生更多的自主学习的权利和机会，然其培养效果完全不逊于如今的方式！在先生所培养的学生中，孙壮志已经成为我国的欧亚国际关系问题专家，现任中国社会科学院俄罗斯东欧中亚研究所所长和中国上海合作组织研究中心执行主任，著有《中亚五国对外关系》《中亚新格局与地区安全》等。此外，先生待人和蔼可亲，每年都会邀请学生到家里聚餐，每次都是先生下厨。当我们敲门进家时，各种烧好的菜已经摆满了圆桌。菜品精细、讲究，颇有南方菜的特点。我是天津人，尤爱吃鱼，但最常吃的是鲫鱼。我第一次吃黄鳝，就是在先生家，味道

---

① 1993年5月6日至10日，苏联东欧史研讨会在苏州铁道师范学院召开，来自全国的30余位专家学者参加了会议。会议期间，《苏州铁道师院报》的记者采访了包括先生在内的8位学者。以上内容摘自对先生的访谈。参见《知识分子应该有自己的声音——八教授谈文人下海及社会科学的现状与出路》，《苏州铁道师院报》，1993年6月5日。

很鲜美。先生精于厨艺,烧黄鳝是他的拿手菜。

先生还有一位特殊的学生,之所以说"特殊",是因为他并非先生的入门弟子,但我每次去看望荣退在家的先生时,先生总是不忘问及他的情况。他就是现任南开大学历史学院院长余新忠教授。余新忠本科就读于苏州铁道师范学院历史系,毕业留校在校报当编辑。1993年,先生去苏州铁道师范学院开会,余新忠采访了先生,[①]并向先生表达了自己从事中国社会史研究的志向和就学南开的愿望。先生回津后即向同事、我国著名的社会史家冯尔康教授做了推荐。不久,余新忠顺利通过了研究生考试。从1994年至2000年,师从冯先生攻读了硕士和博士学位。其间,先生对同为江南人的后学多有指导和关照,余新忠也对先生的关爱心怀感念。博士毕业留校后,不时前往家中拜访。如今,余新忠已是国内史学界的知名学者,特别是在医疗社会史领域用力甚勤,多有贡献。

先生于我尤有知遇之恩。我是1982年从天津外国语学院附属外国语学校(小外)考入南开大学历史系的,主修世界史专业。1985年9月,先生在主楼二楼历史系办公室问刚刚升入大四的我:"愿不愿意跟我读研究生啊?"——这意味着我不用自己考试,而是"保研"了!此时此刻,用"字字重千钧"来形容先生的话,一点儿也不为过!说实话,由于之前无任何思想准备,瞬间我的感觉只有"惊",而至于"喜",则是在回到自习室冷静下来之后才涌上心头的。9月新学期伊始,班上已经有同学开始备战考研,而我对未来却还没有明确的规划。至于"保研"一说,更是闻所未闻!要知道,当年是南开大学实行"保研"制度的第一年啊!但显然先生是有备而来。他从系里了解到我本科三年来一直是校级一等奖学金的获得者,又从给我们上公共俄语课的刘登科教授那里获悉我的俄语成绩优秀,于是主动

---

① 即上文提到的《苏州铁道师院报》的采访。

向系里提出收我为徒。从此,在历史系的一些师生中就有了这样一种"传说":肖玉秋是历史系第一位获得保研资格的学生。[1]

时光飞逝,转眼读研已经三年了,我又一次站到了人生的十字路口上。时任历史系主任的刘泽华先生在研究生培养和毕业生留校问题上大刀阔斧,锐意改革。他提出,毕业生要通过系里设立的各种考试环节,经过层层选拔和竞争,才能留校任教。这种做法在当下比较普遍,但在当时是相当超前的。在经过本人申请留校的程序后,我又顺利通过了外语笔试、外语口试和讲课三个环节的选拔,于 1989 年 6 月留校任教。所谓讲课环节,是讲给作为评委的本系十几位学富五车的先生听。我记得,当我走上主楼 224 教室的讲台、看到在座的诸位先生时,很是紧张。但由于准备充分,而且所讲内容又是在先生指导下完成的硕士学位论文的一部分,自己比较熟悉,再加上诸位先生的厚爱,我如愿以偿。之后有一次见到先生时,先生表扬我留校那一课讲的不错。我一脸茫然。要知道,先生作为导师是回避了那次试讲的呀!先生解释说,他是听历史系评委之一王永祥教授介绍的。王教授说他事先"完全没有想到肖玉秋有如此好的表现"。当时先生家住东村,王永祥教授住在同幢楼楼下,二人时常见面聊天。

2000 年我跟随王晓德教授在职攻读世界现代史专业的博士学位,四年后先生欣然接受王晓德教授的邀请参加了我的博士学位论文答辩。在随后出版的《俄国传教团与清代中俄文化交流》一书的后记中我如此表达了由衷的感激之情:"硕士生导师张义德教授领我得窥俄罗斯历史研究的门径,多年来不以我之无为而见弃,在工作和生活上时常惦念,以年迈之躯亲临我的博士学位论文答辩。"的

---

[1] 我是 1985 年世界史专业唯一获得保研资格的学生,同年获得保研资格的还有中国史专业的徐建生和博物馆专业的胡妍妍。

确,回首我的人生历程,每一步成长,特别是关键时刻,皆仰仗先生的关怀和帮助。如果没有当年先生的提携,我可能在大学毕业后就直接步入社会了,也就不可能有今天的我!师恩如山,感念似海!

先生严谨的治学态度和敬业精神也让我一生受益匪浅。确定保研之后,先生嘱咐我不要荒废大四一整年的时光。为了提高专业俄语水平,我开始阅读由苏联外长葛罗米柯主编的俄文版《苏联对外政策史》,并做了非常详细的笔记。结合我的读书情况,我和先生确定了我的本科毕业论文题目,即对葛罗米柯主编的《苏联对外政策史》进行评述。在写作过程中,先生悉心指点,严格把关,还把修改过的论文送到我所住的五宿舍楼下。从导师手中接过论文时,我除了感激,还深深领悟到为学和为师的真谛。当我也成了老师之后,始终以导师为榜样,认认真真地对待学生的每一篇论文。学生大大小小的论文,我都批改多遍,大至篇章结构、理论观点、文献使用,小至一字一标点,直到满意为止。我认为,每一位文科毕业生都必须具备过硬的写作本领,而学生的能力应该在写作每一篇论文的过程中得到锻炼和提高。为师者,除了做好本人的科研外,教书育人永远是第一位的。先生把严谨和敬业的接力棒传给了我,我则努力通过我的学生传下去,不论他们毕业后从事何种职业。

在1993年出版的《北大人》中,先生写道:"人生数十年犹似一瞬间,事业上乏于轰轰烈烈,但聊以自慰的是做到了尽职尽责。平生崇尚诚实。"先生为人诚恳踏实,工作尽职尽责。他的道德文章,是南开历史人的宝贵财富,值得我们一生学习!

附录:张义德著作与论文目录(据不完全统计)

1. 张义德主编:《苏联现代史(1917—1945)》,吉林文史出版社,1988年。

2. 张义德主编:《外国大事典》之欧洲现代卷,中国工商联合出版社,1993 年。

3. 张义德:《南开举行科学讨论会》,《历史教学》1959 年第
   11 期。

4. 张义德:《略论统一俄罗斯国家的形成》,《南开史学》1980 年
   第 1 期。

5. 张义德、米庆余:《评普提雅廷出使东亚》,《南开史学》1980
   年第 2 期。

6. 张义德、米庆余:《沙俄从亚洲东北部向太平洋的扩张和早期
   的俄日关系》,《南开学报》1980 年第 4 期。

7. 张象、洪国起、张义德、林和坤、黄若迟:《世界现代史(1917—
   1945)教学大纲(讨论稿)》,《历史教学》1980 年第 7 期。

8. 张义德、米庆余:《一九〇四年日俄帝国主义战争的准备过
   程》,《南开学报》1983 年第 3 期。(人大复印报刊资料《世界
   史》1983 年第 6 期转载)。

9. 张义德:《日本在西伯利亚武装干涉的破产》,《历史教学》
   1983 年第 7 期。

10. 米振波译、张义德校:《孙中山致加拉罕的两封信》,《党史研
    究资料》1985 年第 12 期。

11. 米镇波、张义德:《苏〈远东问题〉杂志发表孙中山的电报和
    书信》,《国外社会科学》1986 年第 3 期。

12. 张义德:《教育改革失败的原因》,《世界历史》1989 年第 1 期。

13. 张晓东、张义德、丁世斌:《苏联高级人才培养与社会经济发
    展》,《学位与研究生教育》1989 年第 5 期。

14. 张义德:《新经济政策是列宁对马克思主义理论的重大发
    展》,《历史学习》1997 年第 3 期。

15. 张义德:《"东方战线"是怎样建成的?》,《历史学习》1997 年
    第 4 期。

16. 张义德:《战后初期的苏联经济》,《历史教学》1997 年第
    9 期。

17. 张义德:《赫鲁晓夫与苏共二十大"秘密报告"》,《历史学习》
    1997 年第 10 期。

18. 张义德:《斯大林"抛开"新经济政策的得与失》,《历史学习》
    1998 年第 6 期。

19. 张义德:《苏联解体势属必然》,载南开大学历史研究所编
    《南开大学历史研究所建所二十周年纪念文集(1979—
    1999)》,南开大学出版社,1999 年。

目　录

李景云研究文章

张义德研究文章

李景云研究文章

本书所收录李景云先生的文章写作年代距今已三四十年，原稿许多注释缺少作者、出版地、出版者、出版时间等项，且引用文献多为外文。因作者去世，编者难以补充所缺项，出于尊重学者、维持历史资料原貌的考虑，在尽量统一本书体例的基础上，大部分所缺项编者未作添加。特此说明。

英国瓦特·泰勒起义

现在贿赂公行，

贪得视为聪明，

淫荡不以为耻，

纵欲没有罪名，

懒惰倒是时兴。

现在是时候了，

上帝一定要处分算清。

这是1381年英国农民起义的思想家约翰·保尔在他的一封信中写下的号召革命的诗句。起义前夕，像这样激烈的诗句和民谣广为流传，犹如散布在干柴上的点点火星，一下子就燃起了埋藏在英国农民心中愤怒的烈焰。的确，这次起义真像一场来势迅猛的烈火，顷刻之间就燃遍了英国东南部广大地区，全英格兰40个郡中约有25个郡举起了义旗。手持武器、锄头和棍棒的农民起义军，从四面八方涌向伦敦，使国王和他的骑士们闻风丧胆，溃不成军。1381年的农民起义，沉重地打击了英国封建主的反动统治，加速了农奴制度的崩溃，在英国人民革命斗争史上写下了光辉的篇章。

一、14 世纪英国社会矛盾的激化

（一）农民和城市居民的处境

1381 年夏季，英国的农民大起义运动波及全国，产生了很大的影响。这绝不是一个偶然现象，而是由于当时英国封建社会各种矛盾不断激化所引起的必然结果。在各种错综复杂的矛盾中，封建领主同农民之间的矛盾和斗争始终起着决定性的作用。

英国的封建化过程开始于公元 7 世纪，至 11 世纪末，"诺曼征服"英国后①，英国的封建制度才最后确立起来。12 至 15 世纪是英国封建社会发展和繁荣的重要阶段。在封建制度下，主要的生产资料土地都掌握在以英国国王为首的大小封建领主手中。11 世纪，英国国王拥有庄园 1420 个。伯爵、男爵、主教、修道院长等大封建领主也占有大片领地，如坎特伯雷教会的主教和教士们在肯特、泰晤士河流域和东盎格利亚等地就有庄园 50 处，这些地产的年收入，按

图 1　肯特伯爵领地的地主住宅

① 1066 年，英王爱德华死后，新王哈罗德继位，法国北部的诺曼底公爵威廉借口爱德华许以继承王位，侵入并征服英国，建立诺曼底王朝，史称"诺曼征服"。

13世纪末叶的货币计算，约合2500金镑。此外，还有大批中小封建领主，也占有相当数量的土地。正是这些大小封建领主支配着英国封建社会的经济、政治和居民的全部生活。

英国农民是封建主剥削压迫的主要对象。据11世纪末英王威廉一世所编成的《土地赋役调查簿》（又称《末日审判书》）记载，当时英国约有150万人口，其中农民，主要是农奴占90％以上。农奴大体分为两类：一类称为维兰，维兰占有30英亩土地，有自己的工具和牲畜；一类称为棚户，他们只占有极少量的土地，一般为5英亩，甚至更少，没有工具和牲畜。由于土地少，无法维持生活，棚户也从事其他工作，如打短工、作零活、耍手艺、做小贩等。农奴的负担十分沉重，在13世纪以前，一个维兰农奴，每周要为领主服劳役三至四天，必须缴纳实物税、货币代役租和教会什一税①。另外还要受各种苛捐杂税的盘剥，如婚姻税、继承税、卖牲口税、磨房税、烤炉税、酿酒机的使用费等等，还要负担国家的丹麦金②。

除了农奴，农村中还有少数自由人。所谓自由人，也是领主统治下的依附农民。他们所耕种的份地属于封建领主，要按时向领主缴纳封建地租，并且出席庄园法庭听从领主的支配。他们的自由是很有限的，而他们的负担同样是十分沉重的。

由于封建领主的残酷剥削，英国农民的处境十分悲惨。13世纪末，英国有句流行语："农民除了自己的肚子以外，别无所有"。这句话的确是英国农民生活的真实写照。

---

① 农民把农作物收入的十分之一交给教会，叫什一税，起初只限于谷物，以后扩大到农民的其他收入。
② 8至10世纪，丹麦人侵略英国期间，英国农民被迫向丹麦人缴纳的岁币，叫丹麦金，后来变成英国国家的经常税。

图 2　在领地管理人监视下服劳役的农民

英国的城市居民也是封建主的剥削对象。11 世纪,英国有城市80 个,13 世纪末,城市已经发展到 166 个。随着城市的发展,城市人口也不断增加。11 世纪,城市人口约占全国人口总数的 5%,到14 世纪中期已达 20%。

城市居民与农村的农奴相比,处境稍好一些。他们有一定的自治权,比直接处在封建主压迫下的农奴有较大的自由。但是,英国城市居民并没有完全摆脱封建主的统治而取得政治权利,甚至像伦敦这样的大城市也未建立城市自治机关。直到 14 世纪,英国的许

图 3　罗切斯特城堡

多城市还处于国王、修道院和其他封建主的直接统治之下。封建主的奴役和横征暴敛，常常引起城市居民的反抗，有时甚至发生武装冲突。因此，城市居民和封建主之间的矛盾日趋尖锐。

此外，城市居民内部也存在着矛盾。13 世纪以来，随着生产的逐步发展，城市内部已经产生财产分化，到14 世纪，城市富裕市民和城市下层人民（包括小手工业者、帮工和学徒）之间的矛盾逐渐激化。城市富裕市民往往把持市政、垄断城市经济命脉，实行贸易专利。例如，伦敦呢绒商强迫织工将产品卖给他们，因而取得批发和零售布匹的专利，对买主收取专利的价格，对织工却支付最低的工资，从中

图 4 行会会长和手工艺匠

获得巨额利润。更为严重的是，富裕市民往往利用其政治特权，把城市赋税负担转嫁给城市下层人民。伦敦市因捐款分配不均而发生冲突。后来，这场斗争演变为一场城市平民反对富裕市民的武装起义。起义者揭露伦敦富人"靠牺牲穷苦纳税人的利益来保护自己的钱包"。伦敦城市下层人民的起义，反映了城市内部的矛盾和贫富之间的尖锐对立已经发展到了不可调和的地步。

（二）社会矛盾的激化

14 世纪初期，英国经济迅速发展，城市增加到 160 多个，城市与乡村间的商品流通量大为增加，国内贸易欣欣向荣，粮食、菜蔬、肉类等农产品有了较为广阔的市场。国外贸易也迅速增长，羊毛大量出口，远销欧洲大陆，面粉也成为出口商品。这种情况使得英国封建领主与国内外市场发生了日益密切的联系。随着商品流通和对外贸易的发展而不断涌现的种种光怪陆离的奢侈品，对英国的封建

领主产生了不可抗拒的诱惑力。他们为了满足自己享乐的欲望，不惜以重金购置精致的武器、丝绸、细呢、天鹅绒等昂贵物品。

由于过度挥霍，封建领主日益感到经济窘迫，便加紧向农民索取更多的金钱，并增加劳役，以弥补不足。从此，货币地租逐渐代替劳役地租。在英国，早在11世纪就已经出现了货币地租。但是，那时的货币地租并不普遍，只是在交通方便、距离市场较近的地区才实行，而劳役地租始终占统治地位，13世纪更是盛行一时，直到14世纪，货币地租在英国农村逐步占了优势。

货币地租代替劳役地租，使农奴对领主的人身依附关系逐渐松弛，部分农奴在交纳赎金以后，可以获得人身自由。这种情况也加速了农村的两极分化，少数农民发财致富，多数农民贫困破产。例如14世纪的英国农村已出现拥有耕地60到100英亩、饲养几百头牲畜的富裕农民。这些富裕农民手中有余粮，在出卖农副产品时，可以待价而沽，从中牟利；而多数农民，为了交纳货币地租，不得不低价出售农副产品，不仅受封建领主的剥削，而且还受商人和高利贷者的勒索，不少人因此债台高筑，不得不受雇于他人当佣工，成为农村中的雇农，靠出卖劳动力为生。货币地租的推行，把英国农村的广大农民推向更加贫困的深渊。

14世纪，英国农民贫困化的另一个原因，是英国统治阶级对内对外政策造成的。1348年，黑死病①横扫欧洲，英国人口死亡过半，有些地区整个村庄的居民由于受传染而死亡殆尽。城乡劳动力急剧减少，田地荒芜，物价不断上涨，雇工要求提高工资。城乡封建主和城市富裕行东及商人，面临着劳动力缺乏和雇工不提高工资则拒绝受雇的威胁。以英王为代表的国家政权，从维护封建领主和城市雇主利益出发，颁布了一系列劳工法令：1349年的法令规定，凡12

---

① 黑死病即鼠疫。

岁到 60 岁的男女,没有土地和其他生活来源者,必须依照黑死病以前的工资受雇于任何需要劳动力的雇主。1351 年,国会再次规定,凡破坏雇佣法令者戴枷下狱。1361 年,新劳工法令规定,凡离开雇主者,不受法律保护,逮捕后用灼铁烙印。由于劳工法律的压迫,大批拒绝受雇的工人、农民被投入监狱,一些工人因要求提高工资而被判处罚金。3 年之间,工人被迫向政府交付了一万镑左右的罚款,横遭拘禁的工人更是不计其数。封建国家的这种倒行逆施激起了人民群众的无比愤怒,他们的反抗情绪日益高昂起来。

1337 年,英国和法国之间,为了争夺领土和法国西北部富庶的自治城市佛兰德尔,而开始了一场旷日持久的战争,战争时断时续,延续了百年之久,直到 1453 年才告结束,史称英法百年战争。这场战争对于英国国王和贵族来说,是一场十分重要的战争,它关系到英国在法国的封建特权、领地收入,关卡税收,以及因劫掠和索取赎金而获得的大批战利品能否保住,因此,封建贵族全力支持英王与法国进行战争。但是,战争对于广大劳动人民来说,却是一场巨大的灾难,租税连年增加,物价不断上涨,贪污腐化横行无忌,劳动人民生活无着,苦不堪言。战争初期,英国曾获得胜利。到了 1369 年,战争进入第二阶段后,法国国王查理五世(1364—1380 年)进行了一系列财政和军事改革,加强了国家的实力,在第二阶段战争中,取得了重大的胜利。法国几乎收复了全部失土,只剩下加来、瑟堡、布勒斯特、波尔多、巴荣讷 5 个沿海城市仍被英国占领着。英国在军事上连遭失败,使国内局势进一步恶化,苛捐杂税有增无减,为了继续进行战争,英王理查二世(1377—1399 年在位)于 1377 年、1379 年和 1380 年,3 次课征新的人头税,而且一次比一次加重。最初的人头税为 4 便士,1380 年则提高了 3 倍。当时有一首民谣说:

> 赋税害得我们苦,
>
> 就是没病也亡故,

国王所得很有限，

原来落入贪夫手。

封建地租的增加，劳工立法的迫害，以及苛重的战费负担，使英国农村几乎陷于赤贫的状态。在英国下级僧侣威廉·兰格伦的长诗《农夫皮尔斯》中详细描述了广大农民的苦难生活。他们衣不蔽体，食不果腹，穷困潦倒，挣扎在死亡线上。如果他们不愿束手待毙，就只有起来造反这一条路可走了。

二、起义的酝酿

（一）异端运动和约翰·保尔

官逼民反，这句话用来说明 1381 年起义前夕的情形是再恰当不过的了。14 世纪，在英国民间文学中，出现了许多描写农民群众英勇反抗封建领主和封建政权事迹的诗歌，例如侠盗罗宾汉的故事在 14 世纪已经到处流传，脍炙人口。最好的罗宾汉故事集是由 40 首古老名歌编成的《罗宾汉谣曲》。罗宾汉出身于自由农民，据说他生活在 12 世纪，由于不堪封建主的剥削而逃往绿林。他和其他受压迫的农民、手工艺人结伙起事，神出鬼没，专门劫富济贫，剿杀官吏，帮助受欺压的穷苦人民。书中的罗宾汉一表人才，勇敢机智，武艺超群，射得一手好箭，经常捕捉树林中属于国王的鹿。《罗宾汉谣曲》反映了农民阶级反剥削反压迫的斗争精神和对封建贵族的深仇大恨，是现实阶级斗争在思想文化领域中的反映。

14 世纪英国农民如火如荼的反封建斗争，在宗教领域也有强烈反响。当时的异端运动就是中世纪农民和城市平民反对封建正统基督教会的运动。中世纪初期的欧洲，基督教会在政治思想领域中占着统治地位。基督教会垄断了知识教育、政治和法律，教会的教条同时是政治的信条，圣经的词句在法庭中具有法律效力。总之，教会在当时整个封建社会中具有至高无上的权力和地位,一切世俗的封建势力都蒙上了一层神学的灵光。英国的状况亦是如此。

在英国的中央政权机构中,教会上层人士同样是一个重要阶层,对国家的行政事务起着举足轻重的作用。大到国家的高等法庭和财政部,小到宫廷机关的"御衣库"与交际处的要职,几乎都把持在他们手里。缮写员以及机要秘书等角色,多数由教士担任。甚至休战、停战、议和等国际事务也都由教士参与处理。在地方上,富有钱财的教士也是显赫人物,从郡里的办事员,到庄园里的主管人员,莫不由这些人兼任。

教士除参加中央到地方的统治机构外,教会本身还有一套严格的教阶制度。教会上层人物利用它对人民进行严密的思想控制。教会设有大主教、主教、副主教、乡村教士和教区牧师。教会法庭直接掌管社会的道德、婚姻、誓愿(包括遗嘱)等事宜。教会还通过严酷的宗教裁判所(即宗教法庭),对那些敢于反抗教会统治、离经叛道的人们实行制裁,其残酷程度同封建社会的世俗法庭比较起来,有过之而无不及,对所谓有罪的人常常处以火刑。所以人们一提到中世纪的宗教裁判所,就有一种憎恶和阴森可怖的感觉。

总之,在中世纪,教会同封建制度融为一体,人民要反对现存的社会制度,必须首先批判教会,剥去封建制度的那一层神圣外衣。瓦特·泰勒起义前夕,英国出现了教会改革运动。改革运动有两派,一派是以威克里夫为首的城市异端派,一派是以约翰·保尔为代表的罗拉德派。威克里夫是牛津大学教授,他反对教会拥有财产,反对罗马教皇在英国征税,主张建立脱离罗马教廷的英国教会,反对偶像崇拜,宣传圣经是教义的唯一源泉,主张用英语做礼拜。威克里夫是中世纪市民异端的代表,他要求建立"廉俭教会","取消修道士,取消高级僧侣,取消罗马宫廷,一言以蔽之,就得取消教会中一切糟蹋钱的事情"①。由于城市异端只是反映城市市民的要求，因此对农民运动并没有直接影响。

真正对 1381 年农民起义起过重要作用的是以约翰·保尔为代表的罗拉德派。"罗拉德"意思是咕咕哝哝的祷告，罗拉德派的主要成员都是些出身于平民和市民的贫穷教士，他们不是教会的特权阶层，薪俸微薄，生活清苦，政治地位低下，被人看不起。因此，他们与下层人民群众甚为接近。他们穿着粗毛呢道袍，周游英格兰各地，进行反教会的宣传活动，其中很多人是威克里夫的信徒。但他们比威克里夫更为激进。罗拉德派穷教士所宣传的反教会思想和中世纪其他平民异端派别一样，归结起来就是要求恢复原始基督教的平等关系。他们不仅要求"上帝儿女的平等"，而且还要求社会平等，农民和贵族平等，市民和城市贵族及特权市民平等。他们要求取消徭役、地租、捐税、特权和财产差别。罗拉德派的基本思想反映了城乡下层人民的反封建的革命要求，这个派别虽然累遭政府的迫害，但他们始终斗志昂扬，许多成员为人民的革命事业大义凛然，英勇献身。

罗拉德派的著名代表是约翰·保尔，他是约克郡的乡村牧师。平时，他穿着一件深棕色的粗羊绒袍子，束上一条带子，带上挂着念珠，口袋里装着一本书，游历四乡，进行反对教会和世俗贵族的宣传活动。在起义前夕，据说他已经宣传了 20 年的原始基督教教义。约翰·保尔有一句名言："在亚当种田，夏娃织布的时候，谁是贵人？"这句话深刻地反映了保尔关于社会平等的思想。他反对封建主对农民残酷的经济剥削和政治压迫，揭露他们不劳而获，过着奢侈浮华的生活，穿着用银鼠皮、天鹅绒等做的衣服，吃的是香酒、面包，住的是高楼大厦；而穷苦人虽整日辛劳，冒着寒风暴雨为地主服

---

① 《马克思恩格斯全集》第 7 卷，人民出版社，1959 年，第 402 页。

劳役,还要挨打受骂,寒暑易节,仍不得温饱,到头来还是一无所有。这种现象是极不公平的,再也不能继续下去了。保尔认为:"除非一切东西都归公有,英国的状况是不会顺利的。"他号召"用正义、力量、意志和机智行动"来改变现存制度。一句话,只有进行暴力革命,人民才能夺取政权,获得自由。

约翰·保尔的宣传活动,使广大被压迫的人民群众受到深刻的启示,给他们带来了希望。他所到之处,深受人们的欢迎和拥护,大家都聚精会神地听他传道。

但是,约翰·保尔的革命宣传活动,同时引起了教会和封建统治者的极端不满与恐惧,他们千方百计地对保尔进行政治迫害。

坎特伯雷教区大主教西蒙·伊斯利普公开将保尔开除出教会。在中世纪时期,开除出教就意味着失去法律保护,亲戚朋友都要同他断绝来往。然而,保尔对教会的迫害毫不畏惧,继续活跃在人民群众当中。由于保尔的宣传影响愈来愈大,坎特伯雷教区多次对他进行迫害,强加给他"诋毁圣父""诽谤大主教"等罪名。封建政府也曾几次将保尔逮捕入狱,直到1381年起义时,农民起义军才把他从美德斯东监狱里解救出来。但即使是在狱中,保尔一刻也没有停止斗争。他在狱中曾写了许多充满战斗激情的诗句和书信,激励人民进行武装斗争。约翰·保尔的宣传活动,为1381年的农民起义作了思想上和组织上的准备。在保尔的宣传鼓动下,英国城乡革命形势日益成熟。雇工为了提高工资而组织起雇工同盟,农奴维兰抗缴高额地租和苛重徭役的事件不断发生,分散的反抗斗争日益发展为有组织的规模较大的武装斗争。在起义前夕,维兰同盟已经遍布全国。

在英国农村阶级矛盾日益尖锐的同时,城市中的阶级矛盾也在激化,城市下层人民和富裕市民的斗争已达到白热化的程度。帮工因受行会排挤,实际上变为长期的雇佣工人。他们与行东不断展开斗争,为了改善自己的地位,组织了帮工同盟。城市贫民和学徒处境比帮工还要坏,所以他们积极支持帮工反对行会的斗争。城市平民为了反对城市上层的压迫和剥削,改善自己的经济地位,也积极参加了1381年的农民起义。

(二)反人头税的斗争

1380年,即理查二世在位的第四年,英国议会批准在北汉普顿征收人头税,以补充军需。国王认为从工人和农奴身上还可以榨出些油水来,于是便公开宣称:"国家的财富在工人和劳动者手里。"所以,这次税收的全部重担落到了劳动人民的肩上。法令规定,凡年满15岁的每一个公民,都要缴纳人头税,平均每人一先令。国会指望通过这项税收征集10万镑巨款,预计在1381年1月13日以前收取三分之二的数目,至6月2日前收齐。但是由于这次税收苛重,许多农民为抗拒交税被迫逃进山林。国王委派的收税吏直到1381年2月下旬,才收足三分之二的数目,这使政府大失所望。

1381年3月16日,国王向每个伯爵领地下令查清偷税漏税的情况,并向那些偷税者补征人头税。国王还痛斥那些收税吏的无能。经过专门委员会清查,发现有许多伯爵领地都存在着严重的偷税漏税现象。例如,在霍普福克伯爵领地就有13000人未列入纳税名册。清查的结果使国王十分震怒,于是他重新向全国各地派出大批收税吏,追缴人头税欠额。

1381年5月20日,征税官托马·巴普顿带着两个卫士来到埃塞克斯郡,立即在勃伦特伍德村进行调查,他召集邻近百户区的各镇居民,宣布征收偷漏税款。福屏的居民首先表示抗议并拒绝缴纳欠税。尔后,他们又联合柯林翰、斯丹福特等村的居民,全副武装来到收税官托马·巴普顿面前,他们的代表义正词严地陈述了乡民拒绝交税的理由,并正式宣布这些村子的乡民今后不再同收税官打交道。巴普顿倚仗国王的权势,下令逮捕村民代表。回答他的却是雨点般的石子和土块。他只好狼狈地逃回伦敦。于是,抗税运动就在这三个村子首先开展起来了。他们还立即派人四处联络,一传十,十传百,反人头税运动顿时席卷了英国广大地区。

埃塞克斯驱逐收税官的消息很快就传到了伦敦。伦敦的两个平民亚当·阿托尔和罗杰·哈莱得到消息后,迅速来到埃塞克斯,趁势号召人民起义。他们于5月31日和6月1日,周游了这个郡的许多地方,扩大了反人头税运动的影响。

国王对反人头税事件恼羞成怒,命令王座法院的首席法官罗伯特·贝尔克纳普匆匆赶往埃塞克斯郡,追究肇事者。罗伯特·贝尔克纳普到达该郡后,即刻从当地陪审员那里得知肇事人名单,并准备逮捕和审讯他们。可是,这位神气十足的审判官先生完全没有料到,还没有等他行动,人民群众就已经起来造反了。起义者将他捉住,斥责他是国王和国家的鹰犬,利用手中的权力,恣意欺压百姓,鱼肉人民,实属罪大恶极。造反群众还强迫他对着圣经宣誓,保证今后改恶从善,不再与人民为敌。同时,要他供出那些告密的陪审员的名字,并开出一张曾经判决偷漏人头税者的审判员名单,否则要严加惩处。贝尔克纳普为保全性命,不得已照办了。结果,那些来不及逃跑的陪审员和审判员都被捉来砍了头,他们的财产被没收,住房被捣毁。贪官污吏、土豪劣绅也遭到了应得的惩罚。贝尔克纳普只身逃跑,随他前来的三个收税吏因为上次曾随同收税官巴普顿一起欺凌百姓,这次落到了人民手中,也受到应得的惩处,他们的头被砍掉,悬挂在木桩上示众。起义就这样开始了。

三、六月风云

(一)向伦敦进军

埃塞克斯地区反人头税的斗争成为1381年农民起义的开端。

广大穷苦农民一听到这个令人振奋的消息就纷纷丢掉田野里的活计,拿起锄头、镰刀和木棍参加起义。他们在各地惩办乡绅和教士。埃塞克斯郡首的住宅被查抄,财政官被送上了断头台。农民起义军扬眉吐气,到处捣毁庄园和寺院,他们把僧侣和世俗封建主庄园中的牲畜、财产分得一干二净,把那些地主法庭的文告、登记各种义务的文契和束缚压迫农民的种种法规全部焚毁。许多著名的修道院和王公贵族的封建庄园都被愤怒的人群摧毁,只剩下一些断壁残垣。例如斯特拉福修道院和王太后的领地庄园就是被农民军捣毁的。分散的小股起义队伍迅速集结起来,汇成一股洪流,向伦敦挺进,形势发展之快,犹如暴风骤雨,迅猛异常,令人难以预料。

然而,冰冻三尺,非一日之寒。事实上,这种变化并非偶然,而是在英国人民群众中酝酿已久,大有一触即发之势。起义的时刻一到,分散在人民群众中的保尔的信徒立即活动起来,秘密传递消息,用暗语进行宣传和联系,鼓动起义。例如其中有一封信,就利用曾做过约克圣玛利亚教堂的牧师约翰·希白的名义,向人民群众发出起义的号召,告诫他们当心不要受市镇当局的欺骗,要在上帝的名义下团结一致,惩办那些劫掠人民的强盗,要求起义者服从统一领导,而不要分散行事。号召一经发出,起义群众便揭竿而起。

图 5　坎特伯雷大教堂

各路农民起义军首先攻取了肯特郡的美德斯东。他们在此建立了自己的司令部,并立即从监狱中救出了约翰·保尔,找到了思想上和军事上的杰出领袖约翰·保尔和瓦特·泰勒,起义军有了领导核心。

瓦特·泰勒是农村泥瓦匠,参加过对法战争,懂得军事,勇敢善战,一些编年史家认为他是"极有才干的机智人物""有卓越的智慧"。泰勒在起义军中很有声望,深受大家拥戴,被推举为军事首领。

在瓦特·泰勒和约翰·保尔的领导下,云集在美德斯东的各路起义军迅速组成为一支有纪律的起义队伍。这支队伍在占领美德斯东以后并没有停留下来,很快又踏上了征途。起义军所到之处,势如破竹,不久就占领了肯特郡的首府坎特伯雷,受到城市居民的热烈欢迎。泰勒率领起义队伍首先冲进了英国首相、大主教苏德伯雷的宅邸,放火烧毁了一切文契和档案记录,可惜,狡猾的苏德伯雷已经逃跑了。泰勒亲自率领一支起义军威风凛凛地开进教堂,打断了正在进行的弥撒。他通报大家:苏德伯雷已被宣布为国贼而判处死刑,不久一定要将他捉拿归案。

6月12日,起义军进抵伦敦南边的勃拉克希兹,这里距离伦敦很近。部分起义队伍从勃拉克希兹出发,迅速攻占了伦敦的最高法院监狱和马夏尔西监狱,释放了大批遭受劳工法案迫害的农民和平民,并将两个监狱夷为平地。起义军从南瓦克开到兰白兹,把苏德伯雷建在这里的华丽的大厦彻底摧毁。

起义军向伦敦的胜利进军,震撼了整个英国,沿途大批农民参加到起义队伍中来,声势越来越大,不可阻挡。农民军的胜利进军不仅鼓舞了各地农民反对当地封建主的斗争,而且也激励了各地城市平民争取平等权利的斗争。当起义军接近伦敦的时候,伦敦城内的平民包括学徒、帮工等都积极行动起来,准备里应外合,迎接起义大军进城。

图 6 约翰·保尔领导的农民起义军向伦敦进军

6 月 13 日,星期日,起义大军集合在一起,由约翰·保尔作了一次战前演说,他以"亚当种田,夏娃织布的时候,谁是贵人"为题,揭发了社会的不平等现象,并指出要像除掉"为害收获的可厌的杂草"一样,除掉贵族,杀掉国内的一切大人物、官吏和害人虫。保尔的讲话,生动深刻,富有鼓动性,大大激发了起义军的斗志。起义群众怀着昂扬的情绪,高呼"保尔应当做坎特伯雷大主教和国家的大法官!"会后,起义军首领给国王写了一封措辞强硬的信,交给了一个被俘的爵士带给国王。这封信要求国王惩办英国最大的害民贼约翰·高恩特和西门·苏德伯雷。惊慌失措的国王和他的大臣们以及伦敦市长和一些富商立刻在伦敦塔楼内接见了带信人。带信人转达了起义者希望同国王单独会见的要求。在经过国王御前会议的紧张磋商之后,终于决定让国王去伦敦郊外鹿峙里梯同起义军会面。在约定会面的那一天,国王在一伙大臣的簇拥下登上御船,顺流而下直向鹿特里梯进发。当起义军发现御船上除国王以外,还坐着他们所痛恨的大臣时,就爆发出愤怒的吼声,船上的人顿觉胆战心惊,深恐上岸以后起义军会立即处死他们。国王本人更是担心自己的身家性命难保,亦不敢单独上岸履行约会。在这种情况下,国王和大臣们怯懦地改变了主意,命令御船在河中心停泊。这个举动使起义军怒火中烧,国王和大臣们只好在一片怒吼声中慌忙掉转船头,溜回伦敦。鹿特里梯的会见就这样结束了。

起义群众十分清楚地看到,只有占领伦敦才能迫使国王接受他们的要求。于是各路起义军迅速向伦敦挺进。

这时,伦敦市内围绕着对待起义军的问题,城市平民正与上层市民进行着激烈的斗争。城市平民坚决与农民起义军站在一起,决定打开城门迎接起义军。在上层市民内部,由于彼此之间的利害冲突,也有部分人主张和起义军联合起来。伦敦大桥区的市参事员西佩尔就公开站在起义者一边,在起义军进入伦敦的当天早晨,他带领一批人占领了伦敦桥,并亲自迎接起义军进城。只有以伦敦市长华尔华斯为首的少数上层人物坚决站在起义军的对立面,发誓与起义军为敌到底。

起义军在城市居民的支持下,顺利地占领了伦敦。他们首先焚毁了国王的叔父兰开斯特公爵约翰·高恩特的住宅萨伏衣宫。萨伏衣宫是当时英国最富丽堂皇的邸宅之一,也是当时英国封建统治阶级压迫剥削劳动人民的暴力的象征。接着,起义军又冲进"法学院",把所有的文契档案、税收簿册和皇家账目一律焚烧殆尽,随后又焚烧了两座监狱。

起义军占领伦敦以后,规定了极为严明的纪律,禁止私自抢劫财物,并为此曾发布通告如下:"任何人不得将原有或可能发现的任何物品企图变为私有,违反者斩首,应将该处存有甚多的金银盘碗器皿,毁为小块,掷入泰晤士河或厕所。金银丝织与天鹅绒的衣服应予以撕毁,戒指以及装有宝石的首饰立予捣碎,使之一无用处"。

起义军对通告所规定的各条都严格执行了。据说当时起义军中曾有一个人偷偷将一只银盘子藏入怀内,被发现后,立即被投入火中烧死。

当起义军浩浩荡荡进入伦敦的时候,英王理查二世以及全体御前会议的贵族们惊恐万状。因当时城内已无兵力保护,临时招募军队也已经为时太晚,他们不得不急忙逃到伦敦塔楼内躲避,在 600名武装军士守护下,战战兢兢,期待着能够躲过即将来临的灾难。起义军烧毁了佛里特街和新门街监狱后,直奔伦敦塔,把英王理查二世以及全体御前会议的朝臣们紧紧包围起来。到此,农民起义军已经完全控制了伦敦,形势对起义军十分有利。

(二)处死害民贼

处死害民贼,这是起义者一般的要求。起义军进入伦敦后的第一件大事就是要处决作恶多端的首相苏德伯雷和财政大臣、圣约翰修道院院长罗伯特·海尔斯。起义军在包围伦敦塔楼的时候,就坚决要求国王把这两个大害民贼交出来。国王为了缓和局势,争取时间,便亲自出面欺骗起义军。他登上了塔楼东面的一个角楼,向包围塔楼的起义军宣布,只要起义者和平地分散回家,他将宽恕他们的一切行为。但是这个企图失败了。起义者愤怒地回答:在害民贼没有被禁闭、起义者的其他要求没有得到满足以前决不离开。国王为了欺骗起义队伍,于是立即签发了一个特许状。其内容是国王将赦免他的平民的"一切非法过错",起义者必须各自分散回家,至于他们的希望和要求以及他们所遭受的痛苦,必须书面呈递国王,国王将采取有效的补救办法。但是,特许状的语气相当傲慢。在起义军已经兵临城下的紧迫情况下,国王的态度尚且如此不端,这使起义者异常愤怒。他们立即向国王发出警告,要他走出伦敦塔楼同起义者会见,否则就要连同国王一起杀掉。国王及其朝臣们不敢继续同愤怒的起义群众对抗,只好决定在迈尔恩德会见他们,以便稳住局势。

6 月 14 日早晨 7 时,国王在全体朝臣的陪司下,心惊胆战地离开伦敦塔楼向迈尔恩德进发。在通往迈尔恩德的道路旁边聚集着大批起义的人民群众，他们高声呼叫着自己的要求。这个场面使得国王和朝臣们十分惊惧，国王的堂兄弟肯特伯爵和何兰爵士更是吓得魂不附体，乘机落荒而逃。

在迈尔恩德的会见中，国王被迫接受了农民起义军的一切要求，并当场命令30名书记官立即制定特许状。特许状写明，国王给予所有臣民、平民及其他人等以"自由"，"解除每人之一切奴役地位"，赦免"任何人以任何方式所犯之一切过失、叛变、破坏法令、诈骗等罪"，保证人们得到国王所给予的"全部的和平"。迈尔恩德会见结束以后，瓦特·泰勒和约翰·保尔立即带领几百人冲进伦敦塔楼，在各处搜捕作恶多端的大主教苏德伯雷和财政大臣海尔斯。苏德伯雷在农民军围困塔楼期间企图逃跑，但被一个妇女发觉，立即报警，他不得不缩回塔楼，重新躲藏起来。他和海尔斯趁人不备，悄悄地溜进教堂避难。但是，教堂也拯救不了他们的性命。起义军冲进教堂进行严密搜查，终于把他们抓获，并立即处死，同时被处死的还有国王的忏悔牧师阿普尔杜尔等人。起义者提着害民贼的首级，沿着伦敦街道游行，并高呼口号，最后将他们的首级悬挂在伦敦桥上示众。这就是那些平时骑在人民头上作威作福的恶人们应得的下场。

图7　伦敦塔

此后,起义军还杀死了统治阶级中的另一些重要人物,如大投机家理查德·莱昂斯和马夏尔西监狱的司法官兼典狱长约翰·伊姆华斯。伊姆华斯是一个罪恶昭著、毫无怜悯之心的极端酷虐的人。当起义者攻下马夏尔西监狱的时候,他设法逃到威斯敏斯特修道院,躲进神堂,以为那里可以确保安全。可是他万万没有想到,起义者竟敢漠视宗教戒规,闯入神堂将他逮住处死。

但是,起义者在追捕害民贼的行动中,却忽略了一个对起义者最危险的地方——卡德巷。这里是国王和御前会议的庐所在地,在迈尔恩德谈判以后,塔楼被起义者攻占,国王及其亲信便避难于此。对卡德巷,起义军既没有清查,也没有严加防范,这就使国王和御前会议成员得到了喘息的机会,并以此为据点,策划种种反革命阴谋,窥测时机,以求一逞。

(三)起义的纲领

如果说处死害民贼是起义军所取得的一次重大胜利,那么,制定行动纲领则是事关起义进程的另一件大事,农民起义军在迈尔恩德同国王的会见中,第一次正式提出了自己的纲领,这个纲领不是偶然提出来的,而是随着起义的发展逐步形成的。

1381年6月初,农民军第一次会师达特福的时候,就曾经发表了一个宣言,这个宣言很不完善,主要内容只有两点:第一,反对高恩特及其党羽滥用职权、贪赃枉法,宣称除理查之外不承认任何人是国王。第二,宣言指出:"住在距海12英里之内的人,毋庸与他们一致动作,但是要保卫海岸使之不受敌人侵袭。"当时正值百年战争期间,英国农民担心海岸受法国封建主的侵袭,所以在宣言中加上这个内容。这反映了农民的爱国情绪。起义军在推选出泰勒等领导人之后,又发表了一个新的宣言,提出的要求是:继续效忠国王理查与平民;不承认那个名叫约翰的国王[①];除他们的先人所承认的十

---

① 指兰开斯特公爵约翰·高恩特。

五分之一税外,反对再征其他任何捐税;随时准备响应号召。

6月13日,起义军进入伦敦后,又草拟了一个宣言,它的内容有:一、废除奴役,使英国全体人民获得自由。二、要求国王赦免任何人所犯的一切背叛、反对国王之罪,允许他们安静和平地生活。三、准许自由买卖。四、凡在奴役或劳役状态下领有的土地,每亩交付4便士以后得继续领有,如从前领有之价少于此数者,以后亦不得增加。

概略地说,这就是要求废除徭役和农奴制度,要求国内贸易自由,要求每亩只征收地租4便士,并赦免起义者。这个宣言是在6月14日早晨,国王被迫到迈尔恩德与起义者进行第一次谈判时,由瓦特·泰勒直接交给国王的。这个宣言就是所谓的迈尔恩德纲领。这个纲领显然是起义者的最低纲领,为参加起义的各个阶层所接受,其中有些条文反映了富裕农民的要求。

迈尔恩德会见结束之后,农民军中以泰勒为首的激进派又草拟了一个更为激进的纲领,准备于6月15日下午在斯密茨菲尔德广场,起义者与国王进行第二次谈判时,由泰勒提交国王,所以叫斯密茨菲尔德纲领。纲领宣布:只承认温乞斯特法规;审判官无权对任何人实行"剥夺法律保护"的处分;贵族领主不得随意欺压平民;反对教会的压迫剥削,要求没收教会财产分给教区人民;取消农奴制,实行人人平等。

斯密茨菲尔德纲领的特点是突出了起义者的政治要求。首先,纲领宣布只承认温乞斯特法规,这个法规,是英王爱德华一世(约1002—1066年)为了制止当时日益增长的封建领主的暴行和骚扰而制定的。法规禁止各种扰乱治安与犯罪行为,给予自由人(农奴除外)以某些区域内维持治安与行使法律的权力。它的目的是保卫封建主的共同利益,加强封建主的统治。起义者承认此法规的目的,在于利用其中的某些条文,反对封建国家政权对人民日益加重的压迫,反对劳工立法,恢复他们过去曾经享受过的政治权利。其次,斯密茨菲尔德纲领反对国家官吏的专横与封建领主和教士的特权,再次强调废除农奴制度,反对阶级压迫,实行人人平等。

斯密茨菲尔德纲领中,另一个十分重要的内容是没收教会财产,分给教区人民。前面已经提到,教会也是英国最大的封建剥削者,它在全英格兰拥有三分之一以上的土地,并拥有森林、牧场、城市、矿山、渔场和港口的所有权,奴役着数万计的农奴和依附农民。如果实行没收教会财产这一措施,就意味着将有大量的土地和其他财富重新归人民所有,成千上万的农奴要获得解放。它将从根本上动摇英国封建社会的经济基础。

总之,斯密茨菲尔德纲领是起义者的最高纲领,是当时农民起义所能提出的最激进的纲领,它是约翰·保尔所宣传的财产共有,彻底改变英国社会制度的理想的具体体现。这个纲领,反映了绝大多数盼望获得解放的农奴和平民的意愿。

综上所述,瓦特·泰勒起义已经具有较为明确的政治要求,它比当时欧洲其他国家的农民起义,如意大利的多里奇诺起义[①]和法国的扎克雷起义[②]影响更大。

(四)各郡的起义

6月,英国各地的起义也同伦敦一样如火如荼地开展起来。全国40个郡中有25个郡的农民和城市居民纷纷拿起武器,组成一支又一支的起义队伍,向当地的封建政权和教会发动了攻击。这些地区的许多修道院被捣毁,庄园被荡平,民愤极大的修道院长、庄园

---

① 1303年发生在意大利北部皮埃蒙特地区的农民起义。起义领袖是多里奇诺和玛格丽特,他们主张财产共有,反对私有制。起义者捣毁寺院,破坏庄园,打击封建主。后来罗马教皇派十字军前往镇压,起义军苦战4年,最后失败。

② 1358年5月法国北部爆发的大规模农民起义,领导人是吉约姆·卡尔。起义军提出"消灭一切贵族,一个也不留"的战斗口号,他们捣毁城堡、轩杀领主、焚烧契约,沉重地打击了法国封建统治者。起义惨遭法、英封建主的联合镇压而失败。

主、法学家、执行劳工立法的官吏都受到应有的惩罚。在各郡起义中，以哈特福德、萨福克、诺福克、剑桥、林肯等郡规模最大。

哈特福德郡的起义中心在圣·阿尔朋斯。这个城市的领主是圣·阿尔朋斯修道院长狄·拉·美亚。他是一个极端残忍而又顽固的守旧派，一贯维护封建领主的绝对统治，反对城市自治。在他的统治下，圣·阿尔朋斯人民直到14世纪末，还没有得到组织自治政府和实行自由贸易的权利，甚至连自磨粮食的权利也没有。原来，全城碾米用的磨盘石都被可恶的狄·拉·美亚抢去，作他家餐厅的地板去了。在泰勒起义爆发以前，圣·阿尔朋斯人民曾多次组织起义，由于没有外援而连遭失败。但是，斗争并没有停息，他们前赴后继，毫不气馁，在这次轰轰烈烈的起义运动中再露锋芒。

起义领袖格林特葛勃，是一个离经叛道的僧侣，也是一个坚强的起义领导者，一直站在反教会斗争的前列，曾被教会开除出教，关入监狱。但是，残酷的迫害并没有使他屈服，相反，却把他的斗争意志磨炼得更加坚定。当泰勒在伦敦不断取得胜利的消息传到圣·阿尔朋斯的时候，格林特葛勃立即动身前往伦敦，与泰勒取得了联系。泰勒全力支持他，并答应说，如果反动的修道院长不投降，他就自己"带2万人来剃教士的胡须"。格林特葛勃回到圣·阿尔朋斯后，便立即组织暴动，周围32个村庄的居民积极参加了这场斗争。他们捣毁修道院，没收其财产，打开监狱，释放无辜。修道院非法圈占的公有地重新归公众所有，被狄·拉·美亚掠夺的人民的财物，包括磨盘石在内都物归原主。起义者还焚烧了载明修道院各种特权的特许状。总之，一切象征修道院特权的标记，都被彻底销毁了。最后起义者还强迫修道院长颁发了新的特许状：批准城市自治；允许当地居民有使用森林、鱼池、荒地的权利；减免租税，撤销领主磨房专利权。圣·阿尔朋斯的胜利大大鼓舞了周围各郡人民的反抗斗争。

诺福克、萨福克、剑桥诸郡的斗争也相继展开,并取得了辉煌的战果。起义者在当地群众的支持下,扫荡了各地的封建庄园和教堂,许多封建主的邸宅受到起义军的袭击,当地的档案文件、记录账册,教堂特许状等都被付之一炬。萨福克郡的伯里圣埃德蒙兹、诺福克郡的诺里奇、剑桥郡的剑桥等重要城镇都被各地起义军攻占。在攻占诺里奇的时候发生了最激烈的战斗。诺里奇是中古时代英国的一个重要工商业中心,经济发达,人口众多。这个城市的守将是对法战争中的一名战将罗伯特·萨尔爵士,因作战有功被爱德华三世封为爵士。起义军进军到诺里奇后,曾设法争取他,但遭拒绝。他企图负隅顽抗,终于被起义军在激烈的战斗中打死。诺里奇被起义军占领。诺里奇的胜利,说明起义军军事力量的强大。在这些地区,起义者也同样处死了许多害民贼、治安法官、劳工法官。最高法官兼萨福克、埃塞克斯的劳工法官卡文第士在他的住宅被袭击时,仓皇逃跑,最后在白兰顿河渡船上被起义者查获,立即被斩首。保安审判官沃尔辛厄姆也遭到同样的下场。

在诺福克和林肯郡,起义军还袭击了当地的大封建领主集团圣·约翰骑士团。圣·约翰骑士团在诺福克、林肯等地区拥有大片土地,许多重要城镇都处于它的控制之下,骑士团的首脑是当时的财政大臣海尔斯。对圣·约翰骑士团的袭击,反映了起义者对以海尔斯为首的贪官污吏和教会封建主的深刻仇恨。在诺福克郡,起义军曾设立了临时法庭。这个法庭实际上是起义军的临时权力机构,它有权处理起义前与起义期间的一切案件。起义者还通过临时法庭向国王提出废除徭役和农奴制度,实行国内贸易自由等要求。临时法庭还派出一个由 6 人组成的代表团,前往伦敦向国王送交请愿书。总之,除伦敦外,各郡的起义军也展开了轰轰烈烈的反封建主的伟大斗争。一切贪官污吏、地主豪绅、主教、神甫统统被打倒在地,而广大的劳动人民——农村的农奴、雇工、城市的平民则翻身做了主人，终于盼到了长久梦寐以求的自由的一天。1381 年的 6 月，的确是英国劳动人民的盛大节日。

（五）瓦特·泰勒之死

正当伦敦和各郡人民同起义军欢庆胜利的时候，一个巨大的阴谋活动正在伦敦的卡德巷御衣库中秘密地进行着。

早在起义军进入伦敦并包围塔楼的时候，国王和御前会议的大臣们就策划着如何把这势不可挡的起义镇压下去。伦敦市长威廉·华尔华斯主张在起义者睡觉的时候发动奇袭，并叫嚣说，要教训一下"这些没有鞋子的流氓们"。老奸巨猾的索尔兹伯里伯爵，反对这种轻率的冒险行动。他认为，在伦敦的国王的军队力量孤单，无法同起义军较量，消灭起义军的时机尚未成熟。他忧心忡忡地说："假如我们开始进行我们不能进行到底的事，我们就决不能再有所补救。我们和我们的后人就都完了。"他竭力主张用分化瓦解的办法去打击起义军，使他们尽快地分散回家，只有在起义者军心动摇，人人思归的时候，才能一举消灭他们。这个阴险的计谋立即得到御前会议和国王的赞同。

迈尔恩德会议以后，国王和贵族们立即行动起来，等待有利时机的到来。当时，一部分起义者受了国王的欺骗，轻信了他的诺言，他们手里拿着国王的特许状，心满意足地回到了自己的家园。以泰勒和保尔为首的一部分起义群众不相信国王的"恩赐"，仍继续留在伦敦坚持斗争，但是由于起义军的分化，他们的力量受到严重削弱，据估计，当时留在伦敦的起义队伍，不过 3 万人。形势发展突然变得有利于国王，他大喜过望，认为反扑的时机已经成熟，立即调集反革命力量，准备孤注一掷。

御前会议在卡德巷御衣库详细地讨论了一个阴谋杀害起义领袖的计划，到 6 月 15 日，谋杀计划已经拟就。他们企图利用国王在斯密茨菲尔德同起义军第二次会见之机,来达到他们的罪恶目的。
这一天,御前会议给泰勒送去一封信,约定国王将在当天黄昏晚祷
时,于斯密茨菲尔德会见全体起义者。下午 3 时左右,国王在全体
朝臣的伴随下到达威斯敏斯特作祷告,而所有参加这次会见的朝臣
们都在丝绸华服里面穿上铠甲,佩带长剑,摆好架势,簇拥着国王动
身去斯密茨菲尔德。

斯密茨菲尔德是伦敦北城门外的一个广场,是牲口市场的所在
地,每年的圣·巴塞罗缪大节日①都在这里举行。由于这个广场面
积很大,国王及侍从们可以停在离起义队伍较远的地方,严阵以待,
并使他们的暗杀活动能够避开起义军的视线。他们准备就绪以后,
由伦敦市长华尔华斯出面去召唤泰勒晋见国王,等待泰勒自投
陷阱。

图 8　阴谋杀害瓦特·泰勒

---

① 圣·巴塞罗缪是基督教十二使徒之一,相传他曾在美索不达米亚、亚美尼亚一带传教。
他在阿尔班诺波利斯殉教后,尸体被运到意大利台伯河中一个小岛上的圣·巴塞罗缪
教堂安葬。拉丁教会把 8 月 24 日作为他的纪念节日,希腊教会则把节日定在 6 月
11 日。

　　泰勒对王室的阴谋毫未觉察,他穿着便服,只带着一把匕首,由一名举着他的旗帜的随从做护卫,策马走进一群全副武装的敌人当中。泰勒神色自若地重申了起义者的要求,并且指出,只有在这些要求得到准许之后,人们才会离开伦敦,反之,国内的一切贵族将要遭殃。国王不假思索地答应了泰勒的要求,贵族和扈从们却默不作声,一片出奇的寂静笼罩着广场的一角。与此同时,包围圈正在缩小,泰勒满足于会谈的成果,对于这个非同寻常的奇特现象仍然没有引起警惕。正当他准备跨上战马返回自己队伍中去的时候,才突然发现已经陷入重围,同起义队伍失去了联系。国王的一个年轻侍从跳出来挑衅,辱骂泰勒是全肯特郡最大的窃贼和强盗。泰勒极为愤怒,拔出匕首来惩治这个家伙。早已等待杀机的伦敦市长华尔华斯找到了借口,冷不防举剑向泰勒猛刺过去。泰勒用匕首还击,刺中了华尔华斯的胸部,但是由于华尔华斯的长袍里暗藏着胸甲,因而没有受伤。泰勒立即遭到国王侍从们的围攻,身负重伤。他以顽强的毅力,在生命垂危的时刻冲出重围,策马奔向自己的队伍,竭力让战友们知道国王所设下的骗局,以便及时粉碎他们的阴谋。但是,这个努力毕竟太晚了。泰勒的坐骑奔跑不过八九十步,他就支撑不住,摔下马来,光荣牺牲。

　　泰勒被暗杀的情形,起义军虽然看不清楚,但已经觉察到泰勒和国王的会见出了岔子,特别是在泰勒的马冲过骑士们的包围以后,起义军开始焦虑不安。但是国王马上催马向前,欺骗起义者说:"泰勒已经被封为爵士,你们的要求已经答应了"。国王还要求起义队起领导作用,并义正词严地声明,他的所作所为都是正确的,是无可非难的,他不需要任何改悔。处决大主教的斯塔林,在就义前夕,以他能亲手处决害民贼大主教苏德伯雷为荣。圣·阿尔朋斯的起义军领导人格林特葛勃在就义前对市民们说:"市民伙伴们,多年的暴政压迫终于由你们新获得的自由而解脱掉了。现在一定要坚持下去,不要因为加于我们的惩罚而丧失勇气。我要为我们已经争得的自由而死。如果我倒下去了,我会为我能作为这样的牺牲而结束自己的生命感到愉快。现在你们要行动起来,要像我的头昨天已经在哈特福德被砍掉一样地行动起来。"

瓦特·泰勒和他的战友们虽然惨遭杀害,但是他们的英名和他们坚贞不渝、宁死不屈的光辉形象永垂青史而流芳千古。

（六）失败的原因和历史意义

1381年轰轰烈烈的英国农民起义最终失败了,原因是多方面的。首先,这次起义缺乏先进思想的指导,约翰·保尔所宣传的原始基督教的平等思想,只能暂时团结广大城乡下层人民,而不能引导农民取得反封建的彻底胜利。农民包括其领袖在内,对封建主阶级的最高统治者国王的反动本质认识不足,传统观念、忠君思想占统治地位,所以在起义纲领中一再表示效忠国王。起义军进入伦敦后,不是设法彻底消灭贵族,而是要求国王出来谈判,主持公正,答应要求;在关键时刻斗争不力,使敌人得到喘息的机会,调集武装力量对起义实行反扑。其次,农民阶级的无组织性和分散性在起义中表现得十分明显,不利于统一对敌斗争。多数起义者只关心地方利益,没有参加向伦敦的进军,分散了力量,而进入伦敦的起义队伍,要求也不一致,部分农民中途退出,只有少数人坚持到最后,起义者的分化削弱了农民军的战斗力。再次,农民起义军没有可靠的同盟军,只能孤军奋战。城市富裕市民也属于封建社会的特权阶层,他们站在封建主一边,共同镇压农民起义。其他多数市民阶层则打算利用起义军夺取政权,形势有利时参加起义队伍,形势不利时立即顺风转舵,倒戈相向。城市下层人民,斗争虽然坚决,但是力量较弱,在起义军中影响较小。所以,进入伦敦的起义军最终没有形成绝对优势的坚强队伍。

总之,1381年英国农民起义的失败主要是由于历史条件的限制和农民本身的阶级局限性所决定的。事实表明,如果没有先进阶级的领导,农民起义是不可能取得胜利的。

瓦特·泰勒起义虽然失败了,但是起义者的鲜血并没有白流。农民群众以革命的手段彻底消灭了农奴制,推动了英国社会的发展。英国农奴的解放过程虽然在1381年以前就已开始,但是获得解放的多数还是富裕农民,因为农奴的解放需要大量赎金,贫苦农民交不起赎金,仍然处在受奴役的地位。同时,农奴制作为一种存在了几百年的旧制度,要消灭它,不经过大规模的农民起义的冲击是很难办到的。历史一再证明,封建社会的农奴主总是企图保住自己的特权地位和恢复已经失去的天堂。然而,历史不会倒转,他们要想恢复原来的一切是万万不可能的。1381年的农民起义,在政治上、经济上给了农奴主以沉重打击,使绝大多数农奴获得了解放。所以,马克思指出:"在英格兰,农奴制事实上在十四世纪末期已经消灭了。"①农奴制的废除,有利于英国社会经济的发展。15世纪,在英国的农业和手工业中,资本主义生产关系已经萌芽。1381年的农民起义为英国资本主义生产关系的产生创造了前提。

---

① 马克思:《资本论》第1卷,第905—906页。

中古中期的英国议会

英国是一个典型的议会制国家。议会在它的政治生活中占有相当重要的地位。现代英国议会是从中古时期的议会发展演变而来的。英国中古时期的议会是怎样形成的,它的阶级结构、作用以及它同近代议会的区别,是值得探讨的几个问题。

一

议会这个名词,在英国出现于13世纪。起初,它是指讨论和辩论的地方,以后才发展为正式的会议。据盎格鲁·撒克逊编年史记载,国王"必须同他的贤人会议进行开诚布公的谈话",英国历代国王经常召集大封建主集会,讨论国家大事。金雀花王朝时代国王把这种会议发展为正式的政务会,叫作谘议会。以后谘议会演变为议会,1275年威斯敏斯特法典中第一次使用"parliament"一词①。英国议会是在英国城市经济发展,市民阶级登上政治舞台,封建统治阶级内部力量对比发生变化的情况下产生的。因此,议会的形成和英国社会各等级长期争夺权力的斗争紧密联系。英国议会的形成过程大体可分为三个阶段。第一阶段是13世纪前半期,这一阶段

---

① 《英国大百科全书》第17卷,1968年,第311页。

中有两次大规模的政治斗争。第一次是 1215 年的僧俗大封建主、骑士、市民与无地约翰的斗争。斗争的结局是大宪章的签订。第二次是亨利三世时期的斗争和国内战争。其时国内混乱,国王同各等级的矛盾十分尖锐。诸侯以武力强迫亨利三世签订了牛津条例。牛津条例实际上承认了诸侯操纵的 15 人委员会掌握国家权力。然而诸侯的寡头统治又引起国内各等级的不满,进而导致了国内战争(1263—1265 年)的爆发。在 1264 年 5 月柳依思战役中,西门·德·孟福尔为首的一派打败了亨利三世为首的一派,取得了胜利。西门暂时掌握了政权。

西门·德·孟福尔一派是由当时英国社会中主张改革的分子组成的,其中有主张改革的贵族,也有反对教皇权势的僧侣,及一些出身于中下等级的牛津大学学生和伦敦市民。1264 年,当西门在柳依思击败亨利三世时,伦敦市民是其所率军队一个重要组成部分。因此,西门掌权之后,在 1265 年 1 月曾召集了一次革命党的集会。这次会议除 5 个伯爵和 17 个男爵外,还邀请了自治市的公民代表和骑士参加。每个城市邀请两名代表,每个州邀请两名骑士。对于这次会议,英国史学界有两种不同的看法。一种意见认为,这次会议就是英国历史上的第一次真正的众议院会议,西门因此获得了英国众议院缔造者的称号。另一种意见认为,这不是英国的第一次众议院会议,而只是一次重要的会议①。我认为,就这次会议的性质及其参加者的成分看,把它作为英国议会的开始是可以的。1265 年的议会,反映了英国社会结构的变化。这个变化,一方面是封建主阶级内部两个等级,即诸侯和骑士形成两大政治集团,另一方面是市民等级经济和政治力量的增长。这次会议是一种新的政治形式,它与以前的封建议会不同之处就在于有城市代表参加。市民参加议会,

① 参阅威廉·亨特(William Hunt):《英国政治史》第 3 卷,伦敦,1920 年,第 122 页。

使封建主的谘议会第一次吸收了非统治阶级的平民阶层,而且具有更广泛的代表性。然而,西门的统治并没有保持住,1265年,西门被亨利三世和部分诸侯联军打败,西门战死。但西门所创立的议会制度却得以保存下来,代代相传。

议会形成的第二阶段是爱德华一世统治时期。1272年,新王爱德华一世即位。当时,国内战争已经结束,英国社会经济得到迅速发展,国家制度进一步完善,国家司法行政制度有很大的发展:国库法院、王座法院、民事法院相续成立。王家法院由于采取了根据调查而处理案件的原则,大大提高了自己的威信和权力。在治理国家方面,爱德华一世对西门所创立的新式议会极为重视。他感到"这样的议会比起由封建的和教会的贵族所组成的议会容易领导些"[1],"市民在议会因筹集赋税而交纳于国王的金钱比起过去的勒索,对于国库更为有利"[2]。1295年11月,当爱德华一世为了进行对法国和苏格兰、威尔士的战争,需要一笔巨款时,他立即采取西门的作法召集议会。他向大主教、修道院院长、诸侯、骑士、市民发出邀请。出席该会的代表有僧侣、世俗贵族,另外每郡推出两个骑士,大的城市推出两个市民代表出席。骑士和市民代表由州和市的地方会议选出。除此以外,每个天主教堂的教士各推举一名代表参加会议。"这样,这次会议就成为三个等级的如此完备的代表机构,被当作后来的著名议会效法的榜样。"[3]所以,这次会议在英国历史上被称为"模范会议"。然而,事实上,爱德华统治时期,议会制度并不完善。通常由国王兼任主席,或由大法官代任主席。开会邀请信,诸侯系直接接受,骑士和市民由地方官送去,一个地方一个邀请信。在议

---

① 《马克思恩格斯文库》第5卷,第306页。转引自科斯明斯基、斯卡斯金主编:《中世纪史》第1卷,生活·读书·新知三联书店,1957年,第420页。
② 《马克思恩格斯文库》第5卷,第306页。
③ 威廉·亨特:《英国政治史》第3卷,第195页。

会建立初期，由于议员的费用需由各州和各城市承担，因而参加议会被视为负担。有些城市拒绝派出代表，并向国王递交请愿状，申请不选举议员，骑士也经常逃离职务。尽管存在种种问题，这时的议会已经成为英国统治机构的一个重要组成部分而发挥其作用了。

14 世纪，是英国议会最后形成的阶段。议会形成初期，并不分院。贵族和平民通常一起开会。但是，平民的意见总是受到压制而不能发表，因此他们往往避开贵族秘密集会。每当他们表示共同意见或回答上级机构咨询时，骑士和市民代表就在威斯敏斯特教堂单独集会讨论。沿袭下来，威斯敏斯特教堂就成为骑士和市民代表集会的专用地点。1343 年，英国议会正式分为上下两院，或称贵族院和平民院。贵族院主要由大封建主组成，即世俗男爵组成，其成员有爵位继承权。平民院则包括低级贵族（骑士和绅士）和市民。市民和骑士在政治上的联合，有利于英国工商业的发展和下议院权力的增长，最后，下议院发展为脱离上议院而独立行动的机构。与此同时，随着两院制的形成，僧侣退出议会自己组成教士议会①。这样，经过长期的发展，议会制度终于在英国最后形成，成为英国政治制度中的重要组成部分。

二

中古中期的英国议会是由僧侣贵族、世俗贵族和市民组成的等级代表机构。

僧侣贵族包括修道院院长、骑士团团长、大主教和主教。他们是有资格出席议会的僧侣。这些人当中大多数是国王的附庸。很多僧侣保有贵族的头衔和贵族的权利，他们是英国最大的土地占有

---

① 莫尔顿：《人民的英国史》，谢琏造等译，生活·读书·新知三联书店，1958 年，第 76 页。

者。以修道院为例,从 1272 年到 1307 年,在英国各次议会和贵族会议上被邀请的修道院院长共 97 人,其中有 75 人是经常出席议会和贵族会议的成员。这些修道院都是当时英国历史文献中最有名的修道院,如威斯敏斯特、格拉斯顿伯里、拉姆奇、格洛斯特、雷丁格、埃德蒙德、苏福克、阿宾顿、奥古斯丁、坎特伯雷、奇林乞斯特等。在这个时期,出席议会的修道院团体,每年收入很高,其中年收入为 100 至 200 镑的占 32%,年收入在 200 至 500 镑的占 30%,年收入 500 至 1000 镑的,占 6%,年收入在 1000 镑以上的占 2%[①]。大主教的情况更为突出。13 世纪以来,出席议会的大主教和主教也都是最富有的地主。例如,坎特伯雷大主教年收入为 2049 镑。达力姆主教年收入为 2666 镑。温切斯特主教年收入为 2977 镑,伊利主教年收入为 2000 镑[②]。

参加议会的世俗贵族有两个阶层:大贵族和中小贵族。经常参加议会的大贵族人数并不固定。根据 13 世纪末和 14 世纪初出席议会的 198 个贵族的情况分析,这些贵族也都是占有大量土地的封建主阶级。据统计,这些大封建主中占有一个庄园的有 21 个[③],占有 2 个到 5 个庄园的有 58 个,占有 5 个以上庄园的有 79 个。又如大贵族约翰·盖斯廷斯在 9 个州占有 78 块骑士采邑。大贵族埃德蒙·莫尔图马瑞的巨大领地分散在英国 12 个州[④]。

参加议会的低级贵族是骑士[⑤],根据 13 世纪的资料,经常参加议会的骑士阶层中,小封建主占一半以上,中等封建主占三分之一,还有少数的大土地占有者。例如剑桥地区出席州议会的 60 名代表

---

① E. B. 古特诺娃(E. B. Гутнова):《英国议会的产生》,莫斯科大学,1960 年,第 345 页。
② E. B. 古特诺娃:《英国议会的产生》,第 340 页。
③ 庄园规模大小不等,中等的约占土地 500 至 1000 英亩。
④ E. B. 古特诺娃:《英国议会的产生》,第 358 页。
⑤ 在 13 世纪,骑士主要指中下层的封建主,而不专指服军役的骑士,由于盾牌钱的实行,许多骑士已经不再服军役。因此骑士这个名词,有些是指过去的持有采邑的封建主,也有些是指占有一定数量土地的自由农民。

中,占有土地达到 100 英亩的 24 名,占有土地达 100 至 500 英亩的 38 名,占有土地 1000 英亩以上的两名。在牛津,参加议会的 79 名代表中,41 名占有土地 100 英亩,29 名占有土地 100 至 500 英亩,5 名占有土地 1000 英亩[①]。

市民代表参加议会开始于 1265 年,但市民参加议会的机会比骑士少得多。经常举行的议会,并不是每次都邀请市民参加的。而且只有市民上层能够担任代表,普通市民完全无权参加议会。

参加议会的市民代表都是出自持有特许状的城市。这些城市除伦敦以外,还有埃克塞特、布里斯特、德比、索尔斯伯里、约克、牛津、坎特伯雷、道维尔、林肯、诺丁昂、诺里奇等。这些城市或者是属于国王的城市,拥有较广泛的自治权,或者是国内工商业的中心,拥有部分自治权,可以组织基尔特(行会),建立商店、商号。这些城市都是英国最富有的城市,它们占全英国城市总数的三分之一。

以伦敦为例。它是英国城市中第一个得到特许状的城市,保有较多的城市自治权,有权选举自己的市长,其地位相当于州。参加议会的伦敦市民代表,大都是城市上层的寡头集团成员,其中有伦敦市长、郡首、高利贷者和房地产所有者。例如 1283 年的议会代表格雷贡·德·罗克利就曾多次被选为伦敦市长。另一位议会代表威廉·里尔弗德,曾任市议员、伦敦郡首和伦敦市的执政官。

总之,议会成员都是英国封建社会中的中上层人物,他们分别属于大封建主、中小封建主和市民上层。等级议会的阶级实质是不言而喻的。不过应当说明,在议会产生之时,并没有财产限制,到了 15 世纪,才有明确的财产规定。1429 年,议会通过的限制选举权法案正式规定“除一切负担外至少每年值 40 先令的自由地产所有者

才有权参加议会"[1]。1445 年议会又规定,选入议会者必须是生于绅士门第的人。

三

中古中期英国议会的职能主要表现在以下几个方面。

(1) 征收和批准赋税。议会最早是作为一个收税机构而发展起来的。议会产生以后,英王曾召集议会开过许多次会议,这些会议多数是研究征税问题。例如 13 世纪末到 14 世纪初,有十次会议是讨论征收定期的动产税问题,有两次会议是讨论提高羊毛和皮革的关税问题,每次会议都以议会同意征收十分之一、八分之一、九分之一动产税,或拒绝征收动产税而结束。但是批准赋税权的获得则是经过一番斗争的。议会经常要对国王贪得无厌的要求进行抵制和限制。直到 1297 年,爱德华一世在议会成员强大压力下才颁布了《宪章确认书》,答应今后未与议会事先商妥,不得在王国境内征收任何赋税。这样英国议会就实际获得了批准赋税的权力。

14 世纪中期议会权力进一步扩大,1339—1344 年,爱德华三世为了进行百年战争,需要议会支持,因此被迫同意议会可以选举财政大臣,以监督所准拨的款项的支出,并审查国王的账目。这实际上"等于承认议会不但有停止给款之权,而且比较含混地承认议会对于款项的用途,因而对于政策也有间接控制之权"[2]。

(2) 审查政治案件和颁布法律。议会在成立初期并没有正式规定立法司法权,不过随着社会经济的发展,国家司法活动日益频繁,加上国王需要金钱,议会不仅是一个表决赋税的机构,同时也逐渐

---

[1] 莫尔顿:《人民的英国史》,第 110 页。参阅《英国简史》,莫斯科,1959 年,第 63 页。
[2] 莫尔顿:《人民的英国史》,第 75 页。

发展成为一个司法机构。议会当时是王国政治案件的最高法庭。所有国内重要的政治案件，实际上都由议会审理。例如 1283 年 10 月，爱德华一世曾召集了一次议会，审判威尔士诸侯反对王室起义案件，并经过议会讨论，判处达维多的死刑。

在 13 世纪末期和 14 世纪时期，议会参与了国家的一系列立法活动。例如 1275 年的威斯敏斯特条例就是经过议会同意颁布的。1350 年，议会曾颁布了《劳工立法》规定"凡年在六十岁以下，身体强壮，无以为生，经人要求，即须为他人工作，否则入狱，直到他能得到服役的保证为止"。"如果一个工人或仆人在满约期以前离开工作，应予监禁"，"应给仆人原额的工资，不得增加"，"如果有……领取多于照例支给的数额，应入狱监禁"①。这些立法的公布，充分说明，英国议会已经作为封建国家的政治机构而发挥着它的作用。到 14 世纪末期，议会已经正式取得了立法权，议会的法律，由下议院提出，经上议院和国王批准②。

（3）受理请愿状。爱德华一世经常召集议会了解情况，从那时起受理请愿状就成为议会的重要工作。13 世纪末至 14 世纪初，议会曾受理 20 个城市的 46 份请愿状。这些请愿状反映了英国城市居民的各种要求：恢复被国王所没收的市政特权；改变商店规模；利用公社附属地；城市贫民控诉富裕市民的压迫等等③。爱德华一世时期英国议会的案卷中，保存了 1000 多份来自社会各阶层的私人请愿书。

13 世纪，请愿状多半来源于个人和地方，以后逐渐产生了集体的请愿状。14 世纪集体请愿状逐渐增多，有些请愿状是以下议院全体议员名义递交的。这些以下议院全体名义递交的请愿书，在亨利

---

① 莫尔顿：《人民的英国史》，第 91 页。
② 《苏联历史辞典》第 10 卷，1967 年，第 861 页。
③ E. B. 古特诺娃：《英国议会的产生》，第 541 页。

六世晚年,逐渐采取了"法案"的形式,这种法案经过议会表决便成为法律。这就是众议院立法提议权的起源。

(4)参与两次国王废立事件。第一次是废除爱德华二世。1314年,爱德华二世率军侵略苏格兰,在班诺克本战役中遭到失败。同时由于他任意将王室土地赠予他所宠信的平民出身的臣属,引起国内许多贵族的不满。1327年,议会正式通过决议废除爱德华二世。

第二次是废除理查二世。理查二世统治时期,王权曾一度强化。后期,由于他大肆挥霍王室地产,无情镇压反对派,以及向商人非法课税,并强迫议会将权力交给国王个人控制的委员会,引起国内各阶层和议会的不满。人们把他称为"不听忠告的理查",1399年议会宣布废除理查二世,立亨利·博林布鲁克为王,是为亨利四世。

在封建时代废除国王是贵族阶级的职权,议会能参与这一活动,说明议会政治职能的增长。在人们心目中已经把议会作为国家的政治权力机构,甚至贵族也愿意通过议会废立国王来提高这一行动的权威性。

(5)在对外政策的决策上发挥作用。英王爱德华一世,曾对苏格兰作战并企图兼并它。1289年,苏格兰王亚历山大三世逝世,没有直系亲属继承王位,唯一的亲属是外孙女挪威国王的女儿马加勒特。英王利用此机会大肆活动,终于在1290年签订了布里格姆条约。据此,马加勒特将与爱德华一世的儿子即未来的爱德华二世结婚。这样英国就可以通过和平方式合并苏格兰。但不久,马加勒特死去,爱德华一世合并苏格兰计划破灭,于是在1291—1292年间多次召集英国议会和苏格兰贵族会议磋商,并作出决议,以约翰·倍利约尔为王位继承人。议会正式批准了这个决议。事后,教皇卜尼法斯八世不满英王对苏格兰事务的干涉,提出抗议。为此,英王又在1301年召集议会,最后并以议会名义写信给教皇,表示议会支持国王的行动,并且明确指出,英王对苏格兰有至高无上的管辖权,没有必要将自己调处苏格兰事务的经过告知教皇。

四

上面事实说明，中古中期英国议会的活动是多方面的，作为英国封建国家的重要政治机构，其作用也是不可忽视的。然而它同近代议会仍然有本质的区别，表现在以下几个方面：

第一，中古中期的英国议会是封建国家的上层建筑，是国王手中的工具。国王经常对它的活动进行直接控制。起初，议会的召集权属于国王，议会并没有自行召集之权。在这种情况下，议会往往唯王命是从。当然这时的议会也反映过其他阶层的要求，向国王施加压力。国王在与会者的反对下，也不得不作出一些微小的让步，并给议会一定的权力。但是总的来说，更多的情况是国王利用议会各等级的矛盾达到自己的目的，使议会成为国王手中的御用工具。这同近代议会之具有相对的独立性是不同的。

第二，议会的参加者主要是封建主阶级，即教会僧侣、世俗贵族以及中小建封主阶级，他们占绝对多数。城市代表在议会中只占少数，而且并不是每次议会都能参加的。至于城市平民和广大维兰（音译，意为农奴）则根本无权参加议会。所以就参加者成分看，当时的议会无疑是封建的议会。它同资产阶级的议会相比更加缺乏代表性。

第三，中古中期的议会，虽然参与了国内一切政治活动，甚至颁布法律，并拥有立法权力，但是这些权力是有限的，因为颁布许多重要法律的真正幕后操纵者还是国王，或者是议会内的封建主。真正由下议院提出并生效的法律，在当时还是少数。中古中期的英国议会与作为近代立法机构的议会相比较，在本质上是不同的。

总之，中古中期的英国议会，还处于英国议会制度的形成时期，它的职能还表现得不充分,不过,它已经开始形成为各个等级较量实力的一个阵地。英国历史家莫尔顿说得好:"这整个时期是过渡时期,是各种阶级力量达到不稳定的平衡时期,议会是这些力量的反映,同时也是这些力量的战场"①。

---

① 莫尔顿:《人民的英国史》,第 76 页。

缙绅会议和俄国君主制

欧洲封建主义发展过程中，等级代表制即所谓的议会制，在多数国家都出现过，而且存在了相当长的时间，在政治生活中产生过颇为重要的作用。俄国的缙绅会议就是其中的一个，它的产生和发展同俄国君主制特点的形成有着直接的联系，值得探讨。

一

缙绅会议不是俄国的特产，它是在欧洲许多国家已经出现议会的背景下产生的。西方议会大多数是从收税机构发展起来的。议会最初的职能，就是为国王承担税款，为国王收税，以后，逐渐取得了立法、司法、财政等权力。在各个国家，议会的名称、形式虽然有所不同，甚至有显著的差别，但本质上都是封建社会的等级代表制度，是封建社会剥削阶级内部上层、中层统治阶级按照各自的实力进行权力分配和联合管理的一种政治形式。马克思在《黑格尔法哲学批判》一文中指出："中世纪各等级的全部存在就是政治的存在，它们的存在就是国家的存在。"①马克思的这段话强调了等级在封建国家政治生活中的重要性和它的普遍性。无论是欧洲其他国家的

---

① 《马克思恩格斯全集》第 1 卷，人民出版社，1956 年，第 335 页。

议会还是俄国的缙绅会议都正好是这种关系的反映。

议会这种政治形式,最早出现在比利牛斯半岛,这里的议会叫 las corters(国会)。1188 年在西班牙地区的雷翁王国首先出现,以后在卡塔伦尼亚(1218 年)、卡斯提(1250 年)、阿拉冈(1300 年)和葡萄牙(1254 年)等国,都相继出现了等级代表机构。比利牛斯半岛的议会,在中古时期,是封建国家的重要组成部分。卡斯提的议会势力十分雄厚,它决定着整个王国的政策。市民在议会中力量的增长,尤其值得注意。马克思曾经指出:"从十四世纪起,城市在议会中的势力就很大了,而从天主教裴迪南的时代起,圣友会(Santa Hermandad)就成为城市用来反对那些责备城市破坏了古老的贵族的特权和司法权的加斯梯里亚贵族的有力武器。"[1]

英国的议会叫 parliament,它的出现也比较早。英王亨利三世时代,曾经发生过一场国内战争,在国内战争中取得暂时胜利的西门·德·孟福尔于 1265 年召开了英国历史上的第一次议会。1295 年,英王爱德华一世正式向各郡和城市的大主教、伯爵、男爵、骑士和市民各等级发出邀请,[2]于 11 月召开了英国史上最著名的议会,这次议会后来被称为"模范议会",并被誉为"这个国家未来的一切议会的楷模"。[3] 14 世纪末期,英国议会已经形成,并且随着时间的推移,在社会政治生活中起着越来越重要的作用,它不仅有权批准赋税,审理政治案件,而且参与了废立国王的重大决策活动。中古晚期,英国议会在亨利八世的宗教改革中,成为专制王权用来进行反对教会的得力工具。

法国中古时期的议会称为 E'tats Généraux,即三级会议。法国的三级会议出现较晚。根据腓力四世与教皇卜尼法斯八世的斗争

---

[1]《马克思恩格斯全集》第 10 卷,人民出版社,1962 年,第 460 页。
[2] 参见 C. Д. 斯卡兹金:《中世纪史文献》第 2 卷,1963 年,第 341—343 页。
[3]《剑桥中世纪史》第 7 卷,1958 年,第 405 页。

的编年史的记载,法国第一次三级会议是在 1302 年召开的。当时国王召集的会议包括"三种有地位的人物:教士中的高级教士;代表贵族阶级的上层贵族;每个城市两个市民阶级代表。这就是所谓'三个等级'的会议"。① 三级会议成立后,在 15 世纪,特别在百年战争中参与了国家的管理工作。例如,1357 年,在巴黎召开的三级会议,曾迫使太子查理制定了有名的《三月大敕令》。根据这个敕令,三级会议可以不经国王批准而征收赋税,有权委任国王顾问。15 世纪最后一次三级会议是由国王在 1468 年召开的。16 世纪以后,法国由等级君主制过渡到专制君主制,三级会议长期没有召开,在 30 年宗教战争时期暂时恢复,召开了 1560 年、1570 年、1568 年、1593 年四次三级会议,此后又中断了 175 年。

在西欧,尼德兰的三级会议召开最晚,尼德兰三级会议叫 Staten-General。它出现于 1462 年,由于尼德兰当时处于西班牙统治之下,三级会议主要反映地方利益。在尼德兰革命时期,三级会议扩大到全尼德兰,革命胜利后,它成为荷兰共和国最高决策机构。

在东欧地区,波兰的议会最为典型。波兰的议会称为 Sejm(塞伊姆),它大约是 15 世纪中期开始出现的。1454 年,在小贵族的压力下,波兰的国王被迫公布了涅夏瓦条例。根据这个条例,国王允许小贵族自己选举地方法院,"小贵族只有在被控告犯有杀人、放火、强奸或者在'突袭'——武装进攻时被抓获的情况下,才应当受长老的审判"。② 从此以后,全国所有立法活动都置于议会的监督之下。涅夏瓦条例是波兰议会君主制形成的重要阶段。此后,议会实质上成为波兰封建国家的最高权力机构。议会召开时,国王派出自己的全权代表出席议会。不经全国和地方议会的批准,国王不得颁

---

① 瑟诺博斯:《法国史》,沈炼之译,商务印书馆,1964 年,第 145 页。
② B. Д. 科罗柳克:《波兰史》第 1 卷,莫斯科,1956 年,第 170 页。

布新的法律，也不得宣战媾和。波兰议会的权力很大，到 16 世纪时，发展为具有立法权的机构。但是，波兰议会同西欧国家议会不同，在议会中没有市民代表。

俄国的等级议会叫缙绅会议（Земский собор）。在苏联史书中，关于缙绅会议早有记载。在 20 世纪 50 年代的苏联史著作中，已经提到 16、17 世纪的缙绅会议。不过，当时对 16 世纪的缙绅会议的研究还很不够，史料、文章极少，未能说明缙绅会议是如何产生的。学界普遍认为 17 世纪是俄国缙绅会议的繁荣时期。近年来，苏联史学界对 16 世纪的缙绅会议进行了广泛的讨论，文章、资料和专门著作陆续发表。其中重要的文章有：М. Н. 季霍米罗夫《16 世纪的俄罗斯等级代表机构——缙绅会议》。① 这篇文章以丰富的史料论证了俄国历史上第一次缙绅会议的召开，并介绍了 1566 年、1580 年、1584 年、1598 年会议的情况，引起了苏联史学界的广泛注意。在 20 世纪 60 年代，苏联史学界对缙绅会议问题的讨论有了新的发展。在这一时期所发表的一系列文章中，具有重要影响的有 С. О. 施密特的《16 世纪中期的会议》②、Н. И. 帕夫连科的《关于 16 世纪缙绅会议的历史》③、В. N. 科列茨基《1575 年的缙绅会议和沙皇特辖制的部分恢复》④、Л. В. 契列普宁的《关于 16 世纪俄罗斯等级代表君主制的形成问题》⑤。这些文章着重论证 16 世纪几次新的缙绅会议，并对缙绅会议的概念，会议参加者的成分，各次会议解决的问题进行了广泛的讨论，为进一步研究俄国缙绅会议提供了重要依据。

---

① 《历史问题》1958 年第 5 期。
② 《苏联历史问题》1960 年第 4 期。
③ 《历史问题》1968 第 5 期。
④ 《历史问题》1967 第 5 期。
⑤ 《苏联历史问题》1974 第 5 期。

二

俄国缙绅会议出现于 16 世纪中期,即伊凡四世时期。它是作为沙皇俄国进入等级君主制的重要标志而出现的,苏联史学家认为所谓缙绅会议就是"16、17 世纪俄国统治阶级(大贵族、官吏贵族、僧侣阶层、城市商人上层分子)的代表会议。通常是为了讨论国事而由沙皇召集的"。[1]

缙绅会议的出现不是偶然的,它是俄国社会经济发展,阶级矛盾激化的产物。15 世纪,俄国地方市场形成,各地区出现了许多区域性的手工业商业中心。其中比较著名的有:莫斯科、弗拉基米尔、德米特洛夫、姆扎斯克、佩列雅斯拉夫尔、下诺夫哥罗德、苏兹达尔、科斯特罗姆、索利、加利茨科、佩列雅斯拉夫——梁赞、卡中、托尔日科、斯摩林斯克,诺夫哥罗德、勒热夫、拉多加等。[2] 随着商品货币经济的发展,莫斯科成为全国的工商业中心,人口达到 20 万。除莫斯科外,17 世纪中叶,罗斯境内大约有 220 座城市,这些工商业城市把全国城乡经济密切联系起来。

随着社会经济的发展,封建主对农民的剥削压迫日益加强,为了瓜分农民的剩余劳动,贵族之间进行着激烈的斗争。伊凡四世执政初期是大贵族肆虐的时代,人民群众苦不堪言,城乡反抗斗争到处发生。1548 年,特维尔县的税册中指出,"强盗"进攻地主,夺去固定封建主占有土地和农民权利的文书,农民还以逃亡、砍伐森林、自行耕种属于地主的田产,以示对封建主的抗议。在城市中,也普遍发生了市民反封建主的斗争,1547 年,莫斯科城乡市民,杀死了大贵

---

① 《苏联大百科全书》,莫斯科,1972 年,第 506 页。
② Л. В. 契列普宁:《14—15 世纪俄罗斯中央集权国家的形成》,莫斯科,1960 年,第 333 页。

族尤利·格林斯基,并向莫斯科近郊沙皇居住的沃罗比约沃村进军。这次起义虽被镇压,但它沉重地打击了大贵族的反动势力,使他们感到必须加强其统治。俄国的缙绅会议正是在这种形势下出现的。

缙绅会议的出现,也与统治阶级内部力量对比有关。伊凡四世即位初期,世袭贵族僧侣和贵族的势力还是相当雄厚的,他们的领地遍布全国,例如封土诸侯的领地,在整个16世纪都存在,"在16世纪前半期,它包括了从莫洛金和卢卡金的大部分领土"①,所以"16世纪的俄罗斯,按其社会结构是世袭贵族、波雅尔②和修道院与封土诸侯的巨大领地并存的国家。在这里,可以说与诸侯或者波雅尔并存的还有在自己不大的世袭领地上和庄园中的普通贵族和波雅尔子弟,到处都有各种相互毗邻的各种地位的土地占有者和依附于他们的农民"③。各种力量的存在,不可能不在政治斗争中表现出来。缙绅会议正是俄国统治阶级各等级现实力量又斗争又联合的形式,而敌对阶级斗争的激化则是各等级联合的基础。由此看来,俄国的缙绅会议也是俄国各种政治力量斗争的产物,沙皇则利用这些等级的冲突,达到其集权目的。

俄国的缙绅会议出现于16世纪中期,形成于16世纪末期,17世纪前半期达到繁荣阶段,17世纪后半期趋于衰落。

16世纪时期的俄国缙绅会议有其显著的特点,它首先是作为专制沙皇打击大贵族、联合中小贵族和城市上层市民的一种政治形式出现的。缙绅会议的召集,人员的参加都由伊凡四世决定。缙绅会议不是常设机构,而是根据沙皇的需要临时召集,会议也不具有司

---

① M. H. 季霍米罗夫:《16世纪的俄罗斯》,莫斯科,1962年,第39页。
② "波雅尔",俄国大封建主,11—14世纪是大公的近侍顾问。15—17世纪是俄国大贵族的称号。伊凡四世改革之前,大贵族是贵族会议成员,掌握地方大权,改革后,大贵族势力削弱,彼得一世改革,废除波雅尔称号。
③ M. H. 季霍米罗夫:《16世纪的俄罗斯》,第65页。

法、行政权力，它当时不过是伊凡四世借以实现其集权统治的工具。俄国第一次缙绅会议的情况可以说明这一点。这次会议可以说是伊凡四世50年代改革的一次动员会。会议的主要参加者是显贵官员，根据其出身，可以分为两部分。第一部分是僧侣贵族，他们是以总主教为首的宗教会议成员（освященный собор）。第二部分是官吏贵族，其中包括"波雅尔、宫内高官、执事、财政官员、世袭贵族、大贵族和波雅尔子弟。"①会议是否有商人参加，没有直接的史料证明。

第一次缙绅会议是1549年2月27日举行的，会址在莫斯科沙皇宫廷，沙皇伊凡四世出席了这次会议，并在会上讲了话。他斥责波雅尔贵族对侍卫和农民的欺压和虐待，要求他们停止此类活动，并向阿达舍夫作了指谕②。会议的宗旨很明确，这就是进行大规模的社会改革，在地方上实行自治，通过新的伊凡雷帝法典。1549年的缙绅会议具有重大意义，是俄国开始进入等级君主制的路标，从此缙绅会议作为等级代表机构，在国家社会生活中起着越来越大的作用。

在第一次缙绅会议之后，俄国的缙绅会议又陆续召开。根据近年来苏联史学界新发现的材料，大致有十余次之多：1550年、1555—1556年、1564—1565年、1566年、1571年、1575年、1576年、1580年、1584年、1598年等，这些会议已为苏联历史学家承认③。会议次数的增多说明缙绅会议在国家社会生活中作用的加强。在16世纪时期，有两次缙绅会议值得注意，这就是1566年的缙绅会议和1598年的缙绅会议。一些苏联史学家认为这两次会议在缙绅会议制度

---

① 《关于16世纪俄罗斯等级代表君主制的形成问题》，《苏联历史问题》1974年第5期，第66页。
② 《16世纪的俄罗斯等级代表机构——缙绅会议》，《历史问题》1958年第5期，第6—8页。
③ Л. В. 契列普宁：《缙绅会议和俄国君主制的确立》，《17至18世纪的俄罗斯专制制度》，1964年，第94—100页。

的发展中具有重要意义。

1566 年的缙绅会议产生在立沃尼亚战争时期,根据亚历山大·涅夫斯基编年史记载,这次会议于 1566 年 6 月 28 日举行。地点在莫斯科。"沙皇和他的堂兄弟弗拉基米尔·安德列维奇公爵出席了 6 月 28 日的这次会议,以诺夫哥罗德大主教为首的宗教会议成员、波雅尔杜马成员和选出来的人参加了会议,根据编年史记载,会议'由全体波雅尔、衙门的人、封土诸侯、波雅尔子弟、服务人员、客商和商人以及其他生意人'组成"。① 会议的主要任务是讨论立沃尼亚战争是否继续进行和如何处理被双方占领的立沃尼亚城市问题。1566 年的会议有正式文件流传下来。据记载,在这次会议上"缙绅会议的每一个参加者都表示了自己特殊的意见,在抄件下面有会议参加者的签名,但远非全部"。② 1566 年的缙绅会议之所以重要在于它吸收了市民参加,更加具备等级会议的特点。正如 H. M·帕夫连科所指出,"1566 年会议的活动意味着在制度(缙绅会议——引者)的发展中向前跨进了一步:会议代表的人员扩大了"③,在这次会议中"除了波雅尔杜马、宗教会议和地方贵族外,市民参加了"④。这就是说从 1566 年起,等级代表会议的各等级成员都参加了缙绅会议,从此,缙绅会议由"三个主要部分组成:波雅尔杜马、宗教会议(神圣会议)及一切集团的代表"⑤。1598 年的缙绅会议是 16 世纪最后一次缙绅会议,这次会议可以说是在缙绅会议制度的发展中又前进了一步,其特点是这次会议"记载了城市中'选举'的存在"。⑥

进入 17 世纪时期,俄国的缙绅会议经历了自己的兴盛时期。

---

① 《16 世纪的俄罗斯等级代表机构——缙绅会议》,《历史问题》1958 年第 5 期,第 10 页。
② M. H. 季霍米罗夫:《苏联历史的史料学》(*нстоцниковедение историссер*),莫斯科,1962 年,第 212 页。
③ 《关于 16 世纪缙绅会议的历史》,《历史问题》1968 年第 5 期,第 85 页。
④ 《关于 16 世纪缙绅会议的历史》,《历史问题》1968 年第 5 期,第 85 页。
⑤ C. B. 尤什可夫:《国家与法权通史》第 1 卷,中国人民大学出版社,1954 年,第 178 页。
⑥ 《关于 16 世纪缙绅会议的历史》,《历史问题》1968 第 5 期,第 35 页。

这个时期,即 17 世纪前半期,它发展的主要特点是,会议召开频繁。据不完全统计,至少举行过十几次会议:1613 年、1616 年、1618 年、1621 年、1632 年、1634 年、1639 年、1642 年、1648 年—1649 年,1651 年、1653 年、1682 年、1684 年。同时缙绅会议在国家政治生活中逐渐起着支配的作用,它俨然是国家的最高权力机构,这一点,1613 年和 1648 至 1649 年的缙绅会议表现得最明显。

1613 年的缙绅会议。它是在外国武装干涉俄国时期召开的。1606 年,波洛特尼科夫起义被镇压不久,1608 年波兰和立陶宛军队在伪季米特里第二的领导下第二次侵入俄国。叔伊斯基政府的叛卖行为,导致瑞典占领诺夫哥罗德、波兰干涉军占领莫斯科的危险局面。外国的武装干涉激起了俄国人民群众的强烈反抗,他们组织起来反抗侵略军,1612 年义勇军收复莫斯科。1613 年在莫斯科召开了缙绅会议。

1613 年的缙绅会议是"全国会议"(совет всея земли)①,也就是说它是全国性的缙绅会议。这次会议的参加者较为广泛,大约有 50 个城市选出了自己的代表,城市代表人数达 700 人之多,有些人来自南方,还有些人来自遥远的西伯利亚。封建贵族的代表有波雅尔杜马人员 15 至 16 人,有莫斯科和各省区的贵族(дворянство)和高级僧侣会议成员。会议期间还邀请了一些有头衔的贵族代表,例如"姆斯季斯拉夫斯基公爵及其助理"。② 这次会议的主要目的是选举新沙皇。过去沙皇皇位世袭,缙绅会议出现后,曾两次选举沙皇,一次是 1598 年的会议,另一次就是这次会议。从 1613 年 2 月 8 日至 2 月 21 日,经过两个星期的激烈斗争,最后,会议成员一致通过米哈

---

① 《苏联大百科全书》,第 506 页缙绅会议条。
② A. H. 纳索诺夫、Л. B. 契列普宁:《苏联简史》(15 至 17 世纪封建主义时期),莫斯科,1955 年,第 594 页。

伊尔·费多罗维奇·罗曼诺夫为沙皇。[1]

1648—1649 年的缙绅会议,在俄国历史上也是非常重要的,也是在俄国社会矛盾十分尖锐的情况下召开的。1648 年,即阿列克塞·米海洛维奇即位后不久,莫斯科发生了大规模的城市下层人民和城郊居民起义。起义者冲进王宫,杀死显贵普列夫舍夫和特拉哈尼奥托夫。

与莫斯科市民起义同时,在其他城市也发生了起义。阶级斗争的尖锐化迫使沙皇召开新的缙绅会议,1648 至 1549 年的缙绅会议包括了许多社会成分,其中有"十四名高级僧侣等级的代表,四十名波雅尔、首都贵族和书记的代表,一百五十三名城市贵族的代表,三名从客商中选举的代表,十二名从莫斯科商人公会选举的代表,十五名莫斯科特种常备军卫戍部队的代表,七十九名城郊工商业区的代表"[2],还有二十一名其他集团代表。

这次会议主要的工作是组织和制定新法典,确认农奴主的种种特权,法典规定农民连同老少三代都属于地主,从此以后,搜捕逃亡农奴不再受期限的限制。法典强化国家法律,保护封建主的利益,凡涉及危害封建主生命财产的行为,罪犯一律被判处死刑。法典用恐怖手段来维护封建秩序和巩固统治阶级的政权。

俄国缙绅会议到 17 世纪后半期走向衰落。17 世纪后半期,俄国社会经济进一步发展,俄国的政治上层建筑也逐渐由等级君主制向专制君主制过渡。这时,俄国形成了一整套完备的中央集权机构。当时的中央管理部门达到 40 个衙门之多,地方机构以县为单位。中央和地方机构的建立意味着君主专制体制的建立。在这种体制下,君主的最高权力是完整地不可分割地属于沙皇的,等级会

---

[1] C. M. 萨洛维也夫:《俄国史》第 4 卷,莫斯科,1960 年,第 691 页。
[2] A. A. 诺沃谢利斯基:《苏联简史》(17 世纪封建主义时期),莫斯科,1955 年,第 247 页。

议存在已无必要。1563 年以后,缙绅会议长期休会。1683 年到1684 年为与波兰签订和约而召开了最后一次缙绅会议,从此缙绅会议就从国家政治生活中消失了。

总观俄国缙绅会议的发展,与西方各国的缙绅会议相比,有其明显的差别。苏联史学家 A. M. 萨哈罗夫在其多卷本《俄国史》第 5卷的评论中讲道:"在罗曼诺夫王朝统治初期,在专制政府暂时削弱的情况下,缙绅会议曾经起了支配政权的作用。但是,后来越来越成为谘议机构。没有一定职能,没有经常的代表,没有选举代表的标准和期限"①。萨哈罗夫的评论道出了缙绅会议的实际情况,它不仅可以概括 17 世纪俄国缙绅会议的特点,也可以说明俄国缙绅会议的一般特点。

首先,"全俄缙绅会议的召集方式、活动范围、组成人员、迭经改变"。② 从召集情况看,召集会议的有时是沙皇,如 1549 年、1566年、1648 至 1649 年的缙绅会议。有时是贵族,如 1584 年、1580 年的缙绅会议。有时是民军,如 1613 年的会议。会议的召集方式也不同,有时是僧侣会议,有时是民军会议,有时是宫廷会议。与会者的条件始终没有明确规定,而是根据需要和阶级力量对比的情况而确定出席人员的。例如,第一次缙绅会议,主要是僧侣和世俗贵族,市民代表并没有参加。同时,会议的代表也并不完全代表整个等级。例如 1566 年的缙绅会议的僧侣代表,主要是俄罗斯西部地区的教会人士,其中有诺夫哥罗德的、普斯科夫的和斯摩林斯克的修道院代表③。当时国内最有名的特洛伊茨修道院都没有派代表参加。参加会议的贵族代表也主要是西部贵族。

由于会议参加者的条件没有明确规定。每次会议参加人数出

---

① C. M. 萨洛维也夫:《俄国史》第 5 卷,第 703 页。
②《苏联大百科全书》,第 506 页缙绅会议条。
③《关于 16 世纪缙绅会议的历史》,《历史问题》1958 年第 5 期,第 11—12 页。

席人员并不完全相同。一般说来，出席人员基本上分三种情况：一种是按社会地位出席，一种是由政府邀请或指定，另一种是由地方选派。①

其次，俄国缙绅会议职能不明确，权力有限。西方的议会权力则比较大，特别是英国议会具有立法、司法和财政等权力。在俄国，缙绅会议的发展却大不相同。在 16、17 世纪，缙绅会议参与了国家许多重大问题的讨论，甚至还参与了选举沙皇制定法典、决定对外对内政策方面的活动。但是，在法律上，缙绅会议始终没有取得真正的立法权、司法权。而到 17 世纪后半期，却演变为谘议机构，只可以进行讨论，根本无权作任何决定。造成这种现象的主要原因是沙皇权力过于强大。沙皇可以召集缙绅会议，但绝不允许缙绅会议成为支配国家权力的机构。16、17 世纪全俄缙绅会议与英国 16 世纪亨利八世的钦定议会有很多相似之处。虽然英国议会在这个时期活动频繁，但真正起作用的仍然是专制君主亨利八世，而不是议会。所以一些史家把它称为"钦定议会"。

再次，在缙绅会议中逐渐形成了小贵族和城市商人的某种联合，而小贵族曾经是会议的核心力量。据我们所掌握的材料，只有伊凡四世召集第一次缙绅会议缺乏关于城市代表的记载，以后的历次缙绅会议几乎都有相当数量的城市代表参加，而这些城市代表主要是城市特权阶级，如客商和参加商人公会的上层商人。这些商人与西欧自治城市的商人不完全相同，他们同封建势力特别是小贵族有一定的联系，而且本身享有某些封建特权。例如"客商"，主要指担任财政管理职务，并享有特权的商人，"他们不缴纳贸易规费，享有世袭领地及军功分地的占有权，不受沙皇以外之任何裁判等"②。

---

① 《关于 16 世纪俄罗斯等级代表君主制的形成问题》，《苏联历史问题》1974 年第 5 期，第 66 页。

② C. B. 尤什可夫：《国家与法权通史》第 1 卷，第 171 页。

商人代表也"享有较少特权,但他们也担任财政管理方面的职责"。①
因此,他们在缙绅会议中往往靠近小贵族,并在一定条件下形成某
种形式的联合。

然而,无论是伊凡四世统治时期,还是在罗曼诺夫王朝时期,小
贵族始终是沙皇政权的主要社会基础。他们在沙皇反对大贵族的
斗争中成为沙皇的重要依靠力量而受到支持,因此全俄缙绅会议中
小贵族的势力很大,成为举足轻重的力量。

除了缙绅会议以外,俄国封建社会阶段还有另外一个议事机构
存在,这就是杜马会议。杜马在历史上被称为波雅尔杜马(Боярская
Дума),有时叫做杜马(Дума)或波雅尔的杜马(Дума Бояр)。"波雅
尔杜马是俄罗斯国家中隶属于大公(从 1547 年开始隶属于沙皇)的
最高会议,相当于西方国家中国王下面的国务会议"。② 早在公元
10 世纪,杜马会议已经产生。在封建割据时代,它是封建主的议事
会。在中央集权建立初期,杜马会议发展为中央集权国家的固定的
机构。从杜马会议的历史发展,可以看出它在沙俄专制制度中的
作用。

15 世纪末期,在伊凡三世时代,杜马会议已经成为全国性的常
设的最高的国家机构。当时参加杜马的成员,都是权势显赫的门第
贵族。如贝斯家族就是立陶宛大公海底敏的后代,莫罗佐夫和沃伦
古则出身于莫斯科旧贵族。这些大贵族专横、骄矜,左右朝政。诸
如外交、立法、司法等国家大事,如不与他们商量,就不能作出决定。
这时的杜马会议明里是大公政权的最高机构,实则是大贵族反对国
家中央集权化的场所。一切阴谋活动都从这里产生。

16 世纪中期以后。杜马会议作为国家的最高机构继续存在。

---

① 《苏联历史百科词典》,莫斯科,1962 年,第 660 页。
② 《苏联历史百科词典》,第 660 页。

不过,杜马会议的成员和作用与伊凡三世时代相比有显著变化。从杜马成员来看,在叶琳娜·格林斯卡雅统治时期,主要成员是波雅尔、宫内高官、贵族(дворян)和某些波雅尔子弟①。在伊凡四世时期,贵族开始在杜马中占重要地位。"在伊凡四世独自统治时代,我们看到被称为'多数派'的贵族和波雅尔一起参与重要事务",②他们后来就叫作"近臣杜马贵族"或"杜马贵族"。这些人一般出身于领地贵族,非门第出身。在 16 世纪中期,伊凡四世实行改革,特别是60 年代实行特辖制,杜马会议的地位明显下降。当时国家的权力主要集中于沙皇和少数近臣杜马人员手中。国内大部分富裕地区,其中包括莫斯科及其关厢、沿海区及许多富裕的商业城市和通往白海的主要河道,国家中部和南部许多重要城市和县都由沙皇直辖宫廷衙门、军务衙门、驿务衙门管辖。杜马从国家的最高权力机构降低为一般执行机构,而且只管辖西部和西北部,南部和东南边陲地区。这里既无重要城市,交通也不方便。杜马权力的缩小,一直继续到16 世纪末。

17 世纪后半期,罗曼诺夫王朝时期,杜马会议在国家社会生活中重新占有重要地位。这时杜马成员也逐渐固定下来,杜马成员包括波雅尔、宫内高官、杜马贵族和杜马书记。波雅尔贵族大多数出身于留利克家族、莫斯科公国的旧贵族。③ 宫内高官大部分出身于封土诸侯,其中有许多家族是大公后代。④ 杜马贵族和杜马书记,出身于一般贵族。他们大部分是由于功绩和才能而取得加入杜马的资格。根据 1678—1679 年的登记册,杜马总人数为 97 人,其中 42个波雅尔、27 个宫内高官、19 个杜马贵族、9 个杜马书记。⑤

① C. M. 萨洛维也夫:《俄国史》第 4 卷,第 10 页。
② C. M. 萨洛维也夫:《俄国史》第 4 卷。
③ A. A. 诺沃谢利斯基:《苏联简史》(17 世纪封建主义时期),第 398 页。
④ A. A. 诺沃谢利斯基:《苏联简史》(17 世纪封建主义时期),第 349 页。
⑤ A. A. 诺沃谢利斯基:《苏联简史》(17 世纪封建主义时期),第 350 页。

杜马的权力在 1649 年的法典中有明文规定"凡衙门因故不能管理的有争议的事件,由衙门呈报给沙皇君主和全俄罗斯大公阿列克塞·米哈伊罗维奇,以及国家的波雅尔、宫内高官和杜马人员。然后,在高等法院中,由波雅尔、宫内高官和杜马人员,根据君主指令,对每件事共同作出决定"[①]。作为国家的最高统治机构,杜马越来越起着重要作用。它是民事司法最高法院,又是高级监察机构,并在外交、财政、军事、行政、立法等方面有决策权。国家的大部分重要问题都在杜马会议上讨论。杜马会议通常在克里姆林宫举行,由最古老的世袭贵族主持。

一方面是缙绅会议,另一方面是杜马会议,两个会议同时并存,这里自然会出现一个问题,缙绅会议和杜马会议究竟是什么关系?苏联史学界一些人认为杜马会议是"等级君主制的最高统治机构"或"执行机构"。从成员看,杜马会议的成员同时也是缙绅会议成员,两者之间有明显的联系。但是两者又有区别,这种区别也在其成员的成分和他们所代表的阶级利益中表现出来。缙绅会议成员更为广泛,不仅有僧侣贵族、世俗贵族参加,而且有城市市民代表参加,它较杜马具有更广泛的代表性。而杜马会议成员主要是大贵族和中等贵族,它所代表的是贵族等级的利益。16、17 世纪,两个会议曾同时并存,但权力不同,一般情况下,缙绅会议起重要作用时,杜马会议权力缩小,相反,杜马会议起重要作用时,缙绅会议权力缩小。这样,经过长期演变,最后,杜马会议取代了缙绅会议成为俄国沙皇制度的权力机构,而缙绅会议则随着等级君主制向专制君主制的演变而迅速消亡。不过杜马会议也没有与俄国君主制长期并存。在彼得一世时期,杜马会议被新的官僚机构枢密院所代替。

[①]《1649 年法典》第 10 章,转引自 A. A. 诺沃谢利斯基:《苏联简史》(17 世纪封建主义时期),第 352 页。

三

随着缙绅会议的产生,俄国进入了等级君主制时期,即 16 世纪中期到 17 世纪末期。等级君主制时期的俄国政治制度,具有明显的特点:沙皇的权力已具有专制君主的某些特征。这一特点也就决定了俄国缙绅会议不可能成为沙皇俄国的真正的权力机构,不可能拥有像西欧国家议会那样大的权力。

谈起沙皇的权力,应首先从伊凡雷帝说起。1547 年,17 岁的伊凡四世隆重地采用了沙皇的称号,这是具有重大政治意义的行动,它强调了莫斯科君主的权力具有专制的性质。取得这种权力是从伊凡三世以来,莫斯科大公统治者一直企图实现的愿望。沙皇是凯撒的俄文音译,意思是帝王、皇帝。伊凡四世自称沙皇,说明他想继承凯撒的专制衣钵,在俄罗斯实行专制统治。

伊凡四世是一个君主专制的积极鼓吹者。他本人是在大贵族的肆虐中长大成人的,目睹了大贵族的专横,可以说"有切身体会",而他的老师总主教马卡利也给他以深刻的影响。环境和教育使伊凡四世成了一个君主专制的捍卫者。在伊凡看来,王权神授是天经地义,君主应该拥有全权,这种全权表现为君主对自己的臣民有生杀予夺之权,伊凡在给库尔斯基的信中说明了这一点。他说:"对于臣下可以自由赏赐,也可以自由惩处"[1],任何人都不例外。伊凡四世坚决批判高级僧侣统治国家的野心,对于某些教会人士坚持教权高于政权,教会应当干预世俗政权的理论更是不能容忍。他曾经说

---

[1] 苏联科学院主编:《世界通史》第 4 卷下册,读书·生活·新知三联书店,1962 年,第 692 页。

过:"或者教会当权,或者是沙皇统治"①,二者必居其一。伊凡四世的君主专制思想,绝不限于言论,而是付诸实现了的。

伊凡四世在位时期,他所实行的改革,充分体现了他所主张的君主集权的思想。16世纪50年代伊凡四世的改革,主要任务就是打击割据势力,把政权集中于沙皇。改组中央管理机构和地方管理机构是改革的中心环节之一,它的结果是废除了过去世袭领地机构,建立了分掌各部的中央国家机构:领地、军务、外交、大度支、警务衙门。地方管理机构的改革主要是取消采邑制度,在全国范围内普遍设立与沙皇政权有财政联系的司法机关和地方自治机关。削弱了过去总督和地方长官的权力,有利于权力集中。

如果说,16世纪50年代的改革是伊凡四世集权活动的重要阶段。那么,16世纪60年代沙皇特辖制的施行就是较彻底地打击了封建割据势力,确立专制体制的决定性阶段。关于沙皇特辖制的问题,在苏联史学界始终有争议。笔者认为沙皇特辖制的意义是明显的,主要表现在两个方面。一方面,它将大贵族从国家的中心地区迁往边远地区,这就彻底铲除了大贵族赖以存在的经济基础,从经济上削弱了封建割据势力,本身就是沙皇权力的发展。大批肥沃而富庶的土地直接掌握在沙皇手中,加强了沙皇的经济实力,使沙皇的集权活动,能够建立在更加坚实的基础上。另一方面,沙皇特辖制从人身上消灭了大批封建贵族,其中包括总主教腓力和掌玺大臣弗拉基米尔以及大贵族费多罗夫。大封建贵族成百上千地被屠杀,这一方面反映了统治阶级内部权力再分配斗争的残酷本质,同时也是沙皇专制对割据势力的重大胜利。可以说,没有沙皇特辖制,沙皇专制体制就不可能确立。

---

① 见 N. Y. 布多夫尼茨:《十六世纪俄国的政论》,转引自苏联科学院法学研究所主编:《政治学说史》,法律出版社,1959年,第191页。

伊凡四世时期的改革和沙皇特辖制,说明在等级君主制时代,沙皇已经拥有极大的权力,这就是伊凡四世所说"生杀予夺"之权。这一点与等级君主制时代的英法君主相比,显然不同。无论是法国的路易九世,还是英国的爱德华一世,都没有如此强大的王权。

俄国的专制王权,在伊凡四世死后有所削弱,其原因是多方面的,农民战争、武装干涉以及大贵族的专权,都使王权遭到削弱。直到罗曼诺夫王朝时期,才重新恢复专制体制。

罗曼诺夫王朝的君主们继承伊凡雷帝的专制主义,并把它发展到一个新阶段。17世纪末期。沙皇正式采用"专制君主"称号,并启用新国玺。罗曼诺夫王朝的君主专制实际表现在以下两个重要方面(除上面提到的中央集权机构的完善化):

第一,宣扬沙皇的个人权力,新王朝的君主们继续以王权神授为其专制思想的依据。同时,竭力宣传新王朝的君主是留利克王朝的继承者,强调其正统性。而在形式上和宫廷礼仪上则与东方君主相差无几。沙皇平时很少露面,只有隆重大典和接见外国使节才出现在公开场合。这时沙皇头戴莫错马赫皇冠,身穿饰有珍珠的锦缎长袍,披着有宽大织锦领子的披肩,手持王节。在臣民的心目中,沙皇高不可攀,无论是服役军人,还是领主贵族,都不过是沙皇的奴仆。当他们朝觐沙皇之时,都自称"奴才某某叩见沙皇"。根据1649年的法典第二章关于"国家部分"规定,凡破坏君主荣誉甚至安宁者要处以死刑。背叛和密谋反对沙皇者要受到严惩,带武器进入宫廷者处以死刑[1]。

第二,迫使教权服从于沙皇政权。伊凡四世时期对教会势力已经采取了限制和打击的政策。罗曼诺夫王朝初期,教会势力一度膨

---

[1] M. H. 季霍米罗夫:《苏联历史的史料学》,第250页。

胀,特别是尼康担任大主教的时期。在任大主教前,尼康是诺夫哥罗德的总主教,当时他是沙皇政权的有力支持者,他曾协助政府镇压了1650年的起义,两年后他就任大主教。沙皇起用尼康,其目的在于使教会成为巩固专制制度的得力助手,但是尼康当大主教后,立即表现出他是一个神权论者。他所实行的宗教改革,目的是要建立一个"不为世俗权力所左右的强大的政权",他把大主教的权力比作太阳,而把沙皇的权力比作月亮,甚至主张实行"骑驴巡行仪式",即在棕榈主日,大主教威风凛凛地坐在高头大马上,沙皇手挽缰绳,将其引出克里姆林宫。这种神权至上的思想,必然要与沙皇专制发生矛盾。尼康的行为触怒了沙皇,1665年至1667年召开的宗教会议,谴责了尼康的行动,并且贬去他的职务,这次会议实际上已经否定了尼康的神权理论。从此以后俄国的教会势力成为沙皇政权的统治工具。事实说明,罗曼诺夫王朝的君主制比留利克王朝的君主制更加完善,更具有专制的特征。

总之,16、17世纪的俄国正处在一个过渡时期,这是俄国封建社会各种政治力量相互较量的时期,缙绅会议就是这种政治力量较量的场所。缙绅会议和沙皇政权的关系是相互制约的关系,一般说来,当沙皇政权力量强大之时,缙绅会议就比较弱,当沙皇政权削弱之时,缙绅会议就起支配作用。两种力量斗争的最后结局是沙皇专制体制的确立。

16 至 17 世纪俄国封建领主土地占有制和农奴制经济的特点

16、17 世纪是俄国历史上剧烈变革的时代。俄国的沙皇专制制度正是在这个时期建立起来的。农奴制和封建的世袭领地制也在这个时期最后形成。这些变革无疑对近代和现代俄国的社会经济制度有着深刻的影响。而在这些变革当中,土地问题又是一个关键问题。本文仅就这一时期俄国封建土地所有制和农奴制经济的特点,谈几点粗浅的看法。

一、几种土地占有形式同时并存,
世袭领地逐渐占统治地位

封建土地占有制是封建制度赖以存在的基础,列宁曾经指出:"俄国地主土地占有制的存在,是农奴主权力的物质支柱和君主制借以复辟的保证"①。列宁这一论断是针对 20 世纪初的俄国情况而言,但它对于 16、17 世纪的俄国社会仍然具有客观真理性。要搞清楚沙皇制度,必须先搞清它的物质基础——土地制度。

16、17 世纪俄国封建土地占有形式有以下几种:即宫廷土地,国

---

① 《列宁全集》第 24 卷,人民出版社,1957 年,第 257 页。

有土地,王公领主的世袭领地,教会、修道院世袭领地和军功领地,几种土地占有形式同时并存。

第一,宫廷土地。这种土地属于沙皇宫廷所有,由宫廷农民耕种。宫廷土地在封建割据时期已经产生。例如,莫斯科公国的伊凡·丹尼洛维奇·卡里达统治时期(1324—1341)就曾拥有包括数十个城市、乡区和村庄的私人领地①。领地分布在莫斯科河畔从科洛姆纳到塞斯克的地方。以后,在莫斯科中央集权国家形成过程中,宫廷土地又通过合并、购买、交换和没收私有土地而迅速增加起来,在 16 和 17 世纪达到了很大的规模。伊凡四世统治时期(1533—1584),实行沙皇特辖制,把全国土地划分为普通区和特辖区。凡特辖区内原属于大贵族的世袭领地,一律宣布为皇室财产,由沙皇直接掌握,随意分配。沙皇阿列克塞·米哈伊洛维奇(1645—1676)曾把大批宫廷土地分赐出去。据统计,大约有 13960 户农户被分配给其亲属和宠臣②。从大规模的土地赐受中,可以看出宫廷土地的庞大规模。

宫廷土地一部分由皇室直接经营。1669 年,沙皇阿列克塞·米哈伊洛维奇的私人办公厅枢密院,就集中了 20 个县的领地进行农业生产。③

第二,国有土地,又称黑色土地。这种土地最高所有权属于国家。黑土地带主要分布在俄国北方和西北滨海区,包括白海、奥涅加湖沿岸地区和奥涅加河、北德维纳河、美晋河、伯朝拉河和卡马河及其支流维亚特卡河在内的辽阔地区。这里除修道院外,几乎没有其他封建主的庄园。

---

① 赫罗莫夫(И. А. Хромов):《俄国封建经济史纲》,莫斯科,1957 年,第 33 页。
② 诺沃谢利斯基(А. А. Новосе львскцц)等:《苏联史纲》(封建主义时期,17 世纪),莫斯科,第 149 页。
③ 诺沃谢利斯基等:《苏联史纲》(封建主义时期,17 世纪),第 56 页。

黑土地区,土地的占有形式可分两类:一类称为不可分割的土地,它指乡村共有的牧场、森林、河流、草场,由全体乡民共同使用,私人不能占有、转让和出卖;另一类土地称为能分割的土地,指乡村的耕地和部分草地、牧场。这些土地属于农民私人占用,可以继承、转让、出买和抵押,只是在出卖土地时,最初使用这块土地的主人有优先赎买这块土地的权利。从这个意义上说。能分割的土地,实际上就是农民的私有财产。

16、17世纪,在黑土乡中,已经不提公社所有制,土地也不重新分配,但是村社的组织还存在,还有一些过去公社土地所有制的痕迹。例如,村庄的土地有时可以进行调整。土地的调整原则是,每个农户在乡村中都拥有使用一定份额土地的权利,即所谓"应分得"的地段。这种"应分得"地段正是公社遗迹的一种表现。

16世纪,在国家的中心地区,国有土地几乎完全消失了。只有在北部地区还存在国有土地。国有土地减少的原因是多方面的,但其中主要原因是封建主抢夺农民的土地。在这一方面,修道院可以说是最突出的。它通过各种渠道,特别是高利贷活动,把国有农民的土地攫为己有。由于国有土地是国家税收的主要来源,沙皇政府为了保护国库的利益,曾经多次发布命令,禁止把纳税的国有土地转入私人手中,禁止国有农民买卖和转让土地。根据1678年的土地人口登记册,在全体纳税居民中,黑土居民的比例还不到10％[1]。

第三,王公、领主的世袭领地。王公、领主的世袭领地产生在罗斯国家建立的时期。规模大的世袭领地,包括许多城市、村庄和乡村[2]占有成千上万亩土地。例如大封建领主雅科夫·沃龙纳在佩累

---

[1] 诺沃谢利斯基等:《苏联史纲》(封建主义时期,17世纪),第151页。
[2] 村庄,指行政村,比一般乡村大。

雅斯拉夫县的基涅尔行政区有将近 2500 俄亩的领地[1]。小的世袭领地,只包括一个小城市及其附近的乡村。例如,扎奥则列侯国"只有侯爵的一座庄园和教堂及其附近的一个村庄"。[2]

世袭领地是王公领主的私有财产,王公领主对它有完全的支配权。封建主在其领地上就是全权的君主。世袭领地土地较为分散,有的甚至分散在十几个县中,帕特里凯耶夫公爵的领地就分布在 14 个县中。[3]

世袭领地的组织单位是村,领地中心往往有一个设防的大村镇,称为庄院。有领主的宅院、畜舍、禽舍、谷仓和各种物品仓库。领主的管家和奴仆住在这里。在村镇的周围有一些庄子,每个庄子有几户人家。各户有耕地、菜园、刈草场。农民都依附于中心村镇的封建主,负担各种赋役。农民的代役租是世袭领地收入的主要来源。

世袭领地长期以来是俄国封建土地占有制的主要形式。

中央集权国家建立时期世袭领地开始衰落,一方面是由于不能适应经济的发展,另一方面也与沙皇的政策有直接的关系。沙皇伊凡四世时代,曾采取了一系列措施,削弱和限制旧贵族对土地的私有权,特别是 16 世纪 60 年代实行的沙皇特辖制,使许多封建贵族丧失了祖传的土地。世袭领地虽然衰落,但其中少部分由于能够适应新的经济发展的要求,改善经营管理,依然有所发展。

第四,教会、修道院的世袭领地。俄国从 10 世纪接受东正教起,东正教会就成为俄罗斯国家的重要封建势力,教会和修道院的世袭领地随之开始出现。在封建割据时代和蒙古统治时期,教会、

---

① 格列科夫(В. Д. Греков):《罗斯农民》(从古代到 17 世纪),莫斯科、列宁格勒,1946 年,第 605 页。

② 苏联科学院历史研究所:《苏联通史》第一卷,第 118 页。

③ 波梁斯基等编:《苏联国民经济史讲义》,秦文允等译,读书・生活・新知三联书店,1964 年,第 53 页。

修道院的土地有很大的发展。当时，教会利用宗教迷信骗取信徒的产业，以建立教堂、寺院为名，大肆占领国有土地；利用高利贷活动掠夺农民私有的土地，从而显著地扩大了自己的领地。"莫斯科大主教……则几乎在所有封国和县邑内都有领地，其数以千百计，农户和村落数以千万计"。[1]

15 世纪以后，随着统一国家的形成，教会、修道院的土地更加迅速地发展起来，它不仅侵占国有地、农民份地，甚至还吞并没落贵族的土地。在 16 世纪，基利洛夫修道院几乎吞并了所有白湖城的王公、贵族的土地。当地贵族马赫道姆斯基、卡尔文波尔和其他贵族的土地都是通过各种渠道被转到这所修道院手中的。[2] 总之，教会依靠赏赐、赠予、购买以及公开的掠夺，大肆扩展自己的世袭领地，到 16 世纪中期，教会、修道院的土地已占全国土地的三分之一。[3]

教会、修道院的世袭领地大都集中在北部边区。在国家的中心地区，修道院较少。在教会和修道院的世袭领地中，最大的土地占有者是特罗伊茨克-谢尔盖耶夫修道院、索洛威茨修道院和列洛则尔斯基修道院。[4] 1562 年，特罗伊茨克-谢尔盖耶夫修道院仅在佩累雅斯拉夫一个县，就拥有 13200 俄亩可普地，25 个行政村和小村，有 150 多个乡[5]。索洛威茨修道院，大约占有土地 75000 公顷。[6] 教会和修道院的土地，是教会的私有财产。它有权对其土地上的居民行使司法、管理之权，教会修道院有庞大的官僚机构和众多的管理人员。教会、修道院的土地和王公、贵族的土地有共同之处，但是也有不同之处。这种土地不能买卖、转让，也没有服军役的义务[7]。总

---

[1] 梁士琴科：《苏联国民经济史》第一卷，人民出版社，1958 年，第 204 页。
[2] A. H. 纳索诺夫、Л. B. 契列普宁：《苏联简史》(15 至 17 世纪封建主义时期)，第 43 页。
[3] A. H. 纳索诺夫、Л. B. 契列普宁：《苏联简史》(15 至 17 世纪封建主义时期)，第 223 页。
[4] 参阅赫罗莫夫：《俄国封建经济史纲》，第 38 页。
[5] A. H. 纳索诺夫、Л. B. 契列普宁：《苏联简史》(15 至 17 世纪封建主义时期)，第 224 页。
[6] B. A. 符维金斯基：《苏联百科辞典》，时代出版社，1958 年，第 2274 页。
[7] 参阅赫罗莫夫：《俄国封建经济史纲》，第 38 页。

之,教会和修道院的世袭领地比世俗政权有较大的独立性和自主性。中央集权国家建立以后,政府对它采取了限制和打击的政策。

沙皇伊凡四世统治时期,曾公布许多法令,禁止修道院占有土地。他在百条宗教会议前夕,曾提出了关于没收教会修道院土地的问题。① 但是,1551 年的百条宗教会议否决了沙皇的主张。伊凡四世不得不退而采取一些改革措施来限制教会。例如,禁止将世俗封建主的领地转让给寺院,实行土地契约登记,强制修道院归还夺取的贵族的领地和农民的黑土等。尽管如此,伊凡四世的改革并未从根本上触动教会的土地占有制。教会土地不但没有减少,反而大幅度增长。在罗曼诺夫王朝的大主教菲拉列特(1619—1633 年)领导教会时期,教会修道院的地产达到巨大规模。1648 至 1649 年,沙皇阿列克塞·米哈伊洛维奇在贵族的支持下通过决议,禁止僧侣和教会机构获得新的土地,并将决议写在 1649 年的法典中。因此,1649 年的法典引起了教会的强烈反对。大主教尼康曾公开向沙皇提出抗议,教会各级主教神甫也发表言论,支持尼康。由于教会人士的反对,法典中某些限制教会权利的条文被取消了。这说明教会土地占有制虽然一再受到中央集权政府的限制和打击,但是要彻底废除教会的土地占有制,当时是不可能的。

第五,军功领地。军功领地在封建割据时代已经存在。当时大公的宫廷中就有许多宫廷仆从和领主侍卫,他们为大公服务,并服军役,从大公手中领取俸禄。当大公财库缺少现钱时,他们便领不到现金,于是大公分给他们一小块土地,以代替俸禄。在服役期间他们可以占有这块土地,一旦脱离军役,便失去土地。显然,这种土

---

① 1551 年召开的一次全俄会议,这次会议讨论的中心问题是教会修道院的地产问题,会议决议汇编成册,共百条,故名"百条会议"。

地是以服军役为条件而分封给封建主暂时占有的土地,因而称为军功领地。

军功领地在封建割据时代并不占重要地位,中央集权国家建立后,这种军功领地才作为一种土地占有形式正式发展起来。15 世纪伊凡三世统治时代,为了建立庞大的贵族军队,大批没收被征服诸侯的土地,并把它分给新的有军功的贵族。第一次大规模分配土地是在征服诺夫哥罗德和普斯科夫以后,伊凡三世将 68 个大贵族和富商的土地没收,分配给莫斯科国家的 2000 个领主和侍卫,当地贵族和富商被迁居到莫斯科附近各城。①

15 世纪末到 16 世纪前半期,军功领地已经成为中央地区。但其土地面积,还没有超过修道院和王公贵族的世袭领地。伊凡四世统治时期军功领地有了进一步发展。1550 年,沙皇颁布了关于在莫斯科和周围郊县安置 1000 个贵族子弟和授予传令贵族及宫廷贵族以领地的法令。② 1564 年,伊凡四世实行新体制——沙皇特辖制。在特辖区内凡属大贵族的世袭领地全被没收,并由沙皇分配给服兵役的中小贵族和特辖区官员。通过上述措施,军功领地在国家中心地区居于统治地位。到 16 世纪末期,在舍隆行政区军功领地已达到该区土地的 98.8%,在喀山州达 65.7%,在土拉县达到 91.7%。③

军功领地的占有者是中小贵族及其后代、外埠大商人、宫廷奴仆等。一般说来,军功领地比世袭领地的规模小。15 世纪末,在诺夫哥罗德的军功领地通常为 100 到 300 俄亩,在舍隆行政区为 100

---

① 参阅 A. H. 纳索诺夫、Л. B. 契列普宁:《苏联简史》(15 至 17 世纪封建主义时期),第 36—38 页。
② 参阅《俄国经济史纲》,第 34 页。
③ 参阅《俄国经济史纲》,第 34 页。

到 200 俄亩。农奴农户的数目为 10 户到 30 户。[①]

16 世纪中期,军功领地还没有司法特权和免税特权。16 世纪末期军功领地制有了新的发展。大贵族戈都诺夫统治时代,曾采取措施加强和巩固军功领地。1591 年,政府公布法令,规定服役贵族使用的耕地可以免向国家交纳租税。罗曼诺夫王朝建立后,服役贵族的军功领地逐渐具有了世袭领地的性质。1624 年,沙皇政府允许在战争中牺牲的领地主人的寡妇得到 20% 的领地。在远征服役中死去的领主的家属可以得到 15% 的领地,在服役中死去的领主可以得到 10% 的领地,如果退职的领主的儿子还没成年,可以获得其领地的代役租。[②] 1634 年,政府通过法令,规定军功领地可以世代相传。[③] 1674 年,政府正式承认,服役贵族的寡妇、儿女有放弃军功领地的权利,并可以得到 100、200、500 或更多的卢布作为补偿。这样,军功领地的买卖实际上已经得到了沙皇的认可。[④]

宫廷土地、国有土地、王公领主和教会的世袭领地、军功领地,这就是 16、17 世纪在俄国同时并存的几种土地占有形式。不过,在一个时期,只有一种土地占有形式占优势。16 世纪初,王公贵族的世袭领地占统治地位。16 世纪中期到 17 世纪中期,军功领地占统治地位。17 世纪末期,占统治地位的土地占有形式又发生了新的变化,总的趋向是:无论是军功领地、旧的王公领主的世袭领地以及部分的国有土地和宫廷土地,都逐渐转变为世袭领地。罗曼诺夫王朝曾将大批军功领地转为世袭领地,作为对服役贵族的偿赐。例如 1686 年,沙皇与波兰签订条约后,曾将 20% 的军功领地作为世袭领

---

① 参阅 A. H. 纳索诺夫、Л. B. 契列普宁:《苏联简史》(15 至 17 世纪封建主义时期),第 39 页。
② 参阅赫罗莫夫:《俄国封建经济史纲》,第 37 页。
③ 参阅 A. H. 纳索诺夫、Л. B. 契列普宁:《苏联简史》(15 至 17 世纪封建主义时期),第 145 页。
④ 参阅 A. H. 纳索诺夫、Л. B. 契列普宁:《苏联简史》(15 至 17 世纪封建主义时期),第 146 页。

地偿赐给当时服役的贵族。在军功领地向世袭领地转变的同时,沙皇政府为了广开财源,曾将一些无主的荒地和沿海的部分国有地,以及部分宫廷土地作为世袭领地出售。这就使部分国有土地和宫廷土地也转为世袭领地。旧的残余的王公领主的世袭领地则改变经营方式,逐渐与军功领地融合。总之,到17世纪末期,世袭领地已经成为占统治地位的土地占有形式。一些统计材料可以说明:17世纪20年代,中央各县有70%的土地保有军功领地的权利,1640年降为54%,1678年再降为40%,相反,世袭领地则上升为59%。①当然,实际的占有情况和法律上的认可还有距离,直到1714年,彼得一世才正式颁布法律承认世袭领地为唯一的占统治地位的土地占有形式。

17世纪末发展起来的世袭领地制与过去王公领主的世袭领地有显著的区别,这些区别表现在以下几方面:

第一,土地的占有者不同。旧的世袭领地主要掌握在从封建割据时代发展起来的豪门领主手中,这些人都是大贵族。新的世袭领地的主人主要是新贵族和宫廷贵族,其中许多人出身于中小贵族家庭。

第二,土地的占有者与沙皇的关系不同。前者多数是被征服的贵族。他们对沙皇多有不满和对立情绪,而后者是靠沙皇的提拔而发展起来的,他们之中绝大多数是服役贵族,是沙皇军队中的骨干,忠于沙皇政权。

第三,土地的规模不同。前者规模大而分散,后者规模小而集中。

第四,土地经营方式不同。前者以农民的分散经营为主,后者建立了西欧式的封建庄园。

17世纪末期发展起来的世袭领地制,在18世纪得到进一步的巩固,成为沙皇专制制度的经济基础。

---

① 参阅赫罗莫夫:《俄国封建经济史纲》,第37页。

二、各类依附农民向农奴转化，农奴制度逐渐形成

在中世纪，封建主赖以存在的基础，是大量的占有土地。列宁曾经指出："农民在自己的份地上经营'自己的'经济，是地主经济存在的条件，其目的不是'保证'农民有生活资料，而是'保证'地主有劳动人手。"[①]要搞清楚俄国的土地占有制还必须了解直接生产者的状况。因为农民的经济是构成封建主经济的细胞。

16 世纪前半期，俄国农民基本上分为三类，即国有农民，宫廷农民和私有农民。农民的状况是和当时的土地占有状况相适应的。这些农民当时都处于不同程度的依附地位，还没有完全丧失自由。

国有农民，指耕种国有土地并向国库纳税的国家农民。每个国有农民都占有一块大小不等的土地。16 世纪时期，在一些黑土乡中，一个农户约占有 4 俄亩土地。[②] 在另一些黑土地区每个农户所占有的土地达到 20 俄亩[③]，在俄国北方国有农民的中心地区，如德文斯克边区，一些富裕农户往往"拥有几十个'私有的'村庄、盐场和渔场"[④]。国有农民向国家交纳贡赋，他们是国税的主要承担者。国家通过公社的组织和村社选出的负责人村长，向农民征收赋税。村社实行连环保制，农民如果逃走，其负担由全村社成员分摊。国有农民身份是自由的。

宫廷农民地位接近于私有农民，只不过他们属于沙皇私人所

---

① 列宁：《俄国资本主义的发展》，载《列宁全集》第 3 卷，人民出版社，1951 年，第 157—158 页。
② 参阅 A. H. 纳索诺夫、Л. B. 契列普宁：《苏联简史》（15 至 17 世纪封建主义时期），第 44 页。
③ 诺索夫主编：《苏联简史》第一卷上册，读书·生活·新知三联书店，1977 年，第 115 页。
④ 诺索夫主编：《苏联简史》第一卷上册，第 117 页。

有,为沙皇服役。

私有农民是属于封建主,即属于王公、贵族、教会、修道院的农民。这种农民类型很多。

第一种叫作"老居民",即久居于世袭领地和军功领地上的农民。这些"老居民"是依附农民的基本群众,都占有一块世代相传的土地,一般约有 10 俄亩。16 世纪初,莫斯科周围地区和诺夫哥罗德-普斯科夫地区的世袭领地和军功领地上,每个农民的份地平均为 10 至 15 俄亩,在 16 世纪五六十年代,每个农户的份地平均为 8 至 12 俄亩。① 当然也有一些地区,"老居民"所占有的土地较少。16 世纪 40 年代,在特维尔县的服务人员,一个农户只有 4 俄亩左右的土地,在德米特罗夫县的某世袭领地上,一个农户约占有 5 俄亩的土地。②

这些"老居民",一方面要负担国税和国家徭役,如修建城防工事、房屋和担负通讯驿站等工作,另一方面要向私有领主交纳代役租和服劳役。16 世纪前半期,"老居民"的地租以实物地租为主,他们还没有完全固着于领主的土地上,在法律上还有迁移权。当然这种权利是有一定限制的,根据 1497 年伊凡三世的法典规定,农民只有在尤里节(即俄历 11 月 26 日)"前后各一周,共两周时间"可迁离领地,脱离领主,③其条件是农民必须要事先与主人清完账目,缴付"居住费"。

第二种叫作新约户。这是在国内商品货币关系发展的条件下出现的一种新的依附农民阶层。这种人由于失去生产手段,在一定条件下受雇于封建主。新约户在被雇期间,与主人签订合同。一般情况是新约户在第一年不支付或少支付代役租,而是为领主"开垦

① 诺索夫主编:《苏联简史》第一卷上册,第 115 页。
② А. Н. 纳索诺夫、Л. В. 契列普宁:《苏联简史》(15 至 17 世纪封建主义时期),第 44 页。
③ 郭守田主编:《世界通史资料选辑》(中古部分),商务印书馆,1981 年,第 250 页。

乡村荒地,筑墙围田,修缮老住宅,建筑新住宅",①如果这些工作不完成,新约户要支付罚金。新约户在被雇期间,居住在主人的领地上。新约户社会地位接近于对分农,他们在 16 世纪以前有迁移权。

第三种是对分农。对分农是没有足够土地、在经济上依附于封建主的农民。对分农用自己的工具耕种主人的土地,通常必须把收成的一半,或收成的四分之一交给封建主。对分农在北部罗斯比较普遍。

对分农和新约户相同,在一定期间内受雇于封建主,与其主人签订 3 到 5 年的合同。受雇期满后,即可另换主人。对分农只是在经济上受封建主剥削,在政治上并未失去自由。

第四种是贫农。贫农没有耕地,不向国家交纳赋税。这种人主要依靠给封建主当雇工或从事手工业劳动(如铁匠、木匠、小商、小贩)为生。由于贫农不向国家交纳赋税,从而也就不会给封建主带来新的捐税,所以僧俗封建主都乐于雇用他们。

第五种是卖身为奴的人。这种人出现于 15 世纪末,16 世纪前半期曾盛行一时。卖身为奴的人,出身于自由人,但已丧失了生产资料,债务缠身,必须给债主做工来偿还"利息",所以他们必须在一定契约期内为债主工作,债务还清后,才可离开主人。尽管从法律上说,这些人还是自由人,但在实际上,他们很难从奴役地位中摆脱出来。

第六种是僮仆。主要使用于修道院中,被称为修道院的僮仆。僮仆接近于债奴。他们由于借用修道院的钱,只得用自己的劳动偿还。僮仆在修道院劳动期间,可以得到食品、衣物如皮袄、靴子、衬衣、手套等。他们主要是耕种修道院的土地,另外还从事烧炉、清

---

① 参阅 A. H. 纳索诺夫、Л. B. 契列普宁:《苏联简史》(15 至 17 世纪封建主义时期),第 234 页。

扫,或充当厨夫、匠人等。① 僮仆在法律上是自由人,来自修道院所属的农村,劳动期间,必须有人担保。如果工作未完成,或逃走,担保人要将金钱归还修道院,工作任务完成后才能离去。

第七种是奴隶。15、16 世纪,俄国封建领主土地上还使用少数的奴隶,此外还有宫廷仆人,显贵阶层的奴婢、军奴等。这些奴隶有些是世袭的,有些是战斗中俘虏来的,或者是买来的,也有些是通过婚姻关系作为陪嫁带来的。不过奴隶劳动在生产中已经不起重要作用。由于奴隶生产效率低,俄国贵族往往将奴隶释放为自由人,或者将奴隶变为依附农民,分给他们土地让他们耕种,交租纳税。这些奴仆实际地位接近于一般依附农民,但身份是奴隶。

从上述各类农民的情况可以看出,16 世纪以前,俄国农民处于各种依附地位,在经济上受封建主的残酷剥削。但是,除奴隶外,他们都是自由人。尽管这种自由已经受到限制,但他们毕竟还不是真正意义上的农奴。可是到 16 世纪中期以后,情况发生了变化,各类依附农民的处境急剧恶化。

1581 年,伊凡雷帝统治末年,沙皇政府公布法令,禁止全国农民在尤里节前后迁移,这一年被认为是禁年制的开始。② 起初,还只是暂时性的措施,其目的是解决国内劳动力缺乏的问题,满足中小贵族经济发展的需要。但是这种措施因为有利于贵族阶级,立即得到他们的支持和拥护,遂使禁年令不得不在全国长期推行。禁年令是俄国农奴制度形成过程中的决定性措施。从此,在全国范围内,农民的迁移权就被废除了。

波里斯·戈都诺夫执政时期是俄国农民进一步受奴役的时代。

---

① 参阅 A. H. 纳索诺夫、Л. B. 契列普宁:《苏联简史》(15 至 17 世纪封建主义时期),第 232—233 页。
② "禁年令"原稿散失,只是从公布的档案材料中看出 1582—1586、1590、1591、1592、1594、1597 年曾公布过此令。

起初,沙皇政府进行土地和居民的登记工作,凡是载入登记册上某领主名下的农民,就算该地主的农奴。1597 年 11 月 24 日沙皇费多尔·伊万诺维奇公布法令,规定"凡是距今年以前五年",从王公、贵族、地主、世袭领主、主教管区、修道院世袭领地逃走的农民,"都应当提交法庭""予以搜捕"。根据法律,逃亡农民都应当"携妻室儿女和全部家当返回原住地"①。同年,政府还公布了改变债奴地位的法律,法律废除了债奴通过偿还债务的方法重新获得自由的权利。根据这个法令,每个自由人,若为他人劳动达 6 个月以上者,便成为这个人的奴仆。17 世纪初期,沙皇波里斯·戈都诺夫统治结束,俄国正面临着博洛特尼科夫起义的高潮。在混乱中登台的瓦西里·叔依斯基,为了巩固自己的统治,吸收更多的贵族支持其政权,又公布了新的法律,将寻找逃亡农奴的法令延长为 15 年。

1613 年,米海依尔·罗曼诺夫被选为沙皇,罗曼诺夫王朝建立。罗曼诺夫王朝第二代君主阿列克塞·米哈伊洛维奇统治时期(1645—1676)是俄国农奴制度最后完成的阶段。1648 至 1649 年沙皇政府召开缙绅会议通过了一系列法令,即 1649 年法典。法典宣布废除禁年,国有农民和各类依附农民都按照登记文书,永久地固着于领地上。离开主人的农民,当作逃亡者论处。同时,搜捕逃亡农奴不受时间限制。凡逃离宫廷村庄和黑土地带的"国家农民和贫民""以及那些被列为国家宫廷农民或其父亲列为国豪农民"者,按照土地财产登记簿予以寻找,"不再受期限的限制"。凡逃离世袭领地的私有"农民和贫民",根据土地财产登记簿,"这些逃亡农民和贫民及其兄弟、子女、侄儿、侄女都应连同其妻室儿女,所有的牲畜,未收割的庄稼,归还原主,不受时间限制"②。

---

① 马甫罗金(В. В. Мавроаин):《11 至 17 世纪罗斯农民史资料》,列宁格勒,1958 年,第96 页。
② 参阅马甫罗金:《11 至 17 世纪罗斯农民史资料》,第 137 页。

这样，俄国的农奴制度通过专制政府的法令而逐步建立起来了，俄国封建领主依靠国家的帮助，终于把各类依附农民都转变成了自己的农奴。

在这方面，新约户地位的变化是最具有典型性的。新约户在16世纪时，只是在经济上依附于封建主，人身还是自由的，但到17世纪时已经成为不自由的农奴。以斯巴索-普利路茨修道院为例，17世纪时，凡进入修道院领地的新约户，都要写《委托保证书》。在办理这种手续时，需要有两个证人出场，农民逃亡时，担保人必须支付罚款。文书中的内容主要是规定新约户的各种义务和各种保证。这种《委托保证书》实际上就是农奴文契。这是因为：第一，手续有无限期的法律效力。履行手续的新约户，从此就成为修道院的农奴。例如在1601年被雇于该修道院的新约户瓦西里·伊万诺夫，在1605年的税册中，就已被列为修道院的劳役农民。在1600年的9个履行手续的农民中，有7个也被1605年的税册列为修道院的劳役农民。① 第二，凡履行这种手续的农民从此丧失自由，永久地被固着于修道院的土地上。斯巴索-普利路茨修道院在1612年、1632年、1640年、1648年的文书中都曾严禁农民随意离开修道院。1640年的文书规定，"无论农民、贫民不得离开斯巴索世袭领地"，"不得逃跑"，"不得到其他世袭领地"。② 这种规定，说明新约户要想离开修道院是完全不可能的。新约户地位的变化，是俄国农民农奴化的缩影。总之，到了17世纪的后半期，俄国各类农民已经农奴化，尽管他们的名称仍然叫新约户、贫农、老居民等。

俄国农民农奴化的标志是：首先，占全国绝大多数的国家农民和私有农民失去迁移权，永远地被固着于土地上，不仅在法律上，而

---

① 普罗科菲叶娃（A. c. Нрокофьева）：《17世纪的世袭领地经济》，莫斯科、列宁格勒，1954年，第168页。

② 参阅普罗科菲叶娃：《17世纪的世袭领地经济》，第155页。

且在实际上都是如此。国内只有少数自由人,即所谓的"闲散的人",还处于自由地位,他们由被释奴隶、移民、俘虏和没有落入土地人口户籍册的纳税人构成,他们是农奴的后备力量。

其次,劳役地租成为封建世袭领地占统治地位的地租形式。列宁曾经指出:"工役制是农奴制度的经济实质。"[1]16 世纪以前,俄国农村以实物地租为主。16、17 世纪劳役地租逐渐发展为占统治地位的地租形式。根据 1519 年和 1520 年立法会议的决议,农民每星期至少要为领主劳动一天。[2] 17 世纪初期,南方某些地区的劳役有时甚至达到每星期 4 天之多。劳役地租的实行加强了封建主对农民个人的支配权力,加深了农民对封建主的人身依附关系。

再次,"超经济强制"的加强,使农民在政治上更加依附于封建领主。16、17 世纪,俄国农民在政治上已经完全处于封建领主的直接控制之下。领主有权出卖、转让、鞭打甚至处死农奴。根据 1649 年的法律,封建主要为自己的农民"负责"。农民凡有反对国家制度,危及封建主生命财产的行为的,一律处以死刑。为此,封建领地内都设有拷问台和各种刑具。领地管理人是封建领主对农民实行超经济强制的执法人。农民的婚姻也受到限制。17 世纪,俄国农村妇女与世袭领地外的人结婚,需要主人允许。领主有权强制农民结婚,不经领主同意而结婚的农民,要受到体罚。政治上的无权,法律上的依附关系,是俄国封建主对农民实行超经济强制的具体体现。

三、世袭领地经济进入商业活动的轨道

16、17 世纪在俄国封建领主土地占有制发生变化和农奴制度逐

---

[1] 列宁:《民粹主义空想计划的典型》,载《列宁全集》第 2 卷,人民出版社,1959 年,第 423 页。

[2] 参阅《俄国经济史纲》,第 60 页。

渐形成的过程中,领主的经济也在发生变化。

　　总的来说,这个时期俄国的世袭领地经济仍然是自给自足的自然经济占统治地位。马克思曾经指出:"……自然经济在任何一种依附农制(包括农奴制)的基础上,都占优势。"[1]列宁在论述徭役制的四个特征时也指出:"自然经济占统治地位"是这种经济制度存在的前提。俄国的情况正是如此。在俄国,封建领主的一切生活必需品几乎都来自农奴的生产。农民除服劳役外,还要缴纳各种各样的代役租给封建主。例如,16世纪末,斯巴索-普利路茨修道院的农民要缴纳粮食代役租,这种代役租无例外地在全修道院的乡村征收,征收的标准因地而异,粮食品种有燕麦和稞麦。17世纪60年代,内膳长别扎布拉佐夫向其领地的农民征收酒、肉类、羊、亚麻布、鸡蛋、牝鸡、鞋、轭索、挽绳、缰、金秋、车辕、箍、草席、口袋等等。代役租的多样性,说明封建主力图从农民手中攫取他们所需的一切农副产品。[2]

　　从徭役义务和代役租的多样性可以看出,16、17世纪的俄国封建世袭领地是农业和手工业结合的整体。在春秋季节,农民要播种、施肥、管理和收割庄稼。秋收以后,粮食归仓,农民要从事各种手工业副业,如织布、制革、制鞋、锻制铁器工具、做木器、编筐。世袭领地内除了这些家庭手工业外,还有许多大型的作坊,如制盐所、采掘场、铁工场、锻铁铺等。农业和手工业相结合是自然经济的集中表现。正如列宁所指出的"宗法式的(自然的)农业同家庭手工亚(即为自己消费而对原料进行加工)、同给地主所做的劳役相结合"。这种农民"手工业"同农业结合的形式,是中世纪经济制度最典型的

---

[1] 马克思:《资本论》第二卷,人民出版社,1975年,第53页。
[2] 参阅A. H. 纳索诺夫、Л. В. 契列普宁:《苏联简史》(15至17世纪封建主义时期),第167页。

形式,是这个制度的必要的组成部分。[1]

上述事实说明,自然经济仍然是俄国农奴制经济的主要特点。但是,在自给自足的自然经济还占统治地位的时候,一些世袭领地已经走向商业活动的道路。在这一方面,修道院的世袭领地占有特别重要的地位。其中索洛威茨修道院、尼科尔斯克修道院、科雷尔斯克修道院、斯巴索-普利路茨修道院就是其中比较突出的。这些修道院与市场联系极为密切,进行着大宗的粮食和盐业贸易。

1436 年建立的位于白海索洛威茨岛上的索洛威茨修道院,几百年来一直是俄国北方的要塞、宗教中心和经济中心。1583 年,修道院曾在沃洛格达和乌斯雷收购 3348 切特维契稞麦和 3312 切特维契大麦。在 1601 年,该修道院又收购 11402 切特维契裸麦和 703 切特维契大麦。这样大宗的收购粮食,反映了修道院经济的商业活动的规模。[2] 斯巴索-普利路茨修道院位于沃洛格达县内,在阿尔汗格尔斯克和别洛泽尔斯基的交叉路口上。这个修道院是一个中等的较为富裕的修道院。根据 1623 年的土地财产登记册,在该修道院的领地上有 4 个行政村落,5 个中等村庄,46 个小村、教区和村镇,有 204 户农民,156 户贫民,194 户奴仆。该修道院共有土地(其中包括耕地、森林和荒地)4261 切特维契。[3] 这个修道院既经营农业也经营手工业。手工业以盐业为主。斯巴索-普利路茨修道院距离沃洛格达较近。17 世纪时,沃洛格达是巨大的粮食和盐业市场。由于地理上的有利条件,斯巴索-普利路茨这个修道院很早就与市场发生密切联系,修道院的盐业和农业已具有商品生产的性质。该修道院于 16 世纪末开始经营盐业生产,到 1612—1613 年,已有 7 个大的制

---

① 列宁:《俄国资本主义的发展》(1896—1899 年),载《列宁全集》第 3 卷,人民出版社,1959 年,第 337 页。
② 参阅《俄国经济史纲》,第 200 页。
③ 参阅普罗科菲叶娃:《17 世纪的世袭领地经济》,第 9 页。

盐所,拥有许多制盐的专业工人和辅助劳动力。[①] 1602 年至 1603 年该修道院出卖到沃洛格达市场上的盐有 22907 普特,总金额达 2078 卢布。[②] 这个修道院不仅出售盐,而且还从事大量的居间贸易。居间贸易的路线是从沃洛格达到霍尔姆戈雷斯克。从沃洛格达运粮食及其他商品测霍尔姆戈雷斯克出卖,然后从霍尔姆戈雷斯克购买盐到沃洛格达出售。1600 年该修道院的船运往霍尔姆戈雷斯克 1000 切特维契稞麦、51 切转维契燕麦粉,124 切特维契裸麦粉,62 切特维契大麦、100 切特维契麦巍、100 切特维契燕麦,33 切特维契牛油,132 普特大麻,2 普特蜂蜜,4 普特蜜蜡,700 块白桦树皮等。[③] 修道院因此而获得巨额利润。在 1600 年,每 1000 切特维契稞麦、寺院获利 61 卢布。1629 年,寺院倒卖稞麦、大麦、小麦粉、燕麦、燕麦粉等商品总额达 1118 卢布,从中获利 343 卢布。17 世纪初期,买卖盐所获得的金钱成为该修道院账目中最大的收入,如 1601 年到 1602 年的收支簿中,从盐的买卖中获利 1182 卢布,占这年收入总额的 53％。1649—1650 年,从盐业中获得的收入占总收入的 85.5％。[④] 斯巴索-普利路茨修道院的情况说明,16、17 世纪俄国封建世袭领地的商品经济是十分活跃的。

大封建贵族莫罗佐夫的庄园也可以给我们提供这方面的情况。领主波里斯·伊万诺维奇·莫罗佐夫,是沙皇罗曼诺夫·阿列克谢·米哈伊洛维奇的监护人,宫廷的近臣。阿列克谢·米哈伊洛维奇即位时年龄尚幼,国家大事由领主莫洛佐夫处理。莫洛佐夫因此获得大片世袭领地。17 世纪 20 年代,莫洛佐夫在加里西亚、兹维尼戈罗德、莫斯科县共拥有农户 151 户,而到 17 世纪 60 年代已发展到

---

① 参阅普罗科菲叶娃:《17 世纪的世袭领地经济》,第 41 页。
② 参阅普罗科菲叶娃:《17 世纪的世袭领地经济》,第 78 页。
③ 参阅普罗科菲叶娃:《17 世纪的世袭领地经济》,第 90 页。
④ 参阅普罗科菲叶娃:《17 世纪的世袭领地经济》,第 91 页。

9100 农户。[①] 如果把他的全部领地加在一起,那么到 17 世纪中期"莫洛佐夫在他的广大领地上差不多有 300 个大小村子。上面住的农奴有 4 万多。莫洛佐夫每年的收入单是金钱一项即有约一万卢布(约相当于 20 世纪初的 17 万卢布)"[②]。由于他拥有大片的封建领地,剩余产品很多,因此有可能把大批粮食抛售到市场上去。例如对波兰战争时期,莫洛佐夫利用当时粮价的高涨,靠倒卖粮食而发了大财。除了经营商品粮食外,他还在自己的领地上经营手工业生产,如制酒、冶铁、制革、烧砖和生产碳酸钾。17 世纪中期俄国出口的碳酸钾,主要是由大封建主的世袭领地提供的。1692 年,国库购买的供出口需要的 21 万 3000 普特碳酸钾中,有 14 万 5000 普特是由大封建主的世袭领地提供的,约占总数的 68%,其中贵族莫洛佐夫是最主要的供给者。在莫洛佐夫的尼什哥罗德和阿尔扎马斯领地上,一年可制造 10 万普特碳酸钾,莫罗佐夫因此获得巨额利润。[③] 像莫洛佐夫这样从事碳酸钾生产和出卖农副产品的封建领主,还有 Н. Д. 米洛斯拉夫斯基、Я. К. 切尔卡斯基、Е. 俄达耶夫斯基、Ю. Н. 诺莫丹诺夫斯基、Н. Н. 叶龙金、Ф. Я. 普列谢耶夫等等。[④]

不仅贵族的庄园经济被卷入市场,而且沙皇的宫廷经济也带有商品经济的性质。在沙皇阿列克谢·米哈伊洛维奇统治时期,他所领导的枢密政厅经营部经营各种农副产品,有大麦、稞麦、燕麦、亚麻、大麻,还有蔬菜和家畜。在大力发展农业的同时,枢密政厅还经营造酒、制铁、制玻璃、制碳酸钾、制革、制盐等手工业。这种经济已

---

① 参阅 А. Н. 纳索诺夫、Л. В. 契列普宁:《苏联简史》(15 至 17 世纪封建主义时期),第159 页。
② 参阅 А. Н. 纳索诺夫、Л. В. 契列普宁:《苏联简史》(15 至 17 世纪封建主义时期),第207 页。
③ 参阅 А. Н. 纳索诺夫、Л. В. 契列普宁:《苏联简史》(15 至 17 世纪封建主义时期),第112—113 页。
④ 参阅 А. Н. 纳索诺夫、Л. В. 契列普宁:《苏联简史》(15 至 17 世纪封建主义时期),第54 页。

经不仅仅是为了宫廷需要，而是为了出卖产品。这些经济活动每年要给沙皇带来 20 万卢布的收入。[①]

列宁曾经指出："自然经济占统治地位，农奴主的领地必然是一个自给自足和闭关自守的整体，同外界很少联系。地主为出卖而生产粮食（这种生产在农奴制后期特别发达）这是旧制度崩溃的先声"。不过，16、17 世纪的修道院、封建贵族的宫廷的商品生产和商业活动，并不是真正建立在国内商品货币关系发展和小商品生产分化的基础上，而是与国外贸易有关，自给自足的自然经济仍然是俄国农奴制经济的主要特点，所以此时的商品经济可以看作一种特殊现象，这种现象与俄国封建土地制度的发展和农民的农奴化是一致的，都出于同样的经济和社会原因，因而还不能看作封建制度崩溃的先声。

几种土地占有制同时并存，世袭领地逐渐占统治地位；各类依附农民向农奴转化，农奴制形成；以及自给自足的世袭领地经济开始走向商业活动的道路。这三个方面构成了 16、17 世纪俄国封建土地所有制和农奴制经济的特殊现象。这种特殊现象是俄国国内社会经济和国际商品货币经济发展的必然结果。

16 世纪，俄国社会经济发展到一个新的阶段。从国内来看，在城市发展的基础上出现了区域性的地方市场和商业中心，其中重要的有阿尔汗格尔斯克、雅罗斯拉夫尔、诺夫哥罗德、普斯科夫、阿斯特拉罕、特维尔、土拉、斯摩棱斯克等。在地方市场发展的基础上，全俄市场开始形成，莫斯科成为全国的经济中心。一年一度的全国各大城市和西部西伯利亚举办的集市，加强了各省之间的经济联系，加速了商品经济的进一步发展。对外，俄国与东方国家特别是西方先进国家的经济联系日益密切。阿尔

---

① 参阅梁士琴科：《苏联国民经济史》第一卷，人民出版社，1959 年，第 337 页。

汗格尔斯克是俄国与西欧通商的最大港埠,每年夏天有很多英国、荷兰、德国的商船来到这里,进行大宗贸易。而俄国与东方商人的贸易则主要是通过阿斯特拉罕进行的。国际贸易,特别是与西方先进国家的贸易关系的发展,决定了俄国经济发展的方向。

俄国的商品经济发展较西方先进国家晚。在国际市场上处于一种受支配的地位,实际上是西欧各先进国家的原料市场。这一点可以从当时进出口的产品中看出。17 世纪,俄国出口的主要产品有皮革、皮货、粮食、亚麻、松脂、碳酸钾、脂肪、蜂蜡。从西欧进口的产品有丝织品、呢绒、武器、糖、酒、茶叶。出口产品以农副产品为主,进口产品以工业品和消费品为主。这种情况也就决定了商品生产的性质。俄国世袭领地中商品生产较活跃的是大封建贵族的、沙皇的以及与国际市场较接近的修道院的世袭领地。他们的农副产品在对外贸易中占主要地位。而这些产品都是靠加强对农民和手工业者的压榨取得的。

这样,商品经济和对外贸易的发展,不但没有导致封建制度的崩溃,反而促进了封建土地所有制的进一步巩固和农奴制的最终形成。这一特点充分反映了俄国经济的封建落后性。直到近代,俄国资本主义虽已相当发展,但在资本主义国家行列中仍属封建势力最强大,政治经济最落后的国家之一。19 世纪马克思、恩格斯始终把俄国看作反动势力的支柱,这决不是偶然的。

西欧中世纪行会的几个问题

　　行会制度是中世纪经济生活中的普遍现象，在东西方都存在过。它是研究中世纪的社会结构和经济结构所不可忽略的问题，所以许多西方史学家和经济学家都曾加以重视并进行深入的研究。但是对于我国史学界来说，西方的行会还是一个新课题。这里只就西欧行会的产生和发展、结构和特点以及它与国家和城市政权之间的关系三个问题进行初步的探讨。

一、行会的产生和发展

　　关于行会制度的产生问题，在西方各家众说纷纭。一些学者认为中世纪行会起源于"罗马时代组成的工匠行会"，日耳曼人入侵后，这些行会残存下来，以后在 12 世纪重新复活。另一些学者认为行会起源于加罗林时代的庄园。那时，一些大庄园中就有很多行业的工匠，在监工的督视下为领主服役①，中世纪的行会就是从这种领地的工匠组织发展而来的。除此以外，行会的起源还有以下几种说

---

① 亨利·皮朗(Henri Pirenne)：《中世纪欧洲经济社会史》(*Economic and Social History of Medieval Europe*)，上海人民出版社，1964 年，第 161 页。

法：行会的前身是宗教团体互助公会①；行会是日耳曼人平均观念的产物②；行会是工匠的自由组合③等等。

上述观点都有其合理的因素，但都有片面性。关于行会的起源，恩格斯有一精辟的论述：行会"联合起来反对勾结在一起的掠夺成性的贵族的必要性，在实业家同时又是商人时期对共同市场的需要，流入当时繁荣城市的逃亡农奴的竞争的加强，全国封建结构——所有这一切产生了行会"。④ 在这几句话里，既包括了经济原因，又包括了政治原因。政治原因是反对掠夺成性的贵族和全国性封建结构。经济原因是市场问题和逃亡农奴的竞争。正是这两方面的原因使城市手工业者不得不组织起来，保卫自己的权利。

从政治上说，行会是手工业者同封建贵族以及同城市贵族斗争的产物。中世纪最早的一批行会产生在 11 世纪，其中有巴黎的蜡烛行会（1061）⑤、美因兹的职工行会（1099）⑥、科伦的羊毛毛毯职工行会（11 世纪末）⑦和米兰的行会（11 世纪）⑧。大约在 12 和 13 世纪出现了建立行会的高潮。12 世纪法国的阿别维尔已经出现了 64 个行会，阿拉斯有 29 个行会。⑨ 意大利的威尼斯有 52 个行会。⑩ 在佛

① 波梁斯基：《外国经济史》（封建主义时代），读书・生活・新知三联书店，1958 年，第 318 页。
② 波梁斯基：《十三至十五世纪西欧行会的社会经济政策简史》，莫斯科，1952 年，第 31 页。
③ 布瓦松纳（P. Poissonnade）：《中世纪欧洲生活和劳动（五至十五世纪）》（*Life and work in Medieval Europe*），商务印书馆，1985 年，第 213—215 页。
④《马克思恩格斯选集》第 1 卷，第 28—29 页。
⑤ 吉韦列戈夫（А. К. Дживелегов）：《中世纪西欧的城市》，彼得堡，1902 年，第 169 页。
⑥ 亨利・皮朗：《中世纪欧洲经济社会史》，第 163 页。
⑦ 斯托克利茨卡亚-特烈什可维奇（В. В. Стоклицкая-Телешкович）：《中世纪城市的基本问题》，莫斯科，1960 年，第 176 页。
⑧ 斯托克利茨卡亚-特烈什可维奇：《中世纪城市的基本问题》，第 83 页。
⑨ 季莫费耶夫（Е. Т. Тимофеев）：《十二三世纪法国东北部城市的行会手工业和商业的发展》，《中世纪》第十四期，第 97 页。
⑩ 索科洛夫（Н. П. Соколов）：《十三至十四世纪的威尼斯行会》，《中世纪》第十五期，第 34 页。

罗伦萨,技艺行会达到了 21 个。12、13 世纪在英国先后出现了 20
多个行会,其中伦敦有 6 个,约克有 4 个,牛津、温彻斯特各有 2
个。① 在德国,科伦有 26 个行会,特里尔 20 个,马格特堡 12 个,法
兰克福 14 个,斯特拉斯堡 15 个。② 行会在 11 世纪产生,又在 12、13
世纪有较大的发展,有其政治必然性,科伦和米兰行会的产生就可
以说明这一点。

一些编年史家认为科伦的行会是"为自由而组织的"。③ 科伦的
行会主要产生于科伦争取自治权的斗争和行会革命时期。11 世纪
科伦的城市领主是主教,同时又是下洛林和威斯特法利亚的公爵。④
他顽固地掌握自己的领主权,对城市居民实行高压政策,横征暴敛,
引起城市居民的强烈反抗。11 世纪末和 12 世纪初,科伦发生过两
次大规模的城市起义,一次在 1074 年,一次在 1112 年。1074 年的
起义具有广泛的人民性,科伦的许多手工业者都参加了起义,成为
这次起义的主力军,在起义过程中他们逐渐组织起来捍卫自己的利
益。科伦最早的毛毯行会就产生在这个时期。米兰的行会也产生
在 11 世纪,当时正是意大利北部许多城市商人和手工业者反对封
建主夺取自治的时期。在 1041 至 1044 年间,米兰城发生过大规模
的反城市领主阿里贝尔特主教的斗争,参加起义的有手工业者、商
人和骑士。⑤ 这次起义为未来的米兰政治独立奠定了基础。同时在
反封建领主的斗争中,出现了行会组织。手工业者聚集在一起成立
了自己的行会。⑥ 佛罗伦萨行会也是在平民手工业者反对封建领主

---

① 列维茨基(Я. А. Левицкий):《十一—十二世纪英国的城市和手工业》,莫斯科、列宁格勒,
  1960 年,第 273 页。
② 布瓦松纳:《中世纪欧洲生活和劳动》,第 215 页。
③ 汤普逊(James Westfall Thompson):《中世纪晚期欧洲经济社会史》(*Economic and
  Social History of the Middle Ages 300-1300*)下册,商务印书馆,1984 年,第 83 页。
④ 斯托克利茨卡亚-特烈什可维奇:《中世纪城市的基本问题》,第 155 页。
⑤ 斯托克利茨卡亚-特烈什可维奇:《中世纪城市的基本问题》,第 84 页。
⑥ 斯托克利茨卡亚-特烈什可维奇:《中世纪城市的基本问题》,第 83 页。

和城市贵族的斗争中形成的。① 不仅行会的产生与政治斗争有关，而且行会的发展也与政治斗争有关。从 12 世纪开始，在一些城市中出现了城市贵族阶层，②例如佛兰德尔的贵族就出现在这个时候。到 13 世纪，在德国、法国、英国城市中都出现了贵族。这些人把持市政，对劳动人民采取高压政策，尤以佛兰德尔的布鲁塞尔为甚。这里共有 255 家富裕家族。③ 贵族呢绒商基尔特控制着整个城市的经济命脉。该城的成衣匠、矸光工、弹毛工、织工、染色工等都受他们的控制，所有的生产过程无不受到监督。城市的司法审判，民事和刑事管理权也都集中在他们手中。所有手工业者毫无例外地处于依附地位，在城市政权派来的陪审员的严格监视下劳动，凡违反契约规定的手工业者均受到他们的迫害。这种情况，不仅存在于布鲁塞尔，而且也程度不同地存在于其他国家的城市中。正如布瓦松纳所指出的，贵族们到处攫取权力，"他们禁止工匠们结社，不许他们联合罢工，违者放逐或处死，他们宣布每个人都有劳动的义务。有些贵族寡头垄断组织，彼此订立条约，以便互相引渡可疑的工匠"。④

　　贵族所建立起来的统治既然是对手工工匠的严重束缚，理所当然地引起各地手工业者强烈不满。13 世纪，在欧洲许多城市中发生了"行会革命"。在佛罗伦萨，手工业者积极参加了城市内部的阶级斗争，他们与中等商人联合起来，反抗城市贵族。根据佛罗伦萨 1243 年公布的正义法规，行会手工业者剥夺了贵族参加执政团的权力。⑤ 在意大利，伦巴德和托斯堪尼地区的手工业者也发动了起义：

---

① 马基雅维里（Niccolo Machiavelli）:《佛罗伦萨史》(*History of Florence*)，商务印书馆，1982 年，第 63—64 页。
② 斯托克利茨卡亚-特烈什可维奇:《中世纪城市的基本问题》，第 238 页。
③ 斯托克利茨卡亚-特烈什可维奇:《中世纪城市的基本问题》，第 245 页。
④ 布瓦松纳:《中世纪欧洲生活和劳动（五至十五世纪）》，第 212 页。
⑤ 马基雅维里:《佛罗伦萨史》，第 69 页。

在德国的科伦,手工业者于 1220 年再次起义反对城市贵族。[1] 大规模的手工业者暴动在布林日、伊伯尔、根特、杜厄以及德国许多城市陆续发生。[2] 手工业者反对城市贵族的斗争,对行会的发展起了推动作用。迎来了 13 世纪的行会迅速发展时期。

从经济上看,行会的产生和发展是同当时的经济发展水平相适应的。中古初期,西欧社会基本上是自然经济占统治地位,商品经济在大部分欧洲地区不发达。11 世纪以后,城市兴起,商品经济渐趋活跃。不过当时的城市经济仍然是封建社会经济的组成部分,中世纪城市的工商业是在生产有限、交通不便的条件下发展起来的。在这种情况下,手工业者要保证自己的产品销售渠道通畅、货源充足,必须组织起来,对市场实行垄断,对外来手工业者实行限制,并排除内部的竞争。例如英王亨利二世给予伦敦职工行会的特许状中最重要最基本的一条就是确认行会的垄断权:"无论何人,如果没有获得他们允许,并且不是他们行会的成员,无论在城内,在南沃尔克还是在伦敦附近其他地方,都不能从事他们的行业。[3]"1175 年,亨利二世颁发给牛津制革匠的特许状也有同样的规定:"无论何人,如果不是他们的基尔特成员就不能在牛津城市从事他们的手工业。[4]"法国的情况也大体如此。1308 年亚眠的制呢匠规章和 1343 年的阿拉斯制呢匠行会规章规定,禁止城外和城市近郊的人从事本行业。阿拉斯的剪毛工人行会规章规定,所有从事这一事业的市民都必须是该行会的成员。该城面包匠行会规定,行会成员必须宣誓,保守自己手工业的秘密,出售好质量的产品。[5] 在意大利的威尼

---

[1] 斯托克利茨卡亚-特烈什可维奇:《中世纪城市的基本问题》,第 261 页。
[2] 斯托克利茨卡亚-特烈什可维奇:《中世纪城市的基本问题》,第 252、277 页。
[3] 乔治·W. 格里纳维编(George W. Greenaway ed):《英国历史文件汇编》(*English Historical Document 1042–1189*)第二卷,伦敦,1953 年,第 947 页。
[4] 列维茨基:《十一—十二世英国的城市和手工业》,第 259 页。
[5] 季莫费耶夫:《十二—十三世纪法国东北部城市的行会手工业和商业的发展》,第 98 页。

斯,商人寡头政府对于行会的垄断地位也是十分注意的,凡破坏此项规定者,处以罚金。例如敛缝工行会规章规定,无论任何外地人,要想在威尼斯获得工作,他们必须支付给行会 20 苏。威尼斯政府规定凡从特拉多、托尔切罗、卡波达尔德日涅来的"外来人",共和国的臣民,可以在行会外工作 15 天,期满后必须进入行会。在有限的经济发展条件下,组织起来垄断市场和原料,这就是行会产生的基本的经济原因。

行会的产生和发展虽是特定历史时期西欧社会经济发展的产物,但表现形式和发展过程因各个国家各个地区的具体条件不同而有所不同。例如德国意大利的情况和英国及法国就不完全相同。英、法中央集权国家出现较早,城市与王权关系密切,手工业者的行会也体现了这种关系,英法行会手工业者与封建主和城市贵族的斗争就与德意志有明显的区别。因此,对于探讨西欧行会产生和发展的原因,仅仅寻求一般因素是不够的,同时也应当注意各个国家的具体情况。

二、西欧行会的特点

西欧行会产生后,到 14 世纪达到鼎盛时期,15、16 世纪开始衰落,18 世纪末 19 世纪初行会制度最后被取缔。[①] 西欧行会制度的主要特点在极盛时期得到了充分的反映。

首先,西欧行会是一个闭塞性的组织。行会在产生的初期,并没有什么限制性规定,可以说一般手工业者都能参加,13 世纪法国巴黎的大部分行会就是如此。但是随着时间的推移和城市手工业居民人数的增加,行会逐渐发展为一个闭关自守的组织,入会有很

---

① 参见《苏联大百科全书》第28卷,第546页行会条。

多限制性条件。在德国一些城市中,作为行会成员的第一个限制性条件是财产资格,只有具有一定数量财产的手工业者才能参加行会。例如,1360 年德国律贝克的木桶匠行会的财产资格规定为 10 马克,毛皮匠行会的财产资格为 22 马克。[1] 14 世纪 20 年代成衣匠行会规章规定,财产资格为 10 马克[2]。皮革匠的财产资格为 20 马克。总起来看,当时律贝克城新入会的行会成员的财产资格大致在 10 至 20 马克之间。15 世纪爱尔福特市鞋匠行会规定的财产资格为 600 双鞋[3]。在 1497 年,安特卫普的家具工的会费相当于 85 天的工资。[4] 法国织毯匠新入会者,必须缴纳 440 个里佛尔王家税收,并向行会交纳附加费。这样高的财产资格,往往把普通手工业者拒之行会之外。

其次,另一个限制性条件是入会者必须是自由人和自由人家庭出身。在德国北部的一些城市中,行会规定,入会者本人及其父母必须是自由人。1432 年,律贝克铜匠行会规定,入会者必须证明自己是自由人出身。1433 年律贝克的铠甲匠行会规章规定,新入会者本人必须是合法出生的自由人出身,并且还要有"正直诚实的双亲".[5] 1476 年美因兹船工行会章程规定,新入会者本人及其妻子都应当是自由人。[6] 1348 年,英国伦敦制帽工人的规章规定,只有自由人才能进入他们的行业和买卖其产品。[7] 除此之外,在德国,差不多所有行会都规定会员必须是合法婚姻出生的人。上述事实说

---

① 波梁斯基:《十三至十五世纪西欧行会的社会经济政策简史》,第 214 页。
② 波梁斯基:《十三至十五世纪西欧行会的社会经济政策简史》,第 216 页。
③ 波斯坦、里斯、米勒等编(M. M. Postan, E. F. Rith & Miller ed.):《剑桥欧洲经济史》第 3 卷(*The Cambridge Economic History of Europe*,Vol. 3),剑桥大学出版社,1963 年,第 273 页。
④《资本主义萌芽问题》,《1978 年爱丁堡第十二次经济史国际会议论文集》,莫斯科,1978 年,第 75 页。
⑤ 波梁斯基:《十三至十五世纪西欧行会的社会经济政策简史》,第 223 页。
⑥ 波梁斯基:《十三至十五世纪西欧行会的社会经济政策简史》,第 215 页。
⑦ 波梁斯基:《十三至十五世纪西欧行会的社会经济政策简史》,第 223 页。

明,行会禁止农奴及其子女进入行会,也禁止非法婚姻出生的人进入行会。

再次,在一些城市中,对入会者要求市民资格。在德国的城市中,入会成员必须首先取得市民权,另外还需要拥有市民权的人作担保。例如1380年律贝克城的理发匠行会规定,入会成员要有市民权。[①] 木桶匠行会规定,入会者必须有两个一年以上市民权的人作担保。[②] 其他城市的行会可能也有市民权的要求。

最后是技术条件的限制。所有入会者都要经过技术考核,具有学徒经历和多年实践经验。例如,巴黎许多行会规定,行会成员都应当经过学徒阶段,否则不能入会。阿拉斯的面包匠行会规定,"如果不是学徒或者两年的工匠,无论何人都不得进入面包行会"。[③] 巴黎铜金属拔丝工人的入会条件是,从事10年手工业,熟悉技术和拥有生产手段方可入会。[④] 上述的入会条件说明成熟时期的行会并不是一般的手工业组织,而是一部分有财产,有市民权和自由人身份,以及技术较高的手工业者的组织。许多手工业者被关在行会的门外,并非所有手工业者都是行会成员。事实上,在英、法等国的城市中,仍有许多非行会成员的手工业者。[⑤]

行会的第二个特点是,行会是拥有特权的"法人团体"。它作为"法人团体",拥有一定的内部司法权。西欧的一些行会甚至拥有自己的法庭。例如英国的伯里·圣·爱德蒙兹城的领主、修道院方丈埃德蒙·休一世(1156—1180年)在给予该城面包匠的特许状中就曾提到面包匠行会可以拥有自己的法庭。在该行会成员不同意为

---

① 波梁斯基:《十三至十五世纪西欧行会的社会经济政策简史》,第213页。
② 波梁斯基:《十三至十五世纪西欧行会的社会经济政策简史》,第214页。
③ 季莫费耶夫:《十二十三世纪法国东北部城市的行会手工业和商业的发展》,第102页。
④ 基谢廖娃(Л. И. Киселевой)译,柳宾斯卡娅编:《巴黎城的手工业和商业登记册》,《中世纪》第十期,第332页。
⑤ 季莫费耶夫:《十二十三世纪法国东北部城市的行会手工业和商业的发展》,第103页。

烤制质量不好的面包而支付罚金时,可以上诉面包匠法庭,让其法庭进行监督。[①] 英国以外的其他国家也有法庭。例如,意大利的行会首脑的名称是 consules,或者 judlces,这个称号就带有法官的意思。[②] 行会当初的主要职能之一就是司法职能。行会首长有权监督行会成员,可以随意进入店铺,并对质量不好的成品判处罚金,甚至有权审理小型案件。[③] 行会还可以向法庭起诉,以维护其特权。

行会作为法人团体还拥有财产权。它可以"拥有动产不动产、地租、集会场所,有时甚至拥有商店和工业企业"。[④] 它也可以拥有自己的教堂、印章、纹章和旗帜。行会对于自己的财产是有完全的支配权的。例如行会的金库就有权向其成员征收临时税。金库的收入主要来源包括学徒学费、工匠的会费、罚金、礼物和遵照遗嘱馈赠的财产。如果得知某一工匠有一笔额外的巨额收入,金库可向该工匠征收临时税。[⑤] 行会金库也有权支配罚金。1469 年科伦丝绸职工行会的规章规定,每年三分之一的罚金给予城市首长,三分之二的罚金归行会。[⑥] 英国伯里·圣·爱德蒙兹面包行会的罚金,一半归修道院长,一半归行会。[⑦] 罚金是行会收入的主要来源之一,加上其他收入,行会的财政能力是相当雄厚的。

作为法人团体,行会有权集会和选举自己的领导人。行会的最高领导机构是全行会大会,全行会大会的召集各地不一,有些行会一年三次,有些行会每星期召集一次。全行会大会有权决定行会内部的重大问题,如选举领导人,接收新会员,讨论行会开支、预算,规定行会规章等。行会的主要领导人是长老。另外还有若干办事人

---

① 列维茨基:《十一—十二世纪英国的城市和手工业》,第 262 页。
② 吉韦列戈夫:《中世纪西欧的城市》,第 180 页。
③ 索科洛夫:《十三至十四世纪的威尼斯行会》,第 37—38 页。
④ 布瓦松纳:《中世纪欧洲生活和劳动(五至十五世纪)》,第 21 页。
⑤ 吉韦列戈夫:《中世纪西欧的城市》,第 180 页。
⑥ 斯卡兹金(С. Д. Сказкин):《中世纪史文献汇编》,莫斯科,1963 年,第 476 页,第 25 条。
⑦ 列维茨基:《十一—十二世纪英国的城市和手工业》,第 261 页。

员,如审查员、协调委员、监督、监赏、监视、监察等。① 行政人员及其机构的产生,都由选举解决。有时通过全行业大会选举,有时由选举委员会产生。例如威尼斯行会的选举一年进行一次。选举工作分两级进行。首先由全体工匠选出一个委员会,委员会由 5 至 12 人组成,由委员会选出长老。有些行会的选举是由选举人委托行会退职人员 4 人组成委员会,再由该委员会自行加聘 5 人,共同选出由 3 人组成的委员会。② 在西欧各地由于政治情况不同,行会领导机构的产生不尽相同。在德国科伦,一些行会每年由工匠选举产生长老。1469 年科伦的丝织行会规定:"每年主要工匠共同选举这个行会的两个男人和两个女人为长老,但是男人和女人不能同时履行这个职务。"③在英国,一些行会的领导人是由自己申请,国王或领主颁发特许状批准或委任的。伯里·圣·爱德蒙兹领主给面包匠行会的特许状,就是确认该行会威廉和他的儿子英格尔德及其继承人为行会的 aldermannum,也就是说领主承认这一家族可以世袭继承这个职位。④

作为法人团体的行会,还可以按照自己的规章制度监督生产,销售产品和垄断市场。关于这一点,许多经济史中已经详细论述过,本文不再详谈。

西欧行会也是一个等级森严的组织。行会内部分为三个等级:工匠、帮工和学徒。在行会制度形成之后,这三个等级的地位实际上固定化了。帮工和学徒算不算行会会员?在国内外史学界有不同的说法。不过从西欧一些国家行会的材料看,帮工和学徒应当算是行会成员的组成部分。例如,威尼斯的玻璃器皿制造行会、梳子

① 布瓦松纳:《中世纪欧洲生活和劳动(五至十五世纪)》,第 217 页。
② 索科洛夫:《十三至十四世纪的威尼斯行会》,第 37 页。
③ 斯卡兹金:《中世纪史文献汇编》,第 476 页 23 条。
④ 列维茨基:《十一十二世纪英国的城市和手工业》,第 262 页。

行会、皮鞋匠行会、制浆行会、织布工行会的成员都包括工匠、帮工和学徒。至于该城的造船木匠行会和敛缝工行会,虽然没有说明帮工的地位,却把工匠和学徒作为行会成员。[①] 在其他国家,有些地方的行会,帮工和学徒可以参加全行业大会,在吸收新行会成员时,老的帮工都要出席[②]。可见他们承认帮工是行会的成员。另外,在一些西方学者的著作中,也把帮工、学徒作为行会成员。例如,皮朗在其所著经济史中指出:"每一个行会的会员分为互相隶属的若干等级,行东、帮工、学徒。行东是支配的阶级,管理学徒和帮工"。[③] 布瓦松纳也在《中世纪欧洲生活和劳动》一书中指出:"行会帮工和学徒组成自治团体,他们自己管理自己,并自行遵守一些为维护他们的权力或威严所必须的经济和社会纪律"。[④] 皮朗和布瓦松纳都认为帮工和学徒是行会成员的组成部分。根据上述事实和看法,我们可以把帮工和学徒算作行会成员,而且是构成行会等级的不可缺少的部分。

　　行会成员之间存在着严格的区别,形成行会内部的等级制。上层是工匠,又称为行东。是行会的全权成员,入会要有财产资格。工匠经过严格训练,一般是学徒出身。他们都是独立的手工业者,有自己的财产、店铺,也有受他支配的劳动人手。根据巴黎织工行会的规定,"每个羊毛织工在家内可有两台广阔的,一台狭小的织机",另外"每个羊毛织工有一个胞弟与侄留在家里,并在其家里为其中每个人保有两台广阔的与狭小的织机"。这就是说每个工匠一般可拥有三台织机,如果有兄弟同住还保有更多的织机。工匠的劳动人手包括其家人和学徒、帮工。巴黎羊毛职工行会规定,每个工

---

① 索科洛夫:《十三至十四世纪的威尼斯行会》,第36—37页。
② 斯托克利茨卡亚-特烈什可维奇:《中世纪城市的基本问题》,第186页;基谢廖娃译,柳宾斯卡娃编:《巴黎城的手工业和商业登记册》,《中世纪》第十期,第311页。
③ 亨利·皮朗:《中世纪欧洲经济社会史》,第166页。
④ 布瓦松纳:《中世纪欧洲生活和劳动(五至十五世纪)》,第216页。

匠只能有一个学徒和一个帮工。但是,也有一些行会允许工匠拥有他所需要的若干帮工和学徒,例如巴黎的成衣匠行会就是如此。[1]工匠的劳动条件和劳动人手,在各个国家,各个地区,各个行业都不相同。巴黎的羊毛织工行会工匠的情况只反映了一般工匠的经济地位。作为全权的行会成员,工匠在行会中处于特权地位,可以参加行会大会,有选举权和被选举权。

帮工,是行会中的受压迫等级,他作为行会一员是与其主人的行会成员地位联系在一起的。帮工在 13 世纪已经出现,不过根据巴黎人丁税册记载,当时人数极少,只有 118 人,他们还不能构成独立的社会和经济集团。[2] 14 世纪以后,帮工才真正发展为一个等级集团。

帮工的经济地位低于工匠,他们没有生产资料,没有店铺,通常住在工匠家中,经济上处于依附地位。13 世纪以前帮工处境较好。学徒期满后,经过一段考核成为帮工,帮工与主人签订合同(一般为一年),期满之前不能离开主人,期满之后则可以离开主人独立组织作坊,成为工匠。14 世纪以后,帮工地位逐渐恶化逐步成为永久雇佣工人。行会规章维护行会全权成员工匠的利益,对帮工则实行种种限制。例如,德国某些城市行会规章规定"帮工应当住在工匠家中,晚上不得外出,不能去小酒馆。外出时,在规定时间必须回到家中"。[3] 这项规定说明,帮工不仅在生产上受工匠支配,而且在生活上受其监督。在另一些地区的行会中,行会规章规定,工匠要监视帮工,如果帮工不履行义务,就要处以罚金。帮工的工资通常是不高的,只有工匠工资的一半。例如,法国东北部阿拉斯的面包铺,每

---

① 基谢廖娃译,柳宾斯卡娃编:《巴黎城的手工业和商业登记册》,《中世纪》第十期,171 页。
② 波梁斯基:《十三至十五世纪西欧行会的社会经济政策简史》,第 111 页。
③ 斯托克利茨卡亚-特烈什可维奇:《中世纪城市的基本问题》,第 184 页。

烤制一次面包,工匠的工资是 32 但尼,帮工只有 10 但尼。[1] 在伦敦,瓦匠行东依照季节每日可赚得四个半便士,而帮工则得三个到三个半便士。[2] 帮工工资不高,但劳动时间很长。在法国东北部,平均为 14 到 16 小时。夜间工作是被禁止的,但是并非所有行业都禁止。阿拉斯和亚眠的剪羊毛工的工作日从半夜开始直到日落结束。[3]

帮工在行会中没有任何地位,没有选举权、被选举权。他们对自己的处境是不满意的。14 世纪以后,许多地区的帮工起来要求建立帮工自己的行会——兄弟会,以维护自己的利益。14 世纪法兰克福的帮工组织自己的行会,制定了自己的行会规章。[4] 1395 年,巴黎的制呢、撝呢、弹毛、木工等行业的帮工举行罢工,要求增加工资。[5] 1407 年上莱茵城市,皮鞋匠帮工准备进行大规模的罢工,他们打算召集各城市的 4000 帮工集会,但被当局发现,遭到镇压,帮工组织被取缔。[6] 总之,在 14、15 世纪帮工反对行会的斗争不断发生,说明帮工等级已经开始觉醒,并且正在为自己的利益而进行斗争。

学徒是行会中的最低等级,比帮工的处境更坏。各地接受学徒都有不同的条件。在法国,任何社会地位出身的男孩,都可被接受为学徒。但在德国,学徒的出身非常重要,必须是合法婚姻所生,而且有一个自由和诚实的父亲。

各地区和各行业学徒期限不同。例如,科伦的剪毛工学徒期限只有 1 年,而金匠学徒则为 8 年。巴黎的玻璃印章雕刻工学徒为 9

---

[1] 季莫费耶夫:《十二十三世纪法国东北部城市的行会手工业和商业的发展》,第 102 页。
[2] 布瓦松纳:《中世纪欧洲生活和劳动(五至十五世纪)》,第 224 页。
[3] 季莫费耶夫:《十二十三世纪法国东北部城市的行会手工业和商业的发展》,第 102 页。
[4] 波梁斯基:《十三至十五世纪西欧行会的社会经济政策简史》,第 247 页。
[5] 波梁斯基:《十三至十五世纪西欧行会的社会经济政策简史》,第 267 页。
[6] 波梁斯基:《十三至十五世纪西欧行会的社会经济政策简史》,第 268 页。

年。① 学徒的最长期限甚至达到 12 年之久。学徒要向工匠交费、向行会交费。巴黎的羊毛织工学徒收费为 4 个巴黎里佛尔，5 年收费 6 个巴黎苏。6 年服务，收费 20 个巴黎苏，或 7 年的服务时期不收费。② 巴黎黄铜拔丝工人的学徒交费不能少于 20 个苏。③ 制造铁扣环的学徒 8 年交 40 苏，或者 10 年不交费。另外还要交给行会的收税人 5 个苏。④ 学徒的处境是艰苦的，他们的一切剩余劳动时间几乎都归工匠支配，实际上是工匠的不花钱的劳动力。店铺里的一切杂务包括工匠家庭的全部家务劳动，都由学徒承担，稍有疏忽就要受到严惩。1390 年，巴黎曾审理了一起工匠打伤学徒的案件，一个工匠用钳子打伤学徒的头部，伤势极其严重。有的学徒甚至被工匠毒打致死。1410 年巴黎就曾发生过类似案件。⑤ 由于劳动过重和工匠的压迫，学徒逃亡的事件不断发生。为此行会规章规定，学徒逃亡要被传召，并处以罚金。⑥ 巴黎刀柄行会规章规定：如果学徒三次从自己的工匠那里逃跑，那么任何人都不能接受他作为帮工和学徒。

由此看来学徒和帮工的处境相同，他们都属于行会中的被压迫等级。因此，帮工在反对行会的斗争中，往往能够得到学徒的支持。

西欧行会的这些特点，与西欧城市的特点以及当时西欧的政治条件有密切联系。正是这些政治条件造成行会的闭塞性、等级性和垄断性。

---

① 吉韦列戈夫：《中世纪西欧的城市》，第 173 页。
② 耿淡如、黄瑞章编：《世界中世纪原始资料选辑》，天津人民出版社，1959 年，第 97 页。
③ 基谢廖娃译，柳宾斯卡娃编：《巴黎城的手工业和商业登记册》，《中世纪》第十期，第 333 页。
④ 基谢廖娃译，柳宾斯卡娃编：《巴黎城的手工业和商业登记册》，《中世纪》第十期，第 331 页。
⑤ 斯托克利茨卡亚-特烈什可维奇：《中世纪城市的基本问题》，第 179 页。
⑥ 斯托克利茨卡亚-特烈什可维奇：《中世纪城市的基本问题》，第 179 页。

三、行会与国家政权的关系

行会做为一个自治组织,在城市中有独立活动的权利,但是作为城市的组成部分,又与城市政权有密切关系。每个行会自治权的大小也决定于城市政权和国家政权所采取的政策。皮朗在《经济史》中曾经指出:"如果认为同业行会本来就是具有自治权,那是一种全然错误的看法,在许多大城市里,同业行会从未摆脱市政当局的保护,而且一直成为市政当局控制下的活动机构。"①皮朗的这种说法,并非完全否认行会的自治,而是强调行会与城市政权的关系。的确,行会的自治权在很大程度上取决于城市政权和国家中央集权化的程度。就西欧各地区的情况可以分为以下三种类型:

第一,在国内中央集权化程度不高,城市自治权较大的地区,行会是作为城市政权的基层组织而存在的,在城市的社会经济生活中起着极其重要的作用。意大利的佛罗伦萨,德国的科伦、奥格斯堡,佛兰德尔的布鲁塞尔等城市的行会就属于这种类型。以科伦为例,科伦的行会曾与城市贵族进行过殊死的斗争,最后以行会的胜利而告终。在取得胜利后,行会的上层都参加了市议会,成为市议会的重要成员。行会组织也因此成为市议会行使职权的重要机构。经济上,市议会通过行会征收捐税。每个行会都要向城市长官宣誓保证交纳足够的税额。另外,行会的罚金、没收充公的财物,以及其他收入都成为城市财政收入的重要来源。政治上·市议会通过行会实现其政治措施,组织其成员进行市议会选举。有时(1370—1371年)行会甚至就是城市政权的选举委员会。市议会还通过行会组织军

---

① 基谢廖娃译,柳宾斯卡娃编:《巴黎城的手工业和商业登记册》,《中世纪》第十期,第328页。

队,例如,科伦行会就曾要求行会成员准备军事装备,服兵役保卫城市,对逃避者处以罚金。①

佛罗伦萨的情况与科伦有许多近似之处。根据马基雅维里的记载,佛罗伦萨行会形成时期,"……把全体居民按技艺或行业分类,每种行业委派一名官员负责在他所管辖的那些人当中执行公正裁判;发给每种行会一面旗帜;城邦号召时,每个成员都拿起武器集合在旗帜下面"②。科伦和佛罗伦萨的例子说明,在行会掌权的城市里,行会组织是城市政权的执行机构。正因为如此,城市政权对行会的控制也比较严密,对行会规章制度的规定,新成员的接受,生产的进行,全体行会成员大会的召集都要过问。所以行会与政权之间也存在着矛盾。不过,从总的方面来说,由于行会有权参加城市的政治生活和经济生活的管理,有权保卫城市,其地位十分重要。

第二,在王权较为强大的国家里,行会的自主权是从王室手中取得的,即以金钱赎买行会的自治。因此行会与王室政权的关系和城市与王权、城市与领主的关系很近似。

以巴黎的行会为例。13世纪巴黎手工业和商业的登记簿提供的史料说明,巴黎行会与王权关系是十分密切的。任何行会手工业者首先必须向国王购买经营手工业的权利。巴黎的面包匠行会规定,"无论何人,如果不向国王购买手工业执照,就不能成为巴黎市区内的面包匠"③,只有居住在某些特定地区的居民除外。购买手工业执照的新面包匠,第一年必须在主显节付给国王25个但尼④,在复活节付给国王22个但尼,在圣约翰洗礼节交5个但尼1个奥波尔(银币)的 Kутюма(商品税)。同时还要付6个苏的 обон(商品税的一

---

① 波梁斯基:《十三至十五世纪西欧行会的社会经济政策简史》,第53页。
② 马基雅维里:《佛罗伦萨史》,第63页。
③ 基谢廖娃译,柳宾斯卡娃编:《巴黎城的手工业和商业登记册》,《中世纪》第十期,第310页。
④ 但尼,法国旧时的辅币。

种),每星期交一个半面包作为 Тонтье(商品税的一种)。第二、第三、第四年也是如此。新面包匠完成上述四年的 обон、Кутюма 和 Тонтье 之后,要拿着装有核桃和馅饼的瓦罐,来到面包匠长老家中,当着 Кутюма 的收集人和面包匠及老帮工的面,将瓦罐交给长老,并说:"长老,我做了一切,我的四年结束了"。于是,长老命令新面包匠将瓦罐扔在长老家外面的墙上,之后再履行其他仪式。从此新的面包匠就取得了工匠的资格。① 除向国王购买手工业执照外,每个工匠在平时还要付给国王 Кутюма 和完成 Тонтье。每年圣诞节每个工匠要付给国王 20 个但尼作为 Кутюма,在复活节付给 22 个但尼,在约翰洗礼节付给 5 个但尼 1 个奥波尔。在冬至的圣马丁节交 6 个苏,每个星期交一个半面包作为 Тонтье。② 除此以外,新老面包匠每个星期还要交一个半面包作为赋税。

巴黎的面包匠行会要向国王缴纳部分罚金。琢磨工行会还规定,破坏或违反行会章程要交给国王 10 个苏。③ 羊毛纺织行会规定,违反行会规章要支付 8 个巴黎苏罚金,其中 5 个苏交给国王,其余部分交给行会 1 个苏、交给保护行会的工匠 2 个苏。

除支付赋税、罚金外,巴黎行会要为国王担负巴黎城的守卫工作。这种守卫工作,并不是所有行会都参加,有些行会要参加,有些则可以不参加。例如琢磨工行会成员、制造银片的工匠和珠宝匠就不参加巴黎城的守卫工作。④

对于行会的管理工作,除行会自己选的长老和办事人员负责

---

① 基谢廖娃译,柳宾斯卡娃编:《巴黎城的手工业和商业登记册》,《中世纪》第十期,第 311 页。
② 基谢廖娃译,柳宾斯卡娃编:《巴黎城的手工业和商业登记册》,《中世纪》第十期,第 312 页。
③ 基谢廖娃译,柳宾斯卡娃编:《巴黎城的手工业和商业登记册》,《中世纪》第十期,第 337 页。
④ 基谢廖娃译,柳宾斯卡娃编:《巴黎城的手工业和商业登记册》,《中世纪》第十期,第 324、337、339 页。

外,国王也派遣自己的工作人员参加。如巴黎城区的面包行会,就由国王派去的面包分发人(mestre panetier)管理。面包分发人有低级司法权,可对违法工匠处以罚金。面包分发人在其代理人的帮助下,召集全体工匠,从其中选出 12 个技术较高的工匠作为执事。新选的执事要在圣像面前宣誓:他们将正直诚实地工作。① 巴黎的每个行会都有这种工作人员,但人数不一,通常是两个,有的通过选举,有些是指定的。例如钢片模压工行会的执事,由全体工匠选举产生,而锁匠行会的工作人员就是委托的。② 这些工作人员都要在巴黎法院或本区的圣像面前宣誓,然后才能就职。他们的职责就是检查监督规章的执行,对违章者及时处理,并有权将拒不服从规章者扭送巴黎法院。

第三,在商人寡头当政的城市中,行会直接同城市政权发生关系。

以威尼斯城为例。13、14 世纪在威尼斯有 30 多个行会③,14 世纪行会成员达 45000 人。④ 在威尼斯,行会的地位与其他城市不同。其特点是政治上无权,内部管理缺乏民主。

威尼斯的行会受到共和国政府的严格控制和监督。威尼斯政府派官吏(Glustizia Vechia 和 Glustizia Nuova)对行会进行监督。他们的权力很大,有权解决各个行会的司法案件,规定行会规章,批准召开行会会议和安排选举,批准任命行会办事人员,批准或禁止出卖某些商品,并参加共和国有关行会事务的会议。除此以外,还有一些行会,如金匠和铸币匠行会处于特别监督之下。金匠行会和铸币行会都由各自的主管委员会进行监督。⑤ 威尼斯政府要求每个

① 基谢廖娃译,柳宾斯卡娃编:《巴黎城的手工业和商业登记册》,《中世纪》第十期,第312 页。
② 基谢廖娃译,柳宾斯卡娃编:《巴黎城的手工业和商业登记册》,《中世纪》第十期,第329、330 页。
③ 索科洛夫:《十三至十四世纪的威尼斯行会》,《中世纪》第十五期,第 35 页。
④ 索科洛夫:《十三至十四世纪的威尼斯行会》,《中世纪》第十五期,第 40 页。
⑤ 索科洛夫:《十三至十四世纪的威尼斯行会》,《中世纪》第十五期,第 44 页。

行会在规章中规定,行会成员不能参加任何组织和会议,不能参加旨在反对领袖和共和国的密谋。除政治上受到严格控制外,行会的义务也很多。威尼斯政府要求行会成员有义务为政府建筑军火库,修理船只,建筑公共设施,铸造货币,制造武器,有时只付给少量工资,或者完全不付给工资。如造船木匠,每年有三天为共和国义务修理船只。锯工每年一天为军火库义务工作。对逃避劳动和赋税的人要处以罚金。[①] 行会手工业者一般不向国王交纳实物税,但要交纳一定的货币。吹玻璃工人行会的工匠,每年向首领支付四格罗斯作为赋税。[②]

　　威尼斯政府还利用手工业者和行会手工业者作为武装力量,在殖民活动中充当军事移民。造船木匠行会的工匠被吸收作为低级指挥员在海军中服务。在威尼斯人统治克里特的最初 150 年中,曾四次派遣殖民者到该地,其中有贵族家族的代表也有手工业者。例如 1222 年,在殖民者的名单中就有许多手工业者,其中有铁匠、裁缝和武器匠等。威尼斯行会由于在共和国处于无权地位,并受着共和国政府严格控制,与政府之间的矛盾十分尖锐。

---

① 索科洛夫:《十三至十四世纪的威尼斯行会》,《中世纪》第十五期,第 41 页。
② 索科洛夫:《十三至十四世纪的威尼斯行会》,《中世纪》第十五期,第 41 页。1 格罗斯等于 12 打。

试论俄国历史上的西欧派
和斯拉夫派之争

  19 世纪上半期,沙皇俄国是一个政治上、经济上都比较落后的国家。国内矛盾十分尖锐,已达到非触动和改变现行制度不可的程度。而西欧国家的迅速发展又给俄国造成了巨大的外部压力。无论就政治民主化的程度,还是就经济发展水平来说,西方国家都提供了很多可以借鉴的东西。于是在俄国的改革者面前提出了是走西欧的道路,还是撇开西欧不顾走自己的道路的问题。以平民知识分子为代表的革命民主派强调人民的作用,俄国自身的发展以及民主改革。他们的纲领影响广泛而深远,成为改革派的主流,对以后俄国的革命运动产生了巨大的推动作用。苏联历史学家对此已有充分论述,本文从略。与此同时,也出现了代表贵族资产阶级自由主义的西欧派和斯拉夫派。两派的观点,针锋相对,两派之间所争论的焦点就是俄国的改革应该走什么道路。

  由于两个派别都不是主流派,而且又都属于温和的自由派,因此长期被苏联史学界所忽视。实际上他们所争论的问题至今未完全解决,而他们的观点也并非一无可取之处。在今天正确地分析两派的观点,仍是有所裨益的。本文仅就两派产生的历史背景、主张、论战和争论所引起的思考略谈管见,以就教于读者。

一、斯拉夫派和西欧派产生的历史背景

19 世纪上半期,俄国仍然是一个封建的落后国家。从经济上看,俄国当时的资本主义关系尽管已经有了长足发展,但同其他西欧先进国家相比,仍有极大的差距。这表现在工业技术的落后,工业产值的低下,工业中自由雇佣工人的缺乏,铁路运输和信贷的不发达,商品经济的地方性等方面。更为重要的是,在农村中农奴制度还占统治地位,大批无人身自由的农奴处境恶化。农村经济的落后制约了俄国经济的发展,使国内市场的扩展,以及资金和自由劳动力的运转受到极大的限制。不废除农奴制度,俄国的资本主义经济就很难进一步发展。

在政治上,19 世纪上半期是俄国社会矛盾最为尖锐的时代。在这个时代俄国经历了保罗一世、亚历山大一世和尼古拉一世三个沙皇的专制统治。军事独裁是这个时代的特征。保罗一世的黩武主义,亚历山大的阿拉克切耶夫制度和尼克拉一世的独断专横把俄国引向了灾难的深渊。俄国社会矛盾达到了十分尖锐的程度。首先在俄国农村中,农奴农民和广大农村被压迫的阶层和地主之间的矛盾日益激化。农民的抗议活动从抗税抗捐、拒绝工作、破坏地主庄院、杀死地主发展到武装起义。[①] 据统计,1857 年农民骚动有 192起,1858 年有 528 起,1859 年有 938 起[②]。从全国范围看,大规模农民起义在 19 世纪上半期约有 2000 起[③]。与农民起义同时,工人运

---

① 参见第 C. C. 季米特里耶夫:《苏联历史文选》(*Хреатоматия* *ио Истории СССР*)第 3卷,莫斯科,1952 年,第 6—21 页;第 2 卷,第 622—630 页。
② H. M. 德鲁日宁:《1857—1861 年的农民运动》(*Крестьянсткое Движения 1857 - 1861* *ио Документам центральвых исторических Архивов СССР*),《档案学问题》,1961 年第 1 卷,第 19、21、24 页。
③ 诺索夫主编:《苏联简史》第一卷下册,第 285 页。

动也开始出现，19 世纪头 25 年中，发生工潮 64 起，1826—1855 年发生工潮 170 起①。此外，各省市、各民族间的矛盾也在发展。据第三厅的统计，1859 年，反对农奴制的群众抗议行动遍及欧洲俄罗斯 23 个省②，起义大部分发生在俄国沙皇统治的中心地区。工人农民和俄国各族人民的反抗斗争严重地动摇了俄国专制政府的统治，沙皇政府不得不采取镇压措施，但收效甚微。

在农民起义和欧洲革命浪潮的影响下，俄国社会各阶层都行动起来。1825 年十二月党人的起义，反映了贵族中先进分子的代表对沙皇专制政府的抗议，虽然他们的起义遭到了失败，但正如赫尔岑所指出的："伊萨基辅广场上的炮声，唤醒了整整一代人"。在革命的平民知识分子中间，对俄国前途问题的关心和争论广泛开展起来，其中以赫尔岑、别林斯基和车尔尼雪夫斯基为代表的革命民主派一马当先。他们提出的改革方案和理想，包含了深刻的政治内容，为以后的俄国革命运动奠定了基础。

在这样的历史条件下，西欧派和斯拉夫派应运而生，俄国社会矛盾的尖锐化也引起贵族和资产阶级中主张改革的知识分子的注意，在他们中间也展开了激烈的争论。1836 年，B. Л. 恰达耶夫在《望远镜》上发表了他的第一篇《哲学书信》。文章严厉地批评了俄国的专制制度和农奴制度，他感叹地说农奴这个字本身"包含多少灾难啊！这就是我们大家无力摆脱，置我们于死地的魔圈。这就是使我们大家处处碰壁的可诅咒的现实。这就是使我们的最崇高的努力、最慷慨的情感都化为乌有的现实"③。他还揭露了沙皇专制制度的反人民性，批判了保皇党人的反动说教。这些言论曾经得到革

---

① 诺索夫主编：《苏联简史》第一卷下册，第 305 页。
② Я. И. 林科夫：《1825—1861 年俄国的农民运动史纲》(*Очерки итории Крестьянского Движенияв Россия В 1825 - 1861гг*)，莫斯科，1952 年，第 176—187 页。
③ 转引自凯切江、费季金主编：《政治学说史》中册，法律出版社，1962 年，第 260 页。

命民主主义派的支持,赫尔岑称它是划破了黑夜沉寂的枪声。但是恰达耶夫在他的《哲学书信》中却对被压迫的俄国人民作出了极其错误的评价,他说,落后的俄国人民不可能对人类文化作出贡献,他甚至号召人们改信天主教,向西方看齐。

恰达耶夫的《哲学书信》中所阐述的观点在俄国思想界引发了一场激烈的辩论,这场辩论涉及人文学科的各个领域,包括哲学、历史、宗教、社会政治和文艺思想等。争论中在俄国的贵族和资产阶级知识分子中逐渐形成两个截然对立的派别:斯拉夫派和西欧派[①]。

斯拉夫派的代表人物有 A. C. 霍米雅可夫、И. B. 基列夫斯基、К. C. 阿克萨科夫、Ю. Ф. 萨马林、A. И. 科舍列夫、B. A. 瓦卢耶夫、B. N. 拉曼斯基等人。其中 A. C. 霍米雅可夫(1804—1860)、A. И. 科舍列夫(1806—1883)和 И. B. 基列夫斯基(1806—1856)是这派的奠基人。他们三人在 19 世纪 20 年代来到莫斯科,参加了一个研究哲学和神学等学科的"爱智社"团体,他们拥护德国哲学家谢林的自然哲学,反对法国的唯物主义哲学。爱智社在文学方面提倡民族文学,因此吸收了许多具有爱国主义思想的学者和文学家,普希金就曾参加过爱智社的活动[②]。他们的活动引起沙皇政府的注意,不久爱智社自行解散。从 19 世纪 30 年代开始 И. B. 基列耶夫斯基着手研究和改革希腊正教,他醉心于宣传希腊正教中的以色斯神秘主义思想,说明俄国正教与西方宗教的区别。19 世纪 40 年代当资产阶级改革提上日程,思想界的争论日益尖锐时,他们的主张逐渐成为斯拉夫派的核心思想。后来,随着斯拉夫派人数的增加,这派思想主张更加明朗化。在斯拉夫派形成的年代中,И. B. 基列耶夫斯基所

①《苏联大百科全书》第 9 卷,莫斯科,1972 年,第 335 页。
② 高尔基:《俄国文学史》,上海译文出版社,1979 年,第 195 页。

写的《19 世纪》,A. C. 霍米雅可夫的《世界史论丛》《过去和现在》,K.
C. 阿克萨科夫的《论俄罗斯的基本原则》等书中表达的思想,具有重
要意义,成为斯拉夫派纲领性文献①。斯拉夫派为了宣传自己的主
张还出版下列刊物:《关于俄罗斯以及和它同一信仰、同一民族的历
史资料统计汇编》(1845)、《莫斯科汇编》(1846)、《俄罗斯论坛》
(1856—1860)、《农村的公用事业》(1858—1859)等。其中最有影响
的是 A. И. 科舍列夫主编的《俄罗斯论坛》②,许多重要的斯拉夫派
观点都出于该刊物。

　　斯拉夫派的成员大部分是贵族(出身于古代服役贵族),也有商
人和其他阶层的代表。据苏联史学家的研究,斯拉夫派代表了贵族
中具有资产阶级自由主义思想的人们的利益。但是这种思想在其
他阶层中也有影响,如果戈里、陀思妥耶夫斯基、佛·索洛维也夫等
人都深受其影响,从而"接受了这派的见解"。③

　　西欧派的代表有恰达耶夫、И. C. 屠格涅夫、B. A. 博特金、И. B.
安年科夫、M. H. 卡特科夫、T. H. 格拉诺夫斯基、C. M. 索洛维约夫、
K. Я. 卡韦林、B. H. 切切林等人。④ 他们当中最有影响的是格拉诺
夫斯基、切切林、索洛维约夫和卡韦林⑤。格拉诺夫斯基(1813—
1855)是西欧派的重要代表。他是著名的历史学家,俄国启蒙运动
的代表,莫斯科大学教授。格拉诺夫斯基深感历史研究对国家政治
生活的重要性,善于用历史为政治服务。他长期从事教学工作,在
授课中强调人民群众对历史的创造作用,被赫尔岑称为"当代第一

---

① И. Я. 科瓦利琴科:《苏联史料学史》(*Источииковедеиие Истории СССР*),莫斯科,1981
　　年,第 202 页。
② И. Я. 科瓦利琴科:《苏联史料学史》,第 233 页。
③ 高尔基:《俄国文学史》,第 193 页。
④《苏联大百科全书》第 9 卷,第 335 页。
⑤ 切切林、索洛维约夫和卡韦林也是俄国"国家学派"的重要代表。这个学派形成于 19
　　世纪 50 年代的后半期。参见 B. E. 伊列里茨基、И. A. 库德里亚大采夫:《苏联史学史》
　　(*Источииковедеиие Исторчч СССР*),莫斯科,1961 年,第 287 页。

流的历史学家"。他对巴黎革命工人的爱国行动给予了深厚的同情。格拉诺夫斯基主张走西方的道路,他可以说是西欧派中的元老。切切林(1828—1904)是格拉诺夫斯基的学生,俄国的哲学家,历史学家和社会活动家。俄国黑格尔派哲学和俄国国家学派的重要代表。[1] 他曾撰写过《英国和法国史》,对英国的立宪君主制十分赞赏。他还撰写了多种史学和法权史著作,如《17世纪地方机构史》《俄国法权史的经验》《关于人民代表制度》《俄国农村公社历史发展简编》。[2] 他和卡韦林发表在《俄罗斯之声》上的《致出版者的信》被认为是俄国自由派最早的纲领性文献。切切林可以说是西欧派的理论家。卡韦林(1818—1885)是西欧派的右翼代表。他是俄国的政治家、历史学家和法学家,莫斯科大学和彼得堡大学教授。他的著作极多,其中有影响的有《古代罗斯的法律习惯和观点》《俄国历史简规》《关于俄国历史的思考和论述》等。索洛维约夫是俄国最大的资产阶级史学家,西欧派的重要成员。他的代表作《俄国史》是西欧派历史观的重要论著。西欧派在其形成过程中也创办了不少刊物,如《俄罗斯通报》(1856)、《莫斯科公报》、《圣彼得堡公报》、《彼得堡汇编》等。另外,在《祖国纪事》和《现代人》杂志上也有他们的文章。[3] 在这些刊物中最有影响的是卡特科夫主编的《俄罗斯通报》。[4] 西欧派代表了资产阶级自由派的思想和利益。这一派的参加者大部分是资产阶级知识分子和留学西方的学生。他们深受黑格尔以及西方资产阶级哲学和社会思想家如康德、斯宾塞等人的影响。

---

① 《苏联大百科全书》第9卷,第226页。
② В. Е. 伊列里茨基、И. А. 库德里亚夫采夫:《苏联史学史》,第289页。
③ 《苏联大百科全书》第9卷,第335页。
④ И. Я. 科瓦利琴科:《苏联史料学史》,第298页。

二、斯拉夫派和西欧派的主张和论战

斯拉夫派和西欧派所以形成两个不同的流派,主要是由于两个派别在农奴制度发生危机的条件下,俄国应当走什么道路的问题上产生了分歧。斯拉夫派反对走西方君主立宪制道路,他们拥护君主专制和地主土地所有制,反对唯物主义的世界观,反对革命。西欧派则主张走西欧国家的道路,建立立宪君主制,消灭农奴制度,发展没有国家干预的工商业,通过教育科学影响国家政策,要而言之就是全盘西化。为了论证自己观点的正确性,双方展开了公开论战。两派的意见针锋相对,各不相让。论战涉及的基本问题有:(一) 俄国的发展道路问题,(二) 国家和法权问题,(三) 国家的改革方案和农民问题。

关于俄国的发展道路问题,斯拉夫派认为俄国是一个特殊的国家,自古以来走着特殊的道路。斯拉夫派著名学者和理论家科舍列夫认为,东方和西方不同的主要根源是土地所有制问题。西方自古以来是私人土地所有制,而俄国是公社土地所有制。公社在俄国社会生活中占有重要地位,它是"国民精神"的基础和产物。公社既是保证地主劳动力的重要工具,也是保证"社会的安宁、秩序和稳定"的手段。[①] 科舍列夫的这一理论,成为斯拉夫派关于俄国特殊论的重要基础。1858 年 M. H. 尤林在《关于公社土地占有制的争论》一文中进一步阐述了这一理论的基本思想及其意义,作者认为公社制度使俄国避免了欧洲的革命。他说:"由于对我们全部生活的理解,社会主义的革命特性对我们是没有意义的。我们有自己特殊的和

----

① A. И. 科舍列夫:《关于俄国的公社土地所有制》(*ОЪ Общинном Землевладении В России*),转引自 H. Г. 斯拉德克维奇:《俄国社会思想史纲要》(*Очерки истории ОЪщественном Мысли России*),列宁格勒,1962 年,第 66—67 页。

独立的发展,我们有自己的不可分割的过去和自己固有的独特的历史"。① 俄国特殊论就是斯拉夫派的基本主张。为了说明这一主张,斯拉夫派的代表们开始从历史、宗教、文学以及俄国的艺术中找寻论据。基列耶夫斯基从希腊正教的以色斯宗派中找到了俄国正教与西方天主教会的区别,认为西方教会是唯理论的,经院哲学的,而俄国的正教是神秘论的,直觉的。从而得出"俄国历史是民族的,真正基督教的功绩,不是靠理性而是靠感情来指导和发扬光大的"②。基列耶夫斯基还潜心研究俄罗斯民歌,从古代俄罗斯的民歌发掘"俄国的民族精神",其实这就是忠于正教和专制主义。而霍米雅可夫则在《莫斯科汇编》上发表文章,论述文化的民族性和人民性,反对不加批评地接受外国文化的思想。③

西欧派的代表则站在世界主义或虚无主义的立场上论述俄国的发展道路。格拉诺夫斯基反对斯拉夫派观点,认为他们的观点是沙文主义和种族主义思想。他说将来的历史会成为真正的全世界的历史,因为一切民族都"参加全世界的历史生活"。他批评斯拉夫派把俄国历史与其他各族的历史隔离开来,并且使它永远处于"基础不变"的状态之下。他认为这种理论是极端反动的④。格拉诺夫斯基的上述观点是从黑格尔唯心主义哲学中引申出来的,他把历史看作世界精神的发展。

在争论过程中恰达耶夫的观点也日益明朗。他从宗教观念着手,表述自己全盘西化的思想,他认为如果俄国人都信奉天主教,和西方人有共同的信仰,俄国就不会与其他西方国家隔绝从而克服自

---

① *Атенее*,1858 年,转引自 Н. Г. 斯拉德克维奇:《俄国社会思想史纲要》,第 66 页。
② 高尔基:《俄国文学史》,第 197 页。
③ A. C. 霍米雅可夫:《关于俄罗斯艺术学派的使命》(*О ВоЗможности Русской художественной Щколы*),见《苏联历史文选》第 2 卷,第 672—677 页。
④ 敦尼克、约夫楚克、凯德洛夫、米丁、特拉赫坦贝尔主编:《哲学史》第 2 卷上册,读书·生活·新知三联书店,1962 年,第 291—292 页。

己的落后状态。① 恰达耶夫美化天主教会,认为天主教是历史的进步因素,它曾导致西欧奴隶制的灭亡。② 恰达耶夫由于对自己国家民族的发展缺乏信心,甚至承认"我没有学会闭上眼睛,低着头,咬紧嘴唇来爱自己的祖国"。③

国家和法权问题是斯拉夫派和西欧派论战的另一主要问题。这一问题关系到如何理解国家和法权的实质,如何对待俄国的专制制度,专制制度与人民的关系问题,以及专制君主在未来改革中的作用等问题。斯拉夫派最重要的理论家阿克萨科夫的主张"外部的真理属于国家,内部的真理属于土地;无限的权力属于沙皇,生活和精神的自由属于人民;行动和立法的自由属于沙皇,发表意见和讲话的自由属于人民。"④乍看起来,这一主张既难理解又自相矛盾。要弄清楚它的基本思想应当从阿克萨科夫 1855 年发表的《札记》谈起,这一作品曾引起社会各界的广泛注意,并被认为是斯拉夫派的纲领性文献。⑤ 阿克萨科夫在文章中否认俄国当时存在着尖锐的阶级斗争,他断言俄国完全可以避免革命,因为俄国历史证明人民没有任何反对政府的叛变行为,并且始终不渝地相信不干预政治的生活原则。同时他也告诫政府"要尽快地给予国家以自由精神、思想和见解",防止即将到来的"大灾难"。⑥ 阿克萨科夫反对君主立宪,主张专制君主制。他认为"专制主义不是宗教真理"而是"实际真理",专制主义活动的领域就是国家,"如果专制主义超出了这个界限,侵入了教会和私人的领域,侵犯了人类个人的良心和私人的自由,那么它就变为丑恶现象,变成僭位者、暴君。在俄国,彼得时代

---

① 凯切江、费季金主编:《政治学说史》中册,第 262 页。
② 敦尼克等主编:《哲学史》第 2 卷上册,第 284 页。
③《恰达耶夫著作与通信集》,转引自凯切江、费季金主编:《政治学说史》中册,第 262 页。
④ K. C. 阿克萨科夫:《历史文集》(*Сочнения Исторические*),转引自 B. E. 伊列里茨基、H. A. 库德里亚夫采夫:《苏联史学史》,第 170 页。
⑤ H. Г. 斯拉德克维奇:《俄国社会思想史纲要》,第 138 页。
⑥ H. Г. 斯拉德克维奇:《俄国社会思想史纲要》,第 139 页。

就是这样。""我们无论如何都不愿意回到伊万雷帝和彼得、保罗时代。"①

　　1862 年阿克萨科夫在《白日》上发表文章,提出了所谓土地、国家和社会相互关系的理论。他特别强调"社会"的重要意义。他认为社会是人民在前进中的产物,是人民在自己发展的高级阶段上的表现,社会是不知有等级区别的人的综合,哪里没有"人民整体"哪里就没有社会。英国和法国有社会,而德国和意大利就没有。阿克萨科夫强调社会在国家和人民之间的中介作用,他说,社会站在国家和人民之间,行动是国家的手段,思想是社会的手段,社会是国家和人民不间断联系的中间环节。只有具有活动自由、批评自由和讲话自由的社会才能拯救国家的危难。② 阿克萨科夫把沙皇看作专制国家的核心,他主张拥护"人民的沙皇"。他美化 16、17 世纪的沙皇,认为当时的沙皇是与人民接近的,而缙绅会议是表达民意的机构,当时的沙皇与人民和谐相处。在这一点上许多斯拉夫派人士都有共同的看法,萨马林就是其中的一个。他说,俄国的历史还没有制造代替沙皇的力量,人民把沙皇看作自己的化身,自己外在的榜样。在 1861 年改革后 20 年,萨马林在《罗斯》期刊上发表文章,要求"恢复沙皇与人民的紧密联盟"。萨马林的主张暴露了斯拉夫派右翼的反动本质,这也是在日益高涨的人民运动面前,反动贵族的危机的具体表现。

　　总之,以阿克萨科夫为代表的斯拉夫派,在国家和法权的问题上,既不同于官方的理论也不同于西欧派的主张,他们强调政府与人民的联系,强调研究俄国人民的生活,强调社会和专制政府的协调一致。

---

① Н. Г. 斯拉德克维奇:《俄国社会思想史纲要》,第 123—124 页。
② Н. Г. 斯拉德克维奇:《俄国社会思想史纲要》,第 125—126 页。

西欧派在国家和法权问题上主张,国家是历史的创造者,超阶级的力量,社会发展的动力。西欧派理论家切切林的思想具有代表性,他主张自由主义的政策,强有力的政权。他认为"国家是最高的生活形式,在社会舞台上国家是民族性的最高表现"。[1] 国家是"有组织的人民联盟,把人民的所有共同利益结合一起",在国家中"体现了作为统一整体的人民的自觉和意志"[2]。国家从建立伊始,就使经常的骚动结束了。国家在发展中使等级普遍加强,同时还使各等级为国家服务。在他看来,俄国 15 世纪的国家结构就体现了这种职能。同时国家也有权对等级的解放和社会的变动推出重大举措,例如 1785 年的贵族敕令使俄国的贵族获得了特权,1785 年的城市敕令使俄国的城市获得了自由。[3] 总之"等级的奴役和等级的解放"都由国家来实现,废除农奴制度也应当由国家来推行。关于君主的权力,切切林强调"君主是全民族生活围绕其旋转的不动的中心"[4]。人民乐意将自己的命运委托给他,并且把君主看作自己的保卫者。其实切切林的国家和法权的学说并不是什么新东西,而是黑格尔的国家学说的翻版。国家变成了超阶级的力量,而专制君主由统治阶级的代表变为人民利益的保卫者。这正是俄国资产阶级自由派的典型主张,他客观上美化了沙皇专制政权,抹煞了封建专制的俄国国家机构的阶级本质。

国家改革和农民问题是斯拉夫派和西欧派论战最激烈的问题,但是也正是在这个问题上,他们双方既有分歧也有共同点。

---

[1] Б. Н. 切切林:《俄国法权史的经验》(*Оиыты По Истории русско ирава*);Б. Н. 切切林:《论人民代表制度》,转引自 В. Е. 伊列里茨基、Н. А. 库德里亚夫采夫:《苏联史学史》第 288 页。

[2] Б. Н. 切切林:《俄国法权史的经验》(*Оиыты По Истории русско ирава*);Б. Н. 切切林:《论人民代表制度》,转引自 В. Е. 伊列里茨基、Н. А. 库德里亚夫采夫:《苏联史学史》第 288 页。

[3] Н. Г. 斯拉德克维奇:《俄国社会思想史纲要》,第 216 页。

[4] Н. Г. 斯拉德克维奇:《俄国社会思想史纲要》,第 215 页。

斯拉夫派和西欧派都主张自上而下的改革,改革的道路却不相同。斯拉夫派倾向于按照 16、17 世纪俄国政治制度的模式进行改革。在这方面科舍列夫的主张具有代表性。他在《宪法、专制制度和缙绅会议》一文中明确表示,他反对建立"具有人为的均衡权力的两院制,反对把君主变为王国的玩偶"。[①] 他说,俄国不需要任何宪法和议会。同时他又说:"不是现在,而是随着时间的推移,沙皇看出现在国家需要建立缙绅会议之后,他就会给予俄罗斯国家法律,保证我们拥有人——公民所拥有的,以及在其他国家用斗争和暴力争取的一切权利。"[②] 在 1862 年科舍列夫给切尔卡斯基的信中和上述文章中,具体明确地表示,他主张召开全国性的缙绅会议。他认为不召开全国共同的会议,县和省的机构就没有任何意义。具体的办法是,在会议前要公布宣言,保证人民代表人身不可侵犯性,规定代表有权预先审查所有方案,并将自己的意见提交君主,也就是说只有在君主同意之后代表才能进行活动。缙绅会议的成员由各等级选举产生。科舍列夫的方案采用缙绅会议这一名称并非偶然。缙绅会议是 16、17 世纪俄国的等级议会,会议主要成员是中小贵族和特权市民,代表由各等级选举产生,沙皇也可以指派部分成员。科舍列夫的缙绅会议虽然也增加了某些新的内容,但其基本精神和等级会议是一致的,在这里沙皇仍然占主导地位,会议的召开与否由沙皇决定。

关于农民问题,斯拉夫派中无论是早期和晚期右翼的代表们都主张废除农奴制度,但要保障地主阶级的利益。1858 年萨马林在《农村的公用事业》一文中表达了对废除农奴制和如何对待被解放

① А. И. 科舍列夫:《宪法、专制制度和缙绅会议》(Конституция, Самодержавие И Земская Дума),转引自 Н. Г. 斯拉德克维奇:《俄国社会思想史纲要》,第 129 页。

② А. И. 科舍列夫:《俄国的出路何在》(Какон Исход Для Из Ньнешнецсо иоложения),转引自《俄国社会思想史纲要》,第 199 页。

了的农民的看法。他说俄国存在着两种对立的权利"即农民对土地的占有权和地主对土地的所有权",农民并不贪求地主的所有权,只不过是申诉赋税负担的沉重。所以双方的矛盾并不涉及地主所有制原则本身。同时,地主也并没有把农民看作庄园的寄居者,农民留居权决定于地主的意志。[①] 这就是说农民和地主的矛盾还没有尖锐到要废除地主土地所有制的地步,所以没有改变所有权的必要。接着他提出了改革计划。他主张农民的解放不是无条件的,农民必须以赎买的形式获得自己的人身自由。同时他认为,解放没有土地的农民,对民族来说是破坏性的措施,对国家来说是极其危险的。因此农民解放以后,地主仍然有权处罚他们,甚至主张公社法庭也有权对农民施以鞭挞。在废除农奴制的同时,还保留地主阶级对农民的体罚权利,这是后期斯拉夫派许多人的主张。可见他们的改革计划都是以维护地主的特权为宗旨的。

西欧派也主张由上而下进行改革,但反对斯拉夫派退回 17 世纪去找寻俄国的出路。他们主张走全盘西化的道路。格拉诺夫斯基就幻想通过自上而下的改革,建立一个没有任何矛盾的体现法国资产阶级理想的资本主义社会。更多的西欧主义者主张君主立宪制。索洛维约夫就是持这种观点的代表人物之一。在他的论著《俄国史》中,高度评价了彼得大帝的改革,他称彼得大帝是"人民的沙皇""明智的君主""伟大的治国之才"。而把彼得的改革说成是"人民的事业",反映了人民的利益等等。索洛维约夫所以高度评价彼得,就是为了说明当代俄国的改革应走彼得大帝采纳的西方道路。西欧派也研究旧时的缙绅会议,但不同意斯拉夫派美化缙绅会议的观点,而是给予它符合现代精神的解释,认为缙绅会议可以说是当

[①] Н. Г. 斯拉德克维奇:《俄国社会思想史纲要》,第 50 页。

代代议机构的第一阶段,并从中寻找经验。① 格拉多夫斯基所写的
《18世纪俄国的高级行政机构和总检察长》一书,就是要为改革提供
历史根据。② 这本书中所谈的政府机构及其职能都是彼得大帝和他
的继承者们学习西方模式的产物。

在废除农奴制的问题上,西欧派的态度比较坚决,因为农奴制
度阻碍了俄国资本主义发展。但是他们同斯拉夫派一样,也主张农
民要为自己的解放付出代价,并保留地主土地所有制。1855年卡韦
林在《关于农民解放的报告》中,提出了用调和手段解放农民的方
案,他说"既不得罪地主也不得罪农民",和平顺利地进行改革,绝不
允许蓄意侵犯地主的土地所有权。同时改革要依靠沙皇政府进行,
因为沙皇是地主和农民之间的仲裁者,通过沙皇的仲裁,可以避免
"没有意义的竞争",保证在很多世纪中俄国能够平静和平地发展③。
卡韦林也主张保存古老的公社制度。他认为公社是预防阶级冲突、
避免无政府状态和反对社会主义的真正手段。同时公社还可以作
为地主土地所有制的补充,保证地主的劳动人手。卡韦林主张地主
私人土地所有制和公社土地所有制同时并存,目的是保持两种土地
所有制的均势状态。他说:"我反对单个的个人所有制作为一种土
地占有的特殊形式,但我不反对它的原则,同时我希望以与其并列
的公社土地占有制作为其补充,作为对抗竞争的平衡锤。"④在这一
点上卡韦林与斯拉夫派的观点并没有什么原则区别,而在其他许多
方面则是完全一致的。

---

① B. E. 伊列里茨基、H. A. 库德里亚夫采夫:《苏联史学史》,第302页。
② B. E. 伊列里茨基、H. A. 库德里亚夫采夫:《苏联史学史》,第302页。
③ H. Γ. 斯拉德克维奇:《俄国社会思想史纲要》,第36—37页。
④ H. Γ. 斯拉德克维奇:《俄国社会思想史纲要》,第71—72页。

三、对斯拉夫派和西欧派争论的评议和思考

毫无疑问，从根本上说，斯拉夫派和西欧派都代表俄国贵族资产阶级的利益，是当时俄国上层社会的观点。无论是斯拉夫派回到17世纪，还是西欧派的全盘西化的观点，都是旨在保存俄国的封建制度和沙皇的至高权力。两派也都主张依靠沙皇进行某种程度的自我改革，而且在形式上又往往表现为宗教、历史、文学和政治学方面的学派之争。因此这场争论很容易被认为是两个反动派别，或者向好的方面说也不过是两个保守的或者温和的派别之争，被认为是两种无足轻重的学说派别之争。所以这场争论往往被人们所忽视。尽管这两个派别在历史上显得无足轻重，但他们所争论的问题和他们所代表的趋势颇为重要，绝对不能忽视。在俄国封建制度濒于崩溃的时候应当走什么道路？这个问题并没有很好解决。从俄国后来所走的道路来看也是十分曲折迂回的。这中间有许多历史经验需要认真研究和总结。在经过将近一个世纪的社会主义革命和社会主义建设之后，特别是今天的俄国又面临向何处去的时候，重新研究那个时期的各种主张，特别是那些曾经长期被忽略的主张，显然是很有意义的。

诚然，就我们的观点来看，斯拉夫派和西欧派的确存在许多根本性的问题和弱点。归纳起来起码有下面三个方面：

第一，在由谁来领导改革这个问题上，两派的观点都是彻底错误的甚至是反动的。尽管他们一方面趋向17世纪的缙绅会议，一方面倾向西欧的君主立宪制，却一致主张由沙皇本人来领导这场改革。而当时的沙皇却是顽固反对改革的专制者，即便是小小的让步也只能在人民群众的强大压力下才能作出。把改革的希望寄托于沙皇，必然是要遭到破灭的。

第二,害怕真正推动历史发展的人民群众。两派的改革设计都不是从人民的利益出发,而是竭力撇开人民,西欧派主张英雄造时势,强调超阶级的国家权力。斯拉夫派虽然高喊与人民联系,但他们所主张的人民也不过是贵族和上层资产阶级而已。失去了人民的支持,在封建专制的俄国,就等于失去了迫使沙皇进行改革的力量源泉。单凭两派进行说教,是不可能取得任何成果的。

第三,两派都反对采取有效的激烈的斗争形式,对革命运动更是谈虎色变。当然,能实现和平改革是件好事,但在沙皇专制制度下的俄国是根本不可能的。1861年农奴制改革就是在农民起义推动下才得以实现的,1861年以后的各项资产阶级改革也是农民起义的结果。仅在1861年一年内农民骚动就达1800多起,①这些起义迫使沙皇"主动"地自上而下进行改革。这一点沙皇亚历山大二世最清楚,他在莫斯科对贵族的讲话可作证明:与其等待农民"自下而上地"自己解放自己,倒不如"自上而下地"解放他们为妙。②

但是,我们决不能因为两派存在根本错误而不去加以研究。笔者认为这场争论的最重要意义就在于它表明,俄国的发展道路全盘西化不行,回到17世纪,复古倒退也不行。两个派别的主张都是片面的,各持一端的。但同时又都有自己在学术上、思想上的贡献。

毫无疑问,任何国家的发展首先要依靠自己的力量。单纯依靠外援和照搬外国模式是不能解决任何问题的。斯拉夫派看到这一点,主张从俄国内部寻找改革的力量和模式。这个方面无可非议。正是由于这个原因,斯拉夫派的学者在发掘自己的民族遗产和传统方面作了一些有益的工作。例如,斯拉夫派的文学家,为发展俄国文学,发扬俄罗斯民族传统和维护俄罗斯自尊方面作了大量工作。

---

① 诺索夫主编:《苏联简史》第一卷下册,第339页。
② 诺索夫主编:《苏联简史》第一卷下册,第330页。

高尔基在《俄国文学史》中曾经指出,斯拉夫派在"人文学本身范围内确实存在过不少贡献,并推动了对俄罗斯的进一步研究"。他在该书的"民粹派"一章中,在评价"爱民派美文学"的时候肯定了斯拉夫派在收集资料,发展俄国文学方面的贡献。高尔基还引用庇宁的话,肯定了斯拉夫派在恢复俄罗斯民族的自尊自信,"恢复与民一致,给生活以真实方向,完成民族的天职"方面所做的贡献。然而,斯拉夫派走向了自己的极端,主张排外,对西欧国家的先进经验不屑一顾。其结果是故步自封,不得不从过去的传统中寻找救世良药,而且不分精华和糟粕一律吸取。在国际关系上同泛斯拉夫主义纠结在一起,终于陷入了极端民族主义的泥潭。

西欧派也是有贡献的。他们看到了西欧国家的成就和政治制度、经济发展方面的先进事物,主张向西欧国家学习,走他们的革新的道路。在这种思想支配下,俄国的学者采用了西欧国家的某些成功的研究方法。对某些学科的发展作出了贡献,例如,西欧派的历史学家索洛维约夫和格拉诺夫斯基等人就采用科学研究的方法研究大量的档案材料,写出了有科学价值的著作多种,对俄国 17、18世纪史学的发展起了推动作用。然而西欧派的根本错误在于主张全盘西化,完全否定了本民族文化的特性,其结果使人们丧失民族自尊,屈从于外国文化的影响,把俄罗斯民族的命运寄托于外国模式上,这显然也是没有出路的。

从历史上看,任何成功的改革都必须立足于本民族的努力,同时吸收外国的成功经验。片面强调某一方面,必然会走向歧途,而使改革归于失败。西欧派和斯拉夫派的争论从反面说明了这个问题,但愿人们能够从中吸取有益的教训。

东正教与 17 世纪以前的罗斯文化

东正教是拜占庭帝国的国教,后来传入古罗斯,15 世纪成为俄罗斯的国教,对俄国的社会、政治、经济和文化产生了深刻的影响,本文仅就 17 世纪以前东正教与罗斯文化的关系谈一些看法,但愿对读者了解罗斯文化有些帮助。

一、东正教与古罗斯官方政治思想的发展

在中世纪欧洲封建国家中,宗教的势力极为强大,同世俗王权互相利用又互相斗争。但是在树立神权和封建王权统治以压制人民这一点上,双方的步调都是一致的。东正教拥有维护奴隶主阶级和封建主阶级的丰富经验,而且来自中央集权的拜占庭帝国。这对于渴望兼并、统一和建立中央集权的古罗斯统治者无疑是一个强有力的精神支柱。在接受东正教以前,东斯拉夫人信仰原始多神教。雷神佩伦、太阳神斯瓦罗格、女神莫科希、畜牧神维列等自然神是他们的主要神祇。① 但是这种多神教只适合于氏族制度,不适合阶级社会。基辅大公弗拉基米尔曾将六尊氏族神改变为国家宗教,但未

---

① 参见谢·亚·托卡列夫:《世界各民族历史上的宗教》,魏庆征译,中国社会科学出版社,1985 年,第 223—224 页。

取得显著效果。他乃于公元988年命令全基辅市民在第聂伯河接受基督教洗礼,并把东正教作为国教在全境推广。

11世纪,在基辅大公雅罗斯拉夫统治时期(1016—1054),东正教在古罗斯的教阶体系最后确立。在基辅、诺夫哥罗德、契尔尼可夫、罗斯托夫等地都设立了主教区,基辅教区的首脑称都主教,诺夫哥罗德教区称大主教,其下各教区的首脑称为主教。各教区均有司祭、助祭等神职人员。东正教还拥有自己的法庭和法律、自己的审判官,俨然是国中之国。此后,它在古罗斯的政治生活中起着越来越大的作用,影响着官方政治思想的形成和发展。其影响大体集中在四个方面。

第一,主张国家和宗教独立,摆脱拜占庭的控制。这种思想的产生可以追溯到11世纪。当时基辅罗斯日益昌盛繁荣,而拜占庭帝国则由于外族的入侵而严重削弱。基辅的第一任都主教伊拉里昂首次提出了同君士坦丁堡抗衡的思想。在1037—1050年间,他完成了《论法律与神恩》一书。这是集中反映古罗斯官方政治思想的第一部重要论著。伊拉里昂突出了古罗斯王公的历史作用,否认拜占庭的影响。他认为:"罗斯接受基督教不能归功于拜占庭,弗拉基米尔接受基督教是完全自觉的行动,他独立地追求基督,没有谁来引导他,没有谁来教导他。"[1]他还竭力歌颂基辅大公弗拉基米尔和雅罗斯拉夫的功绩,认为他们可与拜占庭皇帝君士坦丁大帝相抗衡。他说:"按理智、按对上帝的爱,以及同神职人员的关系,弗拉基米尔与君士坦丁大帝是同样的,他们的优点、作用和功绩也是同等的。"[2]伊拉里昂的理论为以后罗斯摆脱拜占庭的控制,自立于欧洲强国之林提供了思想依据,因而深受罗斯大公的青睐。苏联史学家

---

[1] N. Y. 布多夫尼茨:《古罗斯的社会政治思想(11—14世纪)》(*Общественно-политическаяМосльДревнейруси*),莫斯科,1960年,第67页。

[2] N. Y. 布多夫尼茨:《古罗斯的社会政治思想(11—14世纪)》,第67页。

把他称为"早期君主制的思想家"。①

国家独立和教会独立的思想在 15 世纪上半期达到了高潮。俄罗斯正教会公开否认 1439 年宣布东西教会合并的佛罗伦萨协议，并自行选举都主教。其后，1589 年当选的莫斯科都主教和全俄牧首约夫终于宣布脱离君士坦丁堡的管辖，实现了教会自立。

第二，提倡忍耐、服从，以维护封建社会的秩序和稳定，从宗教的角度规定了封建社会的道德规范。这种主张在 11—13 世纪，社会动荡不安，外族入侵，农民起义频仍的情况下尤其受到统治者的欢迎，很快就变成了官方的思想武器。基辅大公斯维雅托斯拉夫特意委托伯朝拉修道院僧侣编辑《1076 年汇编》。这是一部内容十分广泛的古罗斯正统政治思想和道德规范大全。之所以委托伯朝拉修道院编写这一汇编，决不是偶然的。伯朝拉修道院是罗斯最古老的修道院，那里有很大的图书馆和丰富的藏书，僧侣们有长期修史和编写教训的经验。基辅大公在节日庆典和重大时刻都要到那里同都主教和高级僧侣共商国内外大事。可见伯朝拉不仅是当时的政治文化中心，而且也是罗斯国家的思想库。《汇编》最迫切的任务是从思想上安抚起义的人民。它竭力宣传财富就是罪恶的思想，认为财富是妨碍人们进入天国的祸根，劝诫下层人民不要"企求财富"，应当温和、忍耐、恭顺和爱好和平，不要因为自己处境不好而指责别人，要做到"不指责任何人，不受任何人影响，听话和无止境的劳动"②。《汇编》为了缓和社会矛盾，同时也规劝王公和富绅要善待农奴，在聚敛财富时要注意周围的社会反响和民众的情绪。《汇编》还要求上层人物谦虚、爱人、具有善心，乐于向穷人施舍。③《汇编》

---

① Б. Д. 格列科夫：《苏联史纲（9—15 世纪）》（*Очерки историиссср*），莫斯科，1953 年，第218 页。
② N. Y. 布多夫尼茨：《古罗斯的社会政治思想（11—14 世纪）》，第 117 页。
③ N. Y. 布多夫尼茨：《古罗斯的社会政治思想（11—14 世纪）》，第 119 页。

还论述了贵族、教会和大公政权的关系。它要求贵族顺从神意,向主教下跪膜拜,尊重和服从教会和修道院,满足僧侣的要求,同时要求贵族尊重大公的权力,否则就是不尊重神灵,就会受到上帝的惩罚。[①] 总起来看,《汇编》所涉及的内容都是罗斯封建社会的道德规范问题。其目的在于调和统治阶级内部的纠纷,以及统治者与被统治者之间的矛盾。《汇编》很快成为统治者手中的重要思想武器。

第三,提出了第三罗马的理论,以提高莫斯科公国的国际地位。这一理论的最早提出者是总主教佐西玛,他在 1492 年称呼伊凡三世为"君士坦丁的新沙皇",莫斯科是"新的君士坦丁堡"[②]。16 世纪初普斯科夫的叶利阿扎罗夫修道院院长费洛菲把这一思想具体化,使第三罗马的理论更为完备。他于 1510—1511 年向莫斯科大公瓦西里·伊凡诺维奇上书,阐明了这一理论的核心内容。[③] 他认为,人类的命运受"神的意志"的主宰。人类的全部历史就是三个世界王国的历史,三个被上帝选中的民族依次领导三个王国。前两个王国——旧罗马和新罗马(君士坦丁堡)——已经由于背叛正教而相继衰落。在第二王国衰落之后,保存正教传统的唯一国家就是俄罗斯帝国。莫斯科是第三个,也是最后一个世界王国——第三罗马。他还强调指出:"两个罗马已经倒下,第三个罗马巍然屹立,而第四个罗马是不会有的。"费洛菲的第三罗马理论的主导思想有三个:第一是提高莫斯科大公国在罗斯各公国中的地位,使之成为统领各国的核心;第二是提高莫斯科大公的国际地位,使之成为整个正教世界的新中心,以达到"整个基督教王国将合二而一"的目的,而罗斯

① N. Y. 布多夫尼茨:《古罗斯的社会政治思想(11—14 世纪)》,第 121 页。
② 参见 A. M. 萨姆索诺夫:《俄罗斯的反封建人民起义和教会》(Антифеодеодльные Народные Воссатения В россиии церковь),莫斯科,1955 年,第 26 页。
③ H. H. 马斯良尼科夫:《普斯科夫合并于俄罗斯中央集权国家》(Присоедешениепсковакрусскомуцентрализованному государству),列宁格勒,1955 年,第 156 页。

国家也将拥有世界霸权;第三是树立俄国东正教会的无上权威,使之居于全世界东正教会之首。

第三罗马理论提出的时候正是罗斯基本上结束了封建战争,摆脱了蒙古人的统治,逐步形成以莫斯科为中心的统一国家的时期,也是拜占庭帝国灭亡,罗斯与周边国家恢复外交关系,国际地位日益提高的时期。这一理论完全迎合了罗斯统治者的需要,因而备受青睐,并很快成为官方的思想武器。

第四,提出王权神授论,使俄罗斯沙皇享有绝对的统治权。这一理论的倡导者是东正教的沃洛尼科拉修道院院长约瑟夫·萨宁。萨宁在其论著中指出,沙皇的权力是神授的,上帝选定沙皇作为自己在人间的总管,"沙皇按其本性来说是和所有普通人一样的,但按其权力来说却是和至高无上的神一样的"。[①] 他要求王公贵族服从"神的托管者——莫斯科大公",并进一步论证了沙皇对其臣民权力的无限性。不过,萨宁只是要求世俗封建主和人民大众服从王权,而主张教权高于世俗王权。直到 1505 年宗教会议上萨宁才转而支持王权至上。

综上所述,不难看出,从 11 世纪到 16 世纪,在俄国官方政治思想发展中,东正教的高级僧侣们起过极为重要的作用。他们所提供的独立国家的理论,对人民大众的怀柔政策和统治权术,第三罗马的理论以及君权神授说,都深刻地影响了俄国政治文化观念的发展。

二、东正教与罗斯的史学和文学

在封建社会初期,古罗斯的史学和文学还处于萌芽状态,只有口头文学和口头史学。在东斯拉夫各部落中识字的人有如凤毛麟角。掌握知识的人几乎都是教会僧侣。他们把当时高度发达的拜

---

① 凯切江、费季金主编:《政治学说史》,1959 年,第 183 页。

占庭文化介绍给古罗斯人民。他们创办了初级学校,翻译和创作了大批文学、史学作品,对古罗斯的文化起到了启蒙的作用。

在古罗斯,大部分编年史出自修道院僧侣之手。著名的伯朝拉修道院就是古罗斯的第一个编年史中心。古罗斯的第一部重要的编年史——《往年纪事》也是伯朝拉修道院的僧侣涅斯托尔编纂的。

公元 12 世纪以后,基辅罗斯分裂,古罗斯各公国割据一方,并开始编写自己的历史。在 12、13 世纪,罗斯最大的编年史中心在大诺夫哥罗德。那里的主教宫廷和某些修道院,特别是尤里耶夫修道院,是最重要的修史机构,许多重要的编年史都出自这些机构。[①] 15世纪以前,著名的《诺夫哥罗德第四编年史》《诺夫哥罗德第五编年史》《索菲亚第一编年史》等都出自诺夫哥罗德东正教僧侣之手。不过,这时的编年史仍然带有浓厚的地 方色彩,主要反映罗斯人民与德国、瑞典入侵者的斗争、当地封建主与市民阶级的矛盾和城市的经济状况。[②]

14 和 15 世纪,莫斯科成为全罗斯的编年史中心。这里的修史工作集中在主教宫廷、特洛伊-谢尔盖也夫修道院、吉利-别洛泽尔修道院、罗莫捷斯蒂文斯基修道院等宗教团体手中。在所编写的史书中有著名的特洛伊茨编年史、尼卡诺罗夫编年史等。这些史书不仅反映莫斯科本地,而且也反映了莫斯科以外地区的历史,已经具有了全俄性质。例如,《圣三一编年史》就取材于普斯科夫、斯摩棱斯克、特维尔、罗斯托夫等地,因而包括了上述地区的重大历史事件的内容。这部完成于 1408 年的史书可能是第一部全俄性质的编年史。

总之,15 世纪以前史书的编写中心都是东正教会及其所属修道

---

① M. H. 季霍米罗夫:《苏联历史的史料学》第 1 卷,莫斯科,1962 年,第 51 页。
② M. H. 季霍米罗夫:《苏联历史的史料学》第 1 卷,第 178 页。

院。史书的作者主要是僧侣和教会人士。从史书的内容看,也有浓厚的宗教色彩,除重大历史事件外,偏重于记载教会的事务,如教堂建设、主教的升迁和死亡,教会的奇迹等。直到15世纪以后才有世俗官员和学者参加史书的编写工作,结束了东正教垄断修史的局面。但其影响仍然是十分巨大的。例如,16世纪的两部重要编年史:《沃斯克列先斯克编年史》《尼科诺夫斯克编年史》,是分别由莫斯科的沃斯克列先斯克-新耶路撒冷修道院和尼康主教宫廷编写的。① 前一部书带有半官方性质,是研究瓦西里三世到伊凡四世时期的重要历史文献。后一部书则谈到了罗马与罗马教廷的关系,还收进了大量的民间诗歌和故事传说。② 此外,16世纪由主教马卡里主编的沙皇谱系也是一部重要的历史文献。该书记载了从奥列格到伊凡雷帝17代大公和同代总主教的历史,共分为17部分。这部书对以后俄国的史学和教会斯拉夫文学作品都有深刻的影响。

教会人士和修道院僧侣在古罗斯文学发展中也起过重要作用。起初,除民间的口头文学外,教会人士所创作的作品占有重要地位。在早期的文学家中首推修道院高僧涅斯托尔。其代表作有《保利斯和格利布读本》以及《菲奥多西传记》。传记描述了修道院的生活习惯、基辅的市场剪影、波雅尔的宫廷、商队和地主的生活,修道院与诸侯的关系,修道院在社会中的作用等。③《菲奥多西传记》内容丰富,文笔生动,是一部十分有趣的文学作品。后来被编入《圣僧传》中。

第二本重要的文学作品是《基辅伯朝拉圣僧传》(即《圣僧传》。此书包含13世纪20年代苏兹达尔和弗拉基米尔主教西蒙·弗拉基米尔斯基给伯朝拉修道士帕利卡尔谱,以及后者给伯朝拉修道院长

---

① M. H. 季霍米罗夫:《苏联历史的史料学》,第273页。
② M. H. 季霍米罗夫:《苏联历史的史料学》,第255页。
③ Б. Д. 格列科夫:《苏联史纲(9—15世纪)》,第221、437页。

阿金金的书信。其内容以 11 位圣僧的事迹为主线,涉及建立伯朝拉修道院和修建圣母升天教堂的许多故事。[①] 这本书文笔流畅,语言生动,描写细腻,堪称佳作,同时还颇有史料价值。除此以外,由马卡利总主教主编的《殉教列传》(《俄罗斯圣徒列传》)也是 17 世纪文学代表作之一,不过更具有官方文学的色彩。

在古罗斯文学作品中,许多游记也都出自教会人士之手。例如,契尔尼科夫侯国的一个修道院长丹尼尔的《丹尼尔游记》、诺夫哥罗德大主教《安东尼游记》和苏兹达尔修士西梅翁的《旅行札记》在当时都颇负盛名。《丹尼尔游记》记述了第一次十字军东侵后耶路撒冷国王盛情接待作者和作者出席耶路撒冷教堂复活节庆典的盛况,也描述了作者在巴勒斯坦的所见所闻。[②]《安东尼游记》记述了作者就任大主教以前游历君士坦丁堡的情况,重点介绍了十字军占领前那里的教会、历史遗迹和圣物的情况。[③] 西梅翁的《旅行札记》则记述了 1439 年罗斯代表团参加佛罗伦萨基督代表大会期间所到过的吕贝克、吕纳堡、奥格斯堡、纽伦堡、佛罗伦萨、威尼斯等城市的情况。[④] 这对于了解 15 世纪德国和意大利的风土人情、经济生活极有帮助。

教会文学家所创作的故事诗歌也不胜枚举。最著名的有梁赞神父索福尼的《顿河之滨》和《马麦大血战故事》。《顿河之滨》以反对鞑靼人的压迫为主题,歌颂为祖国独立而战的阵亡将士的勇敢无畏的精神。这部作品借用了民歌、民谣,具有《伊戈尔远征记》的许多特点。《马麦大血战记》是以真实的历史事实为题材的文学作品,描述了战前的酝酿、军队的集结和库利科沃的战斗等具体过程,对

---

① Б. Д. 格列科夫:《苏联史纲(9—15 世纪)》,第 221、437 页。
② 参见 M. H. 季霍米罗夫:《苏联历史的史料学》,第 127—128 页。
③ M. H. 季霍米罗夫:《苏联历史的史料学》,第 127—128 页。
④ 参见 В. В. 马夫罗金:《俄罗斯统一国家的形成》,商务印书馆,1991 年,第 343 页。

于了解 14 世纪俄国历史有重要参考价值。

在戏剧方面,教会人士也起过重要作用。罗斯的宗教剧就是由东正教会的僧侣引进的。1437 年俄国主教阿甫拉阿米曾伴送希腊大主教依希托尔到意大利的佛罗伦萨参加宗教会议。当时正值西方宗教剧流行。他曾看过当地演出的宗教剧,并对演出的场面、服装布景、表演情况作了详细记录,并在回国后向教会介绍。此后宗教剧开始在罗斯上演。其中比较著名的有炉刑、献花、骑驴仪式等宗教剧。①

直至 17 世纪,俄罗斯才有了自己的戏剧作品,其中主要代表作品是东正教僧侣西梅昂·波洛茨基的《浪子回头金不换》和《尼布甲尼撒王》。《浪》剧以反对盲目崇拜外国文化的主题尤其受到观众的欢迎。

在保存、收藏文献资料和翻译外国文学作品方面,一些著名的修道院曾经起过十分重要的作用。伯朝拉修道院、诺夫哥罗德索菲亚大教堂、莫斯科谢尔吉圣三一修道院、基里尔-别洛泽尔修道院和索洛维茨基修道院都曾经是文献资料中心。其中的神职人员为收藏图书付出了辛勤的劳动,不少人贡献了自己毕生的精力。例如,索洛维茨基修道院的藏书室的基础就是由于修士多西费的不懈努力才得以奠定的。

在罗斯还没有印刷技术的时代,修士们的主要工作就是抄书。这是一项枯燥而又繁重的工作。他们默默无闻地为传统文化付出了辛勤的劳动。但也有少数的修士由于抄书而闻名遐迩。例如谢尔吉、拉多日斯基、基里尔·别洛泽尔斯基、斯特凡·佩尔姆斯基、约瑟夫·沃洛茨基等人都享有一时的盛誉。谢尔吉圣三一修道院

---

① 王爱民、任何:《俄国戏剧史》,中国戏剧出版社,1984 年,第 18—19 页。

也以"抄书"闻名于世。① 有不少修士除抄书外还从事翻译工作。他们翻译的作品有《圣经》、使徒传、布道讲话、神学论著，甚至还有医学、自然科学书籍。

所有这一切对罗斯文学和科学的发展都曾经起过重要的作用。

三、东正教与罗斯艺术

在古罗斯，教堂建筑是一种综合性的艺术。雕刻和绘画艺术都是作为必需的装饰而同教堂建筑融为一体。从这个意义上说，东正教对罗斯艺术的影响是全面而又深刻的，表现在如下几个方面。

第一，罗斯的宗教建筑是随着东正教的传入和发展而兴盛起来的，并且带动了建筑艺术的发展。10 世纪初，在伊戈尔大公统治时代就已经出现了宗教建筑，伊戈尔教堂就是那个时代建成的。在罗斯接受基督教后，在基辅和其他重要城市出现了一个建筑教堂的高潮。根据编年史家季特马尔·弗拉基米尔·梅尔泽布尔格斯基的记载，仅在基辅一地就有 400 座教堂。② 尽管这个数字可能有所夸大，但毕竟反映了教堂建筑的繁荣景象。当时，最著名的教堂有什一教堂、契尔及柯夫的斯帕斯基教堂，诺夫哥罗德的索菲亚教堂和波洛茨克的索菲亚教堂等。这些教堂主要是按照拜占庭的风格建筑起来的，外表朴实，但内部装饰华丽。

公元 12 到 14 世纪，随着罗斯各公国势力的加强，各地的主要城市都在加紧兴建教堂和修道院，出现了不少规模宏大的教堂建筑。其中著名的有基辅的基里洛夫斯基修道院教堂、伯朝拉修道院圣母升天教堂、契尔尼可夫的皮亚特尼茨基修道院教堂、弗拉基米尔的

---

① 参见 B. B. 马夫罗金:《俄罗斯统一国家的形成》,第 351 页。
② 参见 Б. Д. 格列科夫:《苏联史纲(9—15 世纪)》,第 229—236 页。

乌斯赛斯基教堂和季米特里教堂、诺夫哥罗德的尤里也夫修道院的格奥尔吉耶夫斯基教堂,斯帕卡-涅列季查教堂、普斯科夫的斯帕卡-米罗热斯基修道院教堂等。不过,这一时期的建筑风格已经不是简单地模仿拜占庭,而是具有各自的地方特色。例如,以基辅的继承者自居的弗拉基米尔和苏兹达尔公国首都弗拉基米尔城又是都主教的驻节地,其教堂高大雄伟,多以白石作材料,外部有众多的雕饰。而诺夫哥罗德和普斯科夫的教堂则以外形新颖、朴素和浓烈的地方色彩著称,其规模较小。① 公元 15 到 16 世纪,俄罗斯国家从分裂走向统一。莫斯科成为全俄的政治、文化、宗教中心。东正教总主教的驻地由弗拉基米尔迁往莫斯科。1589 年,莫斯科主教约夫被选为全俄牧首,俄国东正教宣布独立自主,同君士坦丁堡牧首分庭抗礼。于是,在莫斯科大兴土木,世俗王公和东正教的建筑都得到迅速发展。克里姆林宫就是这两种建筑的完满结合。它有宫殿、教堂、钟楼和宫墙,是一个规模宏大的建筑群。其中主要的教堂有圣母升天教堂(1475—1479)、报喜堂(1485—1489)、天使长教堂(1506—1508)。此外,1532 年建成的科洛缅斯科耶村的圣母升天幕式教堂、1560 年建成的瓦西里·布拉仁教堂、谢尔吉圣三一修道院圣母升天教堂和安德罗尼克修道院也都颇负盛名。

这一时期罗斯的教堂建筑有显著的变化。它不仅吸取了拜占庭建筑的优点,而且继承和发展了古罗斯建筑的特点,形成了自己的民族风格。幕式和多圆顶式就是这一风格的特征。最具有代表性的建筑就是瓦西里·布拉仁教堂和科洛缅斯科耶村的圣母升天教堂。前者是多圆顶式的代表,后者是幕式的代表。此外,克里姆林宫的圣母升天教堂也是以弗拉基米尔的五个圆顶的圣母升天教堂为原型。战盔式圆顶,狭长的窗户和白色的石头建筑都是这种建

---

① 参见 Б. Д. 格列科夫:《苏联史纲(9—15 世纪)》,第 430 页。

筑的特点。[①]

第二,东正教的神秘主义的世界观和美学思想影响了古罗斯建筑、绘画和雕刻艺术的风格。按照东正教的观点,"宇宙被描绘成一个覆盖于苍穹之下的六角形"。[②] 依照这一设想,拜占庭的教堂都采用十字平面结构。即用十字把建筑的平面划分为几个正方形,每个正方形上面覆盖一个穹隆顶。罗斯的十字圆顶建筑开始完全仿照拜占庭,后来由于罗斯工匠不断吸收民间建筑的风格,逐渐形成了俄国式的十字圆顶建筑,或称战盔式建筑。

东正教还主张两个王国的说法,即世俗王国和天上王国,认为:"天国是我们的家园""人生的目的就是设法走向这家园"。[③] 教堂是天国的象征,所以"信徒走进教堂宛如进入了天堂"。[④] 在这一思想指导下,东正教的教堂都装饰得美轮美奂,给人以一种身入天国的感觉。大部分教堂都有马赛克镶嵌画和壁画装饰。基辅的圣索菲亚教堂就在中央圆镶顶上以金色作背景,用马赛克镶嵌出耶稣的巨型画像,从天上俯看人间。下层和两侧的圆穹下面有圣母、圣子、使徒、主教的镶嵌画像。在唱诗台上还绘有大公雅罗斯拉夫全家人的壁画。整个教堂五光十色,充分展现了天国的绚丽多彩。大约在 14 到 17 世纪,马赛克镶嵌画逐步被大型壁画所取代。这种壁画覆盖了教堂的所有墙壁。教堂的顶部、巨型石柱和窗台也都用绘画装饰起来,形成了华丽而又肃穆的氛围。[⑤]

第三,通过艺术来显示神权和王权。这在教堂的绘画上表现得特别明显。在东正教的神学家看来,"绘画不仅是用来拜祭上帝的,

---

① A. M. 瓦斯涅佐娃:《莫斯科的建筑和艺术创作》[*Москва（втверцество）*],莫斯科工人出版社,1986 年,第 145 页。
② 沃拉德斯拉维·塔立科维奇:《中世纪美学》,中国社会科学出版社,1991 年,第 40 页。
③ 参见沃拉德斯拉维·塔立科维奇:《中世纪美学》,第 43—46 页。
④ 沃拉德斯拉维·塔立科维奇:《中世纪美学》,第 43—46 页。
⑤ B. H. 拉扎列夫等:《古代罗斯的艺术》(*Д Ре Вне-Русское искусство*),莫斯科,1964 年,第 92—95、99 页。

而且也是用来显示上帝和信徒的。它只采用一种形式——基督教圣徒的偶像（icon）或影像（image）、肖像（likeness），因为上帝本人就是具体表现为人的形态"。① 在相当长一段时间内，教堂绘画的题材只局限于耶稣、圣母、使徒、神职人员、大公和诸侯。而且这些画像都是静止状态的，眼睛很大，身体被拉长，再配以金色的背景，给人一种超自然、超现实的感觉，令人肃然起敬。这时的绘画表现的不是肉体，而是灵魂，不是世俗的人，而是天国的圣徒。正如一位东正教神学家所说："好的画家只画灵魂不绘肉体。"② 从 14 世纪到 17 世纪，罗斯教堂绘画艺术不断发生变化。绘画从静态走向动态，不单是只表现单个和几个圣徒，而是表现更大的群体和故事情节，现实性和世俗性都有所加强。克里姆林宫报喜堂的壁画就表现了莫斯科政权继君士坦丁堡之后成为第三罗马的思想，具有强烈的世俗性。另外，16 世纪的一幅名画《战斗的教会》，画面上是一队战士向天上耶路撒冷行进，实际上却是在表现伊凡雷帝攻克喀山的历史事件，为强大的王权造舆论。③

应当承认，东正教对古罗斯的文化艺术确实产生过种种影响。但是，罗斯文化艺术的真正创造者，还是罗斯和俄罗斯的劳动人民。他们的创造性劳动为罗斯的文化艺术提供了素材、动力和取之不尽、用之不绝的源泉。

---

① 沃拉德斯拉维·塔立科维奇：《中世纪美学》，第 46 页。
② 沃拉德斯拉维·塔立科维奇：《中世纪美学》，第 46 页。
③ 参见 Б. Д. 格列科夫：《苏联史纲（15—17 世纪）》，第 434 页。

张义德研究文章

本书所收录张义德先生的文章写作年代距今较为久远,原稿部分注释缺少出版地、出版者、出版时间等项。因作者高龄,编者难以补充所缺项,出于尊重学者、维持历史资料原貌的考虑,在尽量统一本书体例的基础上,部分所缺项编者未作添加。特此说明。

略论俄罗斯统一国家的形成

一

有些西欧国家结束封建割据局面、统一为中央集权的国家,是在商品货币关系急剧发展的过程中资本主义的上升时期完成的。然而,东北罗斯各国统一的历史却迥然不同。蒙古人统治下的东北罗斯,名义上是一个弗拉基米尔大公国,实际上是处在政治上分裂为若干个封建小公国的割据局面。形成统一的俄罗斯国家,是在封建主义的上升时期进行的。斯大林说:这是俄罗斯国家"特殊的国家形成方式"①。俄罗斯国家之所以会出现"特殊的"形成方式,其内部必有它自身特有的社会经济、政治情况。本文试图就此问题略作论述。

14 到 15 世纪东北罗斯社会经济的新高涨,为罗斯国家的统一创造了前提。早在 13 世纪上半期,东北罗斯各国没有幸免于蒙古人的侵略和破坏。根据史料记载,蒙古人入侵后,东北罗斯各国"田园荒芜","伟业沦丧","劳动所获尽为歹徒所僭窃","土地悉为异族

---

① 《斯大林全集》第二卷,人民出版社,1953 年,第 301 页。

所掠夺"①。但是,这一切并没有改变东北罗斯的社会经济制度。几十年后,到 13 世纪末期,东北罗斯的社会经济又有了明显的恢复;14 世纪中期,国民经济的各个部门出现了繁荣景象。

农业历来是罗斯的主要经济部门。14 到 15 世纪,东北罗斯出现了许多新开垦的耕地,长期荒芜的"田园"重新翻耕了。蒙古入侵时逃往密林深处和沼泽地避难的居民,纷纷回到祖祖辈辈曾经生活和居住过的地方重新定居。东北罗斯的土地上又筑起了许多新的村落。在耕种技术和耕种制度方面也有了明显的改进。耕地上普遍使用粪肥,而且广泛采取"三区轮种"制。为了适应扩大耕种的需要,农具方面推广使用铁铧犁,并以牛、马牵引铧犁耕种。耕耘土地的效率大大提高了。农业以及畜牧业、捕渔业、狩猎业、养蜂业等都有了显著的发展。

农业生产率的提高和生产的发展,引起了封建统治阶级对土地越来越大的欲望。封建的王公贵族凭借权势任意掠夺农民开垦的原来属于农村公社的土地,变成了私产;或者通过封建战争和金钱购买等手段,从别的王公贵族手中夺取土地。封建土地占有制由此而发展起来了。但是,王公贵族的"领地常常分散在其他封国之内"②。封建土地占有制已经越出某一公国的范围③。从政治上结束封建割据,统一罗斯的土地,则是符合封建土地占有者的切身利益的。

封建土地占有制在东正教教会方面更为发展。教会利用蒙古统治者赐予的各种特权,在各地任意侵吞所谓"上帝"的(即无人管理的)土地;或者直接掠夺农民开垦的属于国家的"黑地";或者依靠虔诚的信徒慷慨施舍,以兴建教堂、寺院为名大批占有土地。这种

① 诺索夫主编:《苏联简史》第一卷上册,第 62 页。
② 梁士琴科:《苏联国民经济史》第一卷,第 203 页。
③ Л. В. 契列普宁:《14—15 世纪俄罗斯中央集权国家的形成》,第 184 页。

属于教会、寺院的领地遍及整个东北罗斯。"莫斯科大主教……则几乎在所有封国和县邑内都拥有领地,其数以千百计,农户和村落数则以千万计。"[1]教会、寺院的封建土地占有制的发展,同样要求各公国在政治上实现统一和集中。教会驻节地从弗拉基米尔迁移到莫斯科后的历届大主教,差不多都是莫斯科统一东北罗斯的忠实支持者。教会支持罗斯国家的统一事业,这是罗斯国家不同于一些西欧国家的特点。

14到15世纪封建统治阶级中兴起了一个新的阶层,即服役贵族,或者叫封地贵族。大公政权为了巩固自己的统治和抵御外患,封建地主阶级为了在占有的土地上迅速取得经济效果,他们都迫切需要大批服役人员。他们把自己的部分领地作为报酬分封给他们的"宫廷仆从"和"领主侍卫"经营管理。但条件是所分得的土地不得世袭。这些人后来又按战功大小分得土地,并封为贵族,这就出现了一种新的土地占有制,即"有条件的土地占有制",在14到15世纪相当盛行,是东北罗斯社会经济中的一个重要现象。

封建土地占有制的发展,是统一罗斯土地的经济基础。世俗和教会的封建土地占有者成了统一东北罗斯的主要社会支柱。这是罗斯国家在统一自己国家过程中的特有现象,而在西欧一些国家恰恰相反,封建主阶级则是国家统一事业中的打击和消灭对象。

随着封建土地占有制的发展,许多农民逐渐丧失了独立的经济地位和人身自由,被迫为封建主阶级担负沉重的劳役和繁重的代役租。有的要把收成的四分之一缴纳给封建主,有的竟达一半之多[2]。农民们不得不向封建主借贷,甚至法律上还明确规定:农民未偿还债务之前不得离开封建主的土地。后来,连只要在尤里耶夫日(11

---

① 梁士琴科:《苏联国民经济史》第一卷,第204页。
② 梁士琴科:《苏联国民经济史》第一卷,第199页。

月 26 日)之前偿还债务便可离开封建主的权利,也都取消了。农民完全陷入对封建主的依附地位,沦为农奴。由于封建主长期的剥削和压迫,农民与封建主阶级的矛盾日益尖锐。农民普遍以逃亡的形式进行反抗;有的则以拒服劳役、拒缴代役租、犁平地界、拆毁篱笆以及焚烧庄园、杀死地主等方式进行斗争。农民奋起反抗世俗和教会封建主的斗争,在 14 到 15 世纪相当普遍。封建主阶级要确保自己的利益,对农民实行有效的奴役和镇压,只有建立一个统一而强大的国家机器,才能办得到。

14 到 15 世纪东北罗斯城市手工业和商业的迅速恢复和发展,推动了东北罗斯的统一事业。早在蒙古入侵之前,东北罗斯已有三百余座城市。但入侵时多数被毁。从 13 世纪下半期起,掌握各种手艺的匠人纷纷集居在城市四周,从事生产活动。到 14 世纪下半期东北罗斯的城市经济迅速恢复了,出现了新的高涨。用于战争需要的各种武器、军需品;供生活需用的餐具、皮苴、鞋帽以及酒和面包等;供教堂、寺院和王公贵族装饰和享用的圣像、雕刻、金银首饰等,以及供农业生产需用的铁锋犁头、大镰刀和供城建需用的木材、石料加工以及铸造银币等等,均由城市居民中的手工业者所生产。手工业以莫斯科最为发达,莫斯科成了东北罗斯手工业生产的中心①。14 到 15 世纪,商业在城市里占有重要的地位。城市不仅是城乡贸易的集中点,而且还是发展城市之间的贸易或者对外贸易的中心。在 14 世纪,商业比较发达的莫斯科和诺夫哥罗德,已经出现了规模较大的商人公会组织:"苏罗什行商""呢绒商"和"伊凡斯基百人团"。这些商人组织在经济上拥有相当的实力。有的拥有 2 万到 10 万卢布(相当于 20 世纪初的 20 万到 100 万金卢布)资本,有的

---

① A. M. 沙哈洛夫:《14—15 世纪东北罗斯的城市》,莫斯科大学出版社,1959 年,第 84 页。

竟达 30 万卢布(合 20 世纪初的 300 万金卢布)资本①。尽管如此,东北罗斯的手工业者和商人在城市中的地位,远不如一些西欧国家的城市市民那样能够主宰城市的命运。罗斯城市的统治者仍旧是封建的王公贵族。由于"王公和领主把土地分给继承人时,是连同'乡镇、道路、村落和一切关税收入'在内"的②。商人们要把粮食从梁赞运往缺粮的诺夫哥罗德;或者从莫斯科、特维尔把毛皮、蜂蜡和亚麻等货物由诺夫哥罗德运往西欧;或者把西欧的呢绒、葡萄酒等通过普斯科夫运往莫斯科,再由莫斯科转运到伏尔加河中下游的喀山和萨莱,需要经过重重关卡,向各公国缴纳名目繁多的关税和杂捐。正是这些关税杂捐有时竟把商人"掠夺得精光"③。

政治上的分裂和割据,成了东北罗斯城市经济发展的严重障碍。14 到 15 世纪东北罗斯手工业和商业的发展趋势,要求各公国取消各自设置的关税卡,在政治上结束分裂和割据,建立一个统一的中央集权国家,以利于商业和手工业的进一步发展。

二

14 到 15 世纪东北罗斯社会经济的高涨为罗斯土地的联合和形成统一的俄罗斯国家创造了前提。但是罗斯国家在政治上仍旧受着蒙古统治者的沉重压迫。罗斯国家要完成自己的统一事业,首要的任务在于摆脱蒙古侵略者的统治和压迫。东北罗斯各国的统一,是围绕着莫斯科公国逐步形成的。可是莫斯科公国的兴起,比诺夫哥罗德等一些罗斯国家要晚得多,而且蒙古侵入东北罗斯时,诺夫哥罗德几乎没有受到破坏和损失。东北罗斯各国联合起来的中心,

---

① 梁士琴科:《苏联国民经济史》第一卷,第 293 页。
② 梁士琴科:《苏联国民经济史》第一卷,第 222 页。
③ M. H. 波克罗夫斯基:《俄国历史概要》上册,莫斯科工人出版社,1931 年,第 43 页。

统一事业的领导力量为什么恰恰是莫斯科公国,而不是当时已经比较强大的诺夫哥罗德、特维尔等一些国家?莫斯科公国地处东北罗斯的中心,距离屡遭蒙古人、立陶宛人侵扰和破不的东西部边境较远;位于伏尔加河上游,奥卡河心脏地区莫斯科河畔,水陆交通四通八达,十分便利。这些得天独厚的地理条件,对莫斯科公国的发展固然非常有利,但最为主要的恐怕是莫斯科公国在摆脱蒙古统治和其他外来侵略的斗争中,始终高举民族独立的旗帜。莫斯科公国适应历史发展潮流的方针和政策,深得包括莫斯科公国在内的罗斯各国社会各阶层的广泛支持。这是莫斯科公国兴起后迅速发展,形成罗斯土地联合的中心和成为统一罗斯的领导力量的主要原因。

莫斯科公国的历代王公长期坚持同蒙古的统治和其他外来侵略进行斗争,而且策略灵活,在斗争中不断壮大自己。蒙古人统治东北罗斯各国并不是采取直接统治的方法,而是利用授予册封诏书,即委任某一罗斯公国的王公担任弗拉基米尔大公,由受命于金帐汗国的弗拉基米尔大公对罗斯各国实行统治。莫斯科公国兴起时,弗拉基米尔大公是由特维尔公国的王公所担任。莫斯科公国的王公们意识到了弗拉基米尔大公头衔的重要性,从莫斯科公国的第二个王公尤里·达尼洛维奇起就长期与特维尔王公争夺弗拉基米尔大公的称号。尤里的弟弟伊凡·达尼洛维奇在协助尤里治理内政方面,充分显示了自己的才干和远见。他利用莫斯科公国各方面的有利条件,使国库盈余,仅征收过境船只、车辆的关卡税一项,便是国库的一笔重要收入。当时的伊凡·达尼洛维奇就有闻名于东北罗斯的一个绰号"卡里达"即"钱袋"之称。由于财政实力日增,国力也就渐渐强盛起来了。但是,莫斯科公国的实力毕竟尚未强盛到足以同蒙古人公开对抗的程度。尤里死后,伊凡·卡里达继任王位,继续与特维尔争夺大公称号,但他的手段要比尤里高明得多。他机智、灵活地利用了金帐汗国的势力打败了自己的对手,从而壮大自己,为莫斯科公国准备了力量。当伊凡·卡里达了解到金帐汗乌兹别克对特维尔大公亚历山大·米哈依洛维奇并不信任,便等待时机利用金帐汗来打击以致最后消灭自己的对手亚历山大·米哈依洛维奇。

1327 年,特维尔公国爆发了声势浩大的反抗蒙古官员横征暴敛的斗争。伊凡·卡里达见机会已到,向乌兹别克汗献策,表示愿为金帐汗效劳。乌兹别克汗同意伊凡·卡里达率领 5 万官兵前往特维尔镇压反蒙斗争。伊凡·卡里达利用此机,同时打垮了特维尔军队,特维尔大公亚历山大·米哈依洛维奇因此而逃亡到普斯科夫。伊凡·卡里达在这一事件中捞到了莫大的好处:取得了金帐汗乌兹别克的信任,轻而易举地打败了自己的对手,并且从特维尔手中夺走了弗拉基米尔大公的称号。1328 年,莫斯科公国正式从金帐汗国取得册封诏书,伊凡·卡里达成了大公,成为东北罗斯各国的"一家之长"。但他并没有因此而迁往弗拉基米尔城,而是继续留在莫斯科巩固他的地盘。

金帐汗国的横征暴敛政策遭到东北罗斯各国人民的反抗,乌兹别克不敢再往罗斯各地委派收税官,而是把征收贡税的权力委托给弗拉基米尔大公伊凡·卡里达。伊凡·卡里达利用这一权力扣留部分贡款存入自己的国库。伊凡·卡里达还善于利用金帐汗的册封诏书凌驾于各公国之上,对他们施加政治和经济压力,强迫他们承担参加莫斯科大公军事远征的义务。对不服从大公领导的王公们,轻者撵出国门,重者杀戮。他们的领地则以"无人继承的财产"的名义并入莫斯科公国。

特维尔公亚历山大·米哈依洛维奇逃往普斯科夫之后,并不甘心自己的失败。伊凡·卡里达则怂恿一向与他关系密切的教会公开"诅咒"亚历山大·米哈依洛维奇,宣布把他"革除教籍"[①]。亚历

---

① 苏联科学院历史研究所:《苏联史纲要》(14—15 世纪),苏联科学院出版社,1953 年,第 200 页。

山大·米哈依洛维奇被迫逃离普斯科夫,投靠了立陶宛大公国。伊凡·卡里达又疏通乌兹别克汗,使金帐汗国在外交上和财政上都支持莫斯科公国继续与立陶宛大公支持的亚历山大·米哈依洛维奇作斗争①。10年后,尽管亚历山大·米哈依洛维奇已经改变了早先与莫斯科公国为敌的政策,然而伊凡·卡里达并没有放弃彻底消灭世仇的计划。亚历山大·米哈依洛维奇终于在1339年以金帐汗召见之名,为乌兹别克所杀。正如马克思指出:伊凡·卡里达"以贿赂和欺骗的办法引诱汗用极残暴的酷刑杀害了他的同族对手……伊凡·卡里达把汗变成了他用以蔫灭他最危险的竞争者和扫除他篡权道路上的一切障碍的工具。"②

在提高莫斯科公国的威信,统一罗斯土地的事业中充分发挥才干并取得卓越成绩的是伊凡·卡里达的孙子德米特里·伊凡诺维奇大公。德米特里·伊凡诺维奇继位时年仅9岁,但他得到了莫斯科大主教阿列克塞、莫斯科的服役贵族以及工商居民的支持,使莫斯科公国得以在内乱外患的困难环境中进一步发展起来。

14世纪强盛起来的立陶宛大公国对莫斯科大公政权一直采取敌对政策,而对金帐汗国却一味靠拢和结盟,并蓄意勾结东北罗斯各国的割据势力向东扩张,从而严重威胁了莫斯科大公政权的安全。特维尔公国仍归依靠立陶宛大公国的支持,同莫斯科大公争夺弗拉基米尔大公头衔,企图打败莫斯科公国。鉴于立陶宛大公奥尔格尔德咄咄逼人的攻势,德米特里·伊凡诺维奇决定备战,1368年在莫斯科周围修筑了一道非常坚固的石头城墙,准备迎击奥尔格尔德的侵犯。石城墙刚刚建成,立陶宛大公便勾结特维尔公连续三次(1368、1370、1372年)进犯莫斯科,头两次竟把莫斯科围困数天,但

---

① 苏联科学院历史研究所:《苏联史纲要》(14—15世纪),第200页。
② 马克思:《十八世纪外交史内幕》第五章,《历史研究》1978年第1期,第8页。

久攻未克。第三次来犯时,莫斯科大公主动出击,在留鲍特斯卡附近重创奥尔格尔德的前哨部队。奥尔格尔德被迫求和,保证"今后不干涉特维尔的事务和不庇护特维尔公国"。①

特维尔公虽然暂时失去了立陶宛大公的支持,但仍知迷不返,继续勾结割据势力一起密谋反对莫斯科大公政权,甚至表示要不惜一切同莫斯科大公德米特里·伊凡诺维奇决一死战。特维尔公的民族背叛活动,莫斯科公国坚决反对,甚至激起了特维尔本国的诸侯和属于立陶宛大公国的契尔尼戈夫——塞维尔斯克公国、斯摩棱斯克公国的愤慨。1375 年莫斯科大公动员了全部力量,率领苏兹达尔、罗斯托夫、斯摩棱斯克、雅罗斯拉夫、别洛泽尔、卡申公国的王公②,一起粉碎了特维尔公的图谋。特维尔被迫求和,承认自己是莫斯科大公的"小兄弟"③,答应放弃以莫斯科为敌而与立陶宛结盟的政策。莫斯科大公德米特里·伊凡诺维奇在同立陶宛和特维尔的斗争中,联合了东北罗斯各国,巩固了莫斯科公国作为罗斯各国中心的领导地位。

金帐汗国统治者之间长期的封建战争削弱了汗国的实力,这对于东北罗斯各国摆脱蒙古的统治创造了有利条件。但金帐汗马麦在 14 世纪末暂时平息了内讧,统一了政权,对日益强盛并对金帐汗国的统治公开进行对抗的莫斯科公国采取大规模的军事行动,这对莫斯科公国来说仍旧是一件十分严重的事情。但是敢于同蒙古军进行斗争的德米特里·伊凡诺维奇依靠罗斯各国的力量,巧妙地组织罗斯军队在库里科沃会战中把蒙古大军打得一败涂地,从而使莫斯科公国在罗斯各国中享有更高的威望。

1377 和 1378 年德米特里·伊凡诺维奇先后两次打退了马麦汗

---

① B. B. 马夫罗金:《俄罗斯统一国家的形成》,列宁格勒大学出版社,1951 年,第 109 页。
② 苏联科学院历史研究所:《苏联史纲要》(14—15 世纪),第 217 页。
③ B. B. 马夫罗金:《俄罗斯统一国家的形成》,第 109 页。

派遣的蒙军之后,马麦汗对此十分恼怒,发誓要严惩"基督教的王公们"①。1380 年夏,马麦汗亲自纠集了 20 余万人马②,经过伏尔加河,在沃龙涅什河口等待战机,随时向莫斯科发动攻击。当马麦汗得知立陶宛大公雅盖洛和梁赞公奥列格·伊凡诺维奇对莫斯科仍抱敌对态度,便竭力拉拢他们一起反对莫斯科。梁赞公奥列格卑躬屈膝地对马麦汗献媚讨好,莫斯科大公却奋起迎战,迅速集结了 10 万至 15 万兵力,于 8 月底在科洛姆纳集合,检阅后就向顿河战场开拔。根据史料记载,参加这次声势浩大反击战的还有来自摩洛姆、弗拉基米尔、佩累雅斯拉夫、科斯特罗马、罗斯托夫、雅罗斯拉夫和别洛泽尔的王公和士兵③,而以莫斯科军队为中心,"士兵的主干"④则是市民和农民群众。

莫斯科军队迅速集结、迎战,打乱了马麦汗同雅盖洛和奥列格的进一步勾结计划。会战是在顿河和涅普勒德瓦河的汇合处库里科沃展开的。1380 年 9 月,莫斯科大公率领罗斯大军渡过顿河在库里科沃摆好阵势,并在其左侧埋伏了一支主力部队,便寻找战机同马麦汗决战。马麦汗首先发起进攻,全力冲击罗斯军队,防线被蒙军突破。马麦汗以为首战告捷,罗斯伏兵突然从左侧出击,马麦汗措手不及。罗斯士兵"毫不留情地厮杀",蒙军"死尸遍野,血流成河"⑤。库里科沃会战以罗斯军队的全胜而告终。莫斯科大公德米特里·伊凡诺维奇因此而被尊称"顿斯柯依"即"顿河王"。

库里科沃会战动摇了蒙古人的统治地位,大大提高了东北罗斯各国摆脱蒙古统治的信心。德米特里·伊凡诺维奇大公统治期间,弗拉基米尔、科斯特罗马、别洛泽尔等公国在反对蒙古统治的斗争

---

① В.В. 马夫罗金:《俄罗斯统一国家的形成》,第 112 页。
② В.В. 马夫罗金的著作中是 20 万人,《苏联史纲要》中则为 25 万到 40 万人。
③ В.В. 马夫罗金:《俄罗斯统一国家的形成》,第 113 页。
④ И.И. 斯米尔诺夫等:《苏联简明通史》第一卷,苏联科学出版社,1963 年,第 92 页。
⑤ И. 罗曼诺夫斯基:《莫斯科历史与建设博物馆》,文物出版社,1958 年,第 16 页。

中,先后同莫斯科公国合并。德米特里·伊凡诺维奇大公去世时曾经立下遗嘱,要把大公国当作世袭领地传给他的长子瓦西里一世,"而对鞑靼汗颁发大公王位的册封诏书的权力不予理睬"①。史实表明:莫斯科公国在摆脱蒙古统治和反对其他外来侵略数十年的艰苦奋战中,迅速地壮大起来了,已经发展成为统一东北罗斯各国的领导中心。莫斯科公国在斗争中没有被素称不可战胜的蒙古大军所压倒,反而敢于藐视金帐汗的绝对权威,甚至公开提出了挑战。

三

瓦西里一世统治期间,大乌斯丘格、上别热茨克、福明斯克和拉马河的沃洛克先后并入莫斯科公国。苏兹达尔公成了莫斯科大公的"仆从"②。只有诺夫哥罗德、特维尔和梁赞等国继续与莫斯科大公政权相对抗。尤其是诺夫哥罗德贵族共和国的大贵族,是莫斯科公国内部封建割据势力的积极支持者。莫斯科公国在长期的封建战争中,沉重地打击了封建割据势力,为统一东北罗斯各国扫除了障碍,铺平了道路。

1425年,莫斯科大公瓦西里一世死后由其子瓦西里二世继位时,瓦西里二世的叔父,即加利奇的封邑王公尤里·德米特里耶维奇却自称是大公政权的合法继承者。各封邑王公勾结在一起支持尤里·德米特里耶维奇。瓦西里二世则以莫斯科的服役贵族、市民和教会为后盾,在大主教福梯的主持下举行就职典礼时,尤里·德米特里耶维奇却在加利奇集结军队,挑起了反对大公政权的、长达20余年的封建战争。尤里·德米特里耶维奇死后,他的两个儿子尤

---

① И. И. 斯米尔诺夫等:《苏联简明通史》第一卷,第942页。
② В. В. 马夫罗金:《俄罗斯统一国家的形成》,第130页。

其是德米特里·谢米亚卡蓄意把封建战争的范围扩大,竭力把一直同莫斯科大公政权相对抗的诺夫哥罗德、特维尔和梁赞的封建王公都拉入这场漫长的封建战争。

这时,波兰—立陶宛的统治者和蒙古人趁莫斯科公国内乱之机,再次侵犯莫斯科。1445 年 7 月,乌鲁·穆罕默德在苏兹达尔附近突然袭击莫斯科军队的兵营,瓦西里二世受伤被俘。根据史料记载,瓦西里二世缴纳了大约 20 万银卢布巨额"赎金"①才回到了莫斯科。以德米特里·谢米亚卡为首的反大公政权的割据势力,趁莫斯科局势混乱占领了莫斯科。瓦西里二世再次被俘剜去双眼,并放逐到乌格利奇。一度篡权充当大公的德米特里·谢米亚卡竭力恢复封建割据制度,对莫斯科市民实行暴力统治。谢米亚卡不但遭到莫斯科服役贵族的强烈不满,而且激起了莫斯科市民反抗谢米亚卡统治的群众运动。谢米亚卡迫于各方面的压力,不得不释放瓦西里二世。瓦西里二世重整旗鼓,于 1446 年底包抄了谢米亚卡的阵地又返回莫斯科。漫长的封建战争以谢米亚卡为首的莫斯科公国的割据势力彻底失败而告终。从此以后,莫斯科公国的所有分封公国都被消灭,由莫斯科大公统一治理。莫斯科大公政权的实力增强,对于进一步统一罗斯国家具有重要的意义。

由于诺夫哥罗德贵族共和国的大贵族积极支持谢米亚卡的分裂割据活动,瓦西里二世于 1456 年攻打了诺夫哥罗德,并且签订了《雅热尔比齐条约》。诺夫哥罗德除了承担割地赔款的义务,还同意撤销"市民会议的勉令"②,从而削弱了诺夫哥罗德大贵族的权力。可是最后彻底取消诺夫哥罗德政治上的独立,是在伊凡三世统治期间。伊凡三世一直把诺夫哥罗德当作自己的世袭领地。诺夫哥罗

① Л. В. 契列普宁:《14—15 世纪俄罗斯中央集权国家的形成》,第 789 页。
② 苏联科学院历史研究所:《苏联史纲要》(14—15 世纪),第 268—269 页。

德的大贵族唯恐丧失全部特权和土地,于 1470 年公然违背 1456 年签订的《雅热尔比齐条约》,召开市民会议,决定邀请立陶宛大公米哈依尔·奥列尔科维奇充当诺夫哥罗德的王公,同时还承认诺夫哥罗德是波兰—立陶宛统治者卡西米尔四世的藩邦。诺夫哥罗德大贵族背叛东北罗斯人民而甘愿充当波兰—立陶宛统治者的走卒的政策,就连诺夫哥罗德的城市手工业者、商人以及部分封建领主也坚决反对。1471 年春,伊凡三世决定讨伐诺夫哥罗德。尽管诺夫哥罗德集中了超过莫斯科军队八倍的兵力①,但是当战争开始后,由于诺夫哥罗德城市居民的压力,立陶宛公米哈依尔·奥列尔科维奇却溜之大吉,而卡西米尔四世也没有向诺夫哥罗德的大贵族伸出援助之手。1471 年 7 月,在舍隆河战役中诺夫哥罗德大贵族终于遭到了彻底的失败。在科罗斯田镇签订的《莫斯科—诺夫哥罗德条约》规定:诺夫哥罗德保证 1456 年签订的《雅热尔比齐条约》完全生效,并且强调诺夫哥罗德放弃独立的对外政策,保证"不脱离"莫斯科,"不屈从"立陶宛②,同卡西米尔四世断绝一切联系。1475 年,伊凡三世严厉惩治了一批同立陶宛有密切关系的大贵族。1477 年 9 月,伊凡三世再次讨伐诺夫哥罗德,11 月诺夫哥罗德求和。1478 年初,伊凡三世宣布诺夫哥罗德"全国统归吾等治理"③。象征诺夫哥罗德独立的"市民会议之钟"卸下后运到了莫斯科。莫斯科公国正式兼并了诺夫哥罗德贵族共和国。伊凡三世统治期间,通过封建战争又先后兼并了雅罗斯拉夫里、彼尔姆、罗斯托夫、特维尔和维亚特卡等公国。至此,东北罗斯的土地基本上统一在中央集权的莫斯科大公政权之下,统一的俄罗斯国家基本上形成。

自从库里科沃会战之后,金帐汗国日趋衰落。从 15 世纪 20 年

---

① Л. В. 契列普宁:《14—15 世纪俄罗斯中央集权国家的形成》,第 860 页。
② 苏联科学院历史研究所:《苏联史纲要》(14—15 世纪),第 277—278 页。
③ И. И. 斯米尔诺夫等:《苏联简明通史》第一卷,第 122 页。

代开始逐渐分裂成了几个独立的封建汗国,不断进行封建战争。
1476 年,伊凡三世趁金帐汗国衰落之机拒绝向金帐汗缴纳贡赋,阿
合马汗企图以军事行动迫使莫斯科政府继续纳贡,于 1480 年率军
侵入奥卡河一带。伊凡三世迅速占领各渡口,在乌格拉河同阿合马
隔河对峙。根据史料记载:阿合马"率领全部兵力逼近乌格拉河,开
始攻击我军,我军还击……","……十一月十一日率领鞑靼人逃
走……"①阿合马从乌格拉河仓皇撤退后,曾给伊凡三世发了一封
"敕令","命令"莫斯科大公在 40 天内恢复纳贡②,遭到了伊凡三世
的拒绝。阿合马撤退途中在伏尔加河下游为诺盖人所杀。从此以
后,金帐汗国一蹶不振,罗斯人民终于彻底摆脱了两个多世纪的蒙
古统治。伊凡三世在晚年时,还打败了立陶宛和里沃尼亚骑士团。
正如马克思所说:到伊凡三世的晚期,"我们就看到伊凡三世坐在独
立的宝座上。身旁是拜占庭末代皇帝的公主;脚下是喀山汗,金帐
汗国的余部也群集来朝;诺夫哥罗德和其他俄罗斯共和国都已屈
服——立陶宛萎缩了,它的君主成了伊凡手中的一个工具——里沃
尼亚的骑士团也被击败了。惊惶的欧洲,当伊凡在位之初,几乎不
知道夹在鞑靼人和立陶宛人之间还存在着一个莫斯科公国,这时看
到一个庞大的帝国突然出现在它的东部边境而弄得目瞪口
呆……"③

瓦西里三世继位后,又先后兼并了普斯科夫和梁赞,并从立陶
宛的统治下兼并了斯摩棱斯克。东北罗斯的封建割据局面结束了,
最后完成了东北罗斯各国的统一事业,统一的俄罗斯中央集权国家
形成了。这时的领土面积共达 280 万平方公里④。

---

① И. 罗曼诺夫斯基:《莫斯科历史与建设博物馆》,第 19 页。
② И. 罗曼诺夫斯基:《莫斯科历史与建设博物馆》,第 16 页。
③ 马克思:《十八世纪外交史内幕》第五章,《历史研究》1978 年第 1 期,第 9 页。
④ 苏联科学院历史研究所:《苏联通史》第二卷,莫斯科,1966 年,第 142 页。

四

　　莫斯科公国从 14 世纪初就开始了统一东北罗斯的斗争,到瓦西里三世最后完成统一大业,整整经历了两个多世纪的艰巨、曲折和复杂的历程。在这漫长的岁月里,不论是伊凡·卡里达、德米特里·顿斯柯依,还是瓦西里一世和伊凡三世,历代莫斯科大公都把统一东北罗斯的事业当作自己政策的最高归宿。他们的目标一致,政策一贯,浴血奋战,始终不渝,最后终于达到了统一东北罗斯的目的。

　　历代莫斯科大公都是封建统治者。但他们始终是罗斯各国摆脱蒙古统治和抵御外国侵略的领导者和组织者。罗斯各国的统一是在推翻蒙古统治和反对外国侵略斗争中同时进行和逐步实现的。虽然罗斯的城市居民和农民是同割据势力和蒙古压迫进行斗争的"主干",但它的领导权从始至终为莫斯科大公所掌握。在大公政权领导之下所统一的俄罗斯国家,必定是中央集权的国家。一个中央集权的政府,一个君主,是消灭封建割据势力的必然结果。君主专制是统一的俄罗斯国家的政体,大公则是中央集权的俄罗斯国家的最高君主。由此可见,在封建主义上升时期俄罗斯国家统一的历史与道路,同一些西欧国家完全不一样。有些西欧国家消灭了封建割据,统一为一个国家后,为资本主义的发展开辟了道路。而东北罗斯统一的结果,却是巩固了封建制度,确立了农奴制度和建立了君主专制制度。

　　以莫斯科公国为中心的俄罗斯国家的形成,在俄国历史上乃是一个具有重大历史意义的事件。随着罗斯土地的联合和罗斯国家的统一,在东北罗斯出现了一个统一的名称:俄罗斯。俄罗斯民族在罗斯的统一事业中形成了,同时还形成了具有本身特点的俄罗斯语言。这为发展国家的经济和文化开辟了道路，同时也为争取民族的独立和发展创造了必要的前提。正如斯大林所说："只有联合为统一的中央集权国家，才有可能真正的经济文化的成长，才有可能确定自己的独立。"①

---

① 原载苏联 1947 年 9 月 7 日《真理报》，转引自 B. B. 马夫罗金：《俄罗斯统一国家的形成》，第 3 页。

沙俄从亚洲东北部向太平洋的
扩张和早期的俄日关系

  18世纪初,俄国农奴制经济内部的商业资本有了相当程度的发展;国内的阶级关系也发生了变化,主要是出现了一个新兴的商人阶级。一些从事工商业活动的农奴主和这些新兴的商人,为了牟取暴利,进行原始资本积累,迫切要求改变原来内陆国家的格局,夺取出海口,控制海上航道,占领国外市场和土地,梦想建立在沙俄军队支持下的世界霸权。彼得一世同瑞典人争夺波罗的海的霸权时曾经说过"俄国需要的是水域"[①],这样的话恰是沙俄此时对外扩张的方向。马克思说,"对于一种地域性蚕食体制来说,陆地是足够的;对于一种世界性侵略体制来说,水域就成为不可缺少的了"[②]。彼得一世以后的俄国,就有这样的一种世界性侵略体制。它的着重点是夺取"六海三洋"(即波罗的海、亚速海、里海、黑海、地中海、日本海和大西洋、太平洋、印度洋)。夺取"六海"是为了进入"三洋",进入"三洋"则是为了夺取全球霸权。

  历代沙皇为了夺取波罗的海和黑海的出海口,控制进入大西洋以至绕过好望角进入印度洋的航道,曾经同瑞典人,尤其是同土耳

---

① 马克思:《十八世纪外交史内幕》第六章,《历史研究》1978年第1期,第15页。
② 马克思:《十八世纪外交史内幕》第六章,《历史研究》1978年第1期,第15页。

其人以及西方强国先后争战 200 余年之久。为了夺取里海,以便通过波斯进入波斯湾,同时征服中亚各汗国,进而南下以进入印度洋,曾同波斯人和中亚各族人民战争多年。这些情况人们所知较多。唯在东方,在亚洲的东北部,沙俄不断地"发现和开拓新土地",夺取日本海以进入太平洋和印度洋的历史情况,尚不大为人所注意。本文试图用一些事实说明沙俄从 18 世纪初到 19 世纪中期整整一个半世纪之内,是怎样"占领"堪察加,之后又逐步"降服"千岛群岛的;是怎样强迫日本开港,以期实现从日本海进入太平洋和印度洋的。沙俄殖民主义强盗究竟是这些地方的"最早发现者"[1],还是"东方民族的恶魔"[2]?

一

早在沙俄"征服"西伯利亚之前,科里亚克人、堪察加人和阿伊努人就已经世世代代在堪察加半岛和千岛群岛过着几乎与世隔绝的宁静生活。堪察加和千岛群岛地处鄂霍次克海和太平洋之间,是从鄂霍次克海通往日本的必经之地,也是由此出入太平洋的门户。17 世纪中期,沙俄向东扩张已经到达鄂霍次克海岸。1689 年,沙俄政府与我国清政府签订了《尼布楚条约》。彼得一世向我国黑龙江流域大规模进犯的计划,在清政府的抗击下暂时受到了抑制。沙俄于是便一方面把注意力集中在它的东北方向,梦想从勒拿河出海,经北冰洋寻找一条"前往中国和印度的航道"[3];一方面则"开辟从堪

---

[1]《苏联大百科全书》第 24 卷,第 12 版,莫斯科,1953 年,第 96 页。

[2] 斯大林:《关于东方革命运动》,《斯大林全集》第 7 卷,第 190 页。

[3] 戈尔德(F. A. Golder):《俄国在太平洋的扩张(1641—1850)》(*Russian expansion on the Pacific 1641 - 1850*),克利夫兰,1914 年,第 133 页。

察加通向日本……的航路"①。这就是此后一个半世纪之内,沙俄政
府以"考察""探险",或者以建立"友好"的通商关系为名,连续不断
地向堪察加、千岛群岛和日本列岛派遣"考察队"和"远征队"的目的
所在。它从来就是把这些活动当作"国家的政治事业"②来完成的。
这些沙皇"远征队""考察队"的组成人员,有的是"杀人主犯",有的
是刑事流放犯,有的是贪得无厌的商人,或者是在沙皇军队中服役
的野蛮成性的哥萨克,亦即所谓的"渔猎人"。他们每到一地,就四
处强征暴敛,任意掠夺和残暴地杀戮当地居民,彻底地破坏了这些
地区和平宁静的生活。

　　18世纪初,彼得一世十分关注有关日本的情况以及到日本去的
问题。东西伯利亚雅库茨克当局的俄国官员阿特拉索夫(Владимир
Атласов)奉命在堪察加"考察"时偶然遇见了海上遇难的日本人传兵
卫。彼得一世获悉后,立刻下令尽快把这个日本人送往莫斯科,并
"要求尽早地会见他"③。会见后,彼得一世对传兵卫所提供的有关
日本和千岛群岛的情况非常感兴趣,不久就命令雅库茨克当局"向
堪察加派遣百人队队长,探查通往日本的道路",同时"调查日本军
人拥有何种武器,擅长何种战斗"④等等。后来,沙俄西伯利亚局又
通过传兵卫详细调查了有关日本的风土人情、地理物产、城防武器
装备以及通往中国的交通和中日通商贸易等方面的情况⑤。西伯利
亚当局又以沙皇的名义向托博尔斯克、叶尼塞斯克、伊尔库茨克、雅
库茨克和阿纳德尔等地方当局发布命令:抓紧收集有关日本的情

---

① 叶菲莫夫(A. B. Ефимо):《俄国在北冰洋和太平洋地理大发现史摘(十七世纪—十八世
　纪》(Из Истории Великих Русских Географических Открытийв Север ном Ледовитом и
　Тихом Океанах)(上半册),莫斯科,1950年,第230页。
② 叶菲莫夫:《俄国在北冰洋和太平洋地理大发现史摘(十七世纪—十八世纪》(上半册),
　第163页。
③ 戈尔德:《俄国在太平洋的扩张(1641—1850)》,第101页。
④ 真锅重忠:《日俄关系史》,吉川弘文馆,1978年,第7页。
⑤ 高野明:《日本和俄国》,纪伊国屋书店,1971年,第39—48页。

报,继续"发现"和"获得"新的土地①。阿特拉索夫本人则因殖民扩张"有功"得到了"巨大光荣"②;并受沙俄政府之命,"带领军役人员和贵族人员"③重返堪察加,继续为沙皇政府效劳。

1707—1711年间,俄国雅库茨克当局先后派往堪察加的殖民强盗多达289人④,但由于不断遭到堪察加人的激烈反抗,其扩张活动毫无进展。直到1711年8月,以达尼洛·安齐福罗夫(Данило Анцифоров)和伊凡·科兹列夫斯基(Иван Козыревский)为首的俄国强盗,在博尔沙雅河残暴地镇压了堪察加人的反抗之后,才从洛帕特卡角乘船南航,首次登上了千岛群岛的一个岛屿。1712年2月,科兹列夫斯基镇压了岛民的反抗,宣布该岛因"无人认领"而由俄国加以占领。1713年4月,雅库茨克当局批准了科兹列夫斯基进一步"发现和开拓"千岛群岛的请求。科兹列夫斯基以俘获的日本人为向导,再次南航,曾经到过千岛群岛的占守岛和幌筵岛,并在温弥古丹岛登陆上岸。科兹列夫斯基从岛民那里得知整个千岛的名称。他在一份报告中曾经列举了由北往南的15个岛屿的名称,描述了各岛的见闻。在对第六个岛的叙述中,科兹列夫斯基提到日本人在该岛提取某种金属矿物。彼得一世对此十分高兴,竟把这一发现比作西班牙和荷兰殖民主义者发现的"金银岛",同时下令尽可能多地收集黄金,因为"黄金是战争的动脉"⑤。

为了澄清科兹列夫斯基报告中的见闻,沙俄政府于1719年1月根据彼得一世的"秘密谕旨",特地派遣彼得堡海军学校的地测专家菲多尔·卢任(федор Лужин)和伊凡·叶弗列伊诺夫(Иван

---

① 真锅重忠:《日俄关系史》,第7页。
② 冈索维奇(Е. В. Гонсовичь):《阿穆尔边区史》(Исторія Амурскаго Края),布拉戈维申斯克,1914年,第80页。
③ 冈索维奇:《阿穆尔边区史》,第80—81页。
④ 戈尔德:《俄国在太平洋的扩张(1641—1850)》,第103页。
⑤ 真锅重忠:《日俄关系史》,第21页。

Евреинов)前往探测"从鄂霍次克海和堪察加到日本的路径"①,"去测量堪察加南部和千岛群岛并绘制地图"②。但是卢任和叶弗列伊诺夫所绘成的地图并没有标明千岛各岛的名称,而是总称为"日本的群岛"③,可见他们知道这不是俄国的领土。

此后的 20 多年中,沙俄在堪察加和千岛群岛的殖民扩张活动虽略有进展,但对"到达日本的道路"却远未考察清楚。这个问题多年来几乎一直是彼得一世的一块心病。彼得一世病重不起前曾召见海军上将阿普拉克辛(Ф. М. Апраксин)伯爵谈了他的这桩心事。他说:"最近我想起了一件事,这件事也是我多年来一直在心上盘算的……我考虑通过北极海到达中国和印度的航路务必要找到……专家们认为这条航路是完全有可能找到的。"彼得一世最后还勉励阿普拉克辛:"为了国家的荣誉……去努力找到它……"④

按照彼得一世的旨意,由丹麦人维塔斯·白令(Vitus Bering)指挥的"远征队",在亚洲和美洲之间的海峡(即后来命名的白令海峡)游弋了三个月,证实了亚洲和美洲之间并不联结在一起,它们之间存在一条南北向的航道。假若北冰洋没有什么障碍,从勒拿河出北冰洋,经过海峡到达堪察加,然后"再从那儿驶向日本、中国和东印度"⑤则是完全可能的。当此消息传到彼得堡时,彼得一世已经去世。安娜·伊凡诺芙娜女皇继承彼得一世遗训,于 1733 年再次命令白令组织一支庞大的"考察队","其任务是打开通往日本的道路

① V. 雅康托夫(V. A. Ya khontoff):《俄国和远东苏联》(*Russia and the Soviet Union in the Far Fast*),伦敦,1932 年,第 30 页。
② 涅维尔斯科伊(Г. И. Невельской):《俄国海军军官在俄国远东的功勋(1847—1855)》(*Подви ги Русскихъ Морскихъ Офичровъ Востокъ Poccuu 1849—1855C.*),圣彼得堡,1878 年,第 20—21 页。
③ 高野明:《日本和俄国》,第 81 页。
④ 戈尔德:《俄国在太平洋的扩张(1641—1850)》,第 133 页;叶菲莫夫:《俄国在北冰洋和太平洋地理大发现史摘(十七世纪—十八世纪)》(上半册),第 20 页。
⑤ 乔治·伦森:《俄国向东方的扩张》,商务印书馆,1978 年,第 71 页。

并占领北美洲靠近堪察加的地方"①。这次由白令指挥的"考察队"共分三个分队。由白令的主要助手马丁·斯彭贝尔格(Martin Spanberg)率领的分队,其使命是专门负责探明"从堪察加沿千岛群岛到达日本的松前和本州"②的航道。到1739年,终于查明了日本的地理位置,收集了有关日本状况的第一手情报。1739年5月21日,斯彭贝尔格指挥四艘航船再次驶离堪察加,顺风南下。6月22日在北纬38度25分的地方抛锚。这时斯彭贝尔格一路上已观察到日本沿岸的情景,并开始与日本人直接接触。斯彭贝尔格在航海图和地图仪上指着当时的抛锚地点让日本人辨认,日本人几乎一致指出这是日本的所在地,并连声说这是"日本,日本"③,从而使斯彭贝尔格确认所到之地无疑是日本了。斯彭贝尔格的助手沃尔顿,于6月16日航行到北纬37度42分的地方,也见到了日本的海岸线。他曾以觅取淡水为名,先后派人伴同一些武装水兵,上岸收集情报,采集草药、橙树和珍珠贝等日本特产。斯彭贝尔格所收集到的情报资料,为沙俄政府编纂《俄罗斯帝国总图》提供了重要资料,更为沙俄政府在东北亚进一步扩张提供了依据。

二

斯彭贝尔格报告航行结果时曾经狂妄地声称:"千岛群岛差不多已在俄罗斯帝国的统治之下"④。但事实上他们在日本海域活动时,觉察到日本沿岸防守甚严⑤,以致斯彭贝尔格一伙始终不敢轻易

---

① 涅维尔斯科伊:《俄国海军军官在俄国远东的功勋(1847—1855)》,第21页。
② 涅维尔斯科伊:《俄国海军军官在俄国远东的功勋(1847—1855)》,第21页。
③ 戈尔德:《俄国在太平洋的扩张(1641—1850)》,第224页;田保桥洁《近代日本外交关系史》,刀江书院,1930年,第54页。
④ 戈尔德:《俄国在太平洋的扩张(1641—1850)》,第226页。
⑤ 田保桥洁:《近代日本外交关系史》,第59页。

靠岸登陆。返航途经千岛群岛时又常遇到岛民的袭击。正是由于这一点,致使沙俄政府在相当长的一段时间内不敢置千岛群岛于俄罗斯帝国的统治之下,通往日本的航道更谈不上畅通无阻。对于这种局面,叶卡特琳娜二世上台之后,是不能甘心的。叶卡特琳二世在俄国历史上也是一个野心勃勃的统治者。她力图瓜分波兰和夺取黑海出海口,而且也"热衷于北太平洋扩张"①。她一上台,就要求西伯利亚当局负责设法打开局面,疏通通往日本的航道。1766 年,东西伯利亚行政长官叔依莫诺夫(Фёдор Иванович Соймнов)命令鄂霍次克当局派遣"远征队"前往千岛群岛镇压当地居民的反抗,以便置千岛群岛于"俄罗斯的主权之下"。这种尝试虽然"毫无结果"②,但是沙俄当局仍不断委派税吏南下,逐岛强征"毛皮税",甚至在得抚岛开办学校和设立教会,企图奴化当地居民。1772 年,俄国富商舍烈霍夫曾经自愿出资组织"远征队",前往"降服千岛群岛的土著居民","蒐集关于日本的材料",其结果同过去一样,收效"甚微"③。直到 1791 年初,帝俄科学院教授拉克斯曼(Эрик［Кирилл］Густавович Лаксман)向叶卡特琳娜二世献策,提出"远东探险计划"之后,通往日本的问题才有所进展。

拉克斯曼的"计划"特别指出,要"利用送还在俄国海岸遇难的日本漂流民的名义"④,尽可能地与日本当局建立联系。此项"计划"博得了叶卡特琳娜二世的赞赏。1791 年 9 月,叶卡特琳娜二世命令西伯利亚当局利用与日本"直接接境"的有利条件,"打通与日本的通商关系"⑤。

---

① 田保桥洁:《近代日本外交关系史》,第 162 页。
② V. 雅康托夫:《俄国和远东苏联》,第 40 页。
③ V. 雅康托夫:《俄国和远东苏联》,第 40 页。
④ 田保桥洁:《近代日本外交关系史》,第 162 页。
⑤ V. 雅康托夫:《俄国和远东苏联》,第 40 页。

1792年9月25日,拉克斯曼教授的儿子海军中尉亚当·拉克斯曼(Адам Лаксман)奉叶卡特琳娜二世之命,以俄罗斯帝国首次派往日本的正式使节的身份,率领包括漂流民幸太夫等在内的"远征队"共39人,从鄂霍次克起航,经择捉岛和国后岛,于10月21日驶抵日本北海道东北端的根室湾抛锚。亚当·拉克斯曼携带沙俄政府的正式公文上岸,要求会见松前藩主,请求允准俄国船只在日本沿岸港口"毫无阻碍"地进港停泊①。当时的日本,正是德川幕府统治时期,对外奉行闭关自守的锁国政策,除长崎一地可以办理外务外,其他地方一律禁止与外国人自由联系,违者依法追究。至于非法入境的外国人,则"必处以终身监禁之刑"②。当松前当局接到来自根室的有关报告之后,一方面急报江户幕府;同时紧急命令根室地方当局通知亚当·拉克斯曼一伙就地待命,等候通知,不得擅自行动;并且指示津轻等地加强警戒,派兵前往根室监视亚当·拉克斯曼的活动。直到1793年5月18日,日本幕府当局才允许亚当·拉克斯曼一伙前往函馆。当亚当·拉克斯曼一伙抵达函馆后,幕府当局委派的官员立即向亚当·拉克斯曼宣读了日本的有关法律。同时指出:按日本的法律,函馆地方当局无权接受俄方公函;倘若俄方有公事需要办理,务必前往长崎;至于移交漂流民的事宜,亦须另派人员办理引渡;而前往长崎,必须经过有关当局批准取得入港证后,方可入港等等。实际上,日本政府拒绝了俄使亚当·拉克斯曼携带的沙俄政府的正式公函。亚当·拉克斯曼"两手空空"③地回到了鄂霍次克。

亚当·拉克斯曼此次日本之行虽未达到预期目的,但也并不完全虚此一行。他们往返途中,尤其对千岛群岛南部阿伊努人的生活

---

① 高野明:《日本和俄国》,第68页。
② V. 雅康托夫:《俄国和远东苏联》,第40页。
③ V. 雅康托夫:《俄国和远东苏联》,第40页。

状况和北海道的自然资源偷偷地作了详细调查。不久后,1794 年沙俄政府竟向得抚岛遣送了 38 名流放刑事犯和 20 名"渔猎人",修筑了殖民扩张的营寨,企图使该岛置于俄国人的"势力范围之内"。

自从维塔斯·白令发现美洲西北海岸之后,数十年内沙俄的殖民势力纷纷涌入阿留申群岛和阿拉斯加,建立"公司",抢占土地和掠取毛皮。到 18 世纪末,沙俄在北美的殖民地已经具有相当的规模。为了统一筹划沙俄在北美的进一步扩张和维护其利益,经沙皇保罗一世批准,于 1799 年正式成立"俄美贸易公司"(Russian-American Trading Company),简称"俄美公司"。该"公司"乃是沙俄政府仿照老殖民主义国家荷兰、英国的"东印度公司"建立的。沙俄政府为"公司"颁发"特许状",其中"包括同日本贸易的特权"①。根据"公司"成立时制定的计划,"公司"肩负着进一步增强俄国沿北美洲西部海岸的势力,并将这些地方同堪察加、千岛群岛和阿留申群岛联结成一线,使整个北太平洋成为俄罗斯帝国的"内海",以便通过"俄美公司"垄断开发千岛群岛、阿留申群岛和阿拉斯加的全部自然资源。

18 世纪末,英法等西方殖民势力在太平洋大肆活动。英国开辟了从广州、澳门到阿拉斯加的航线,以中国和欧洲出产的杂货换取阿拉斯加的毛皮,从中牟取惊人的暴利。他们从事这种海上贸易往返一次大约只需 5 个月;但"俄美公司"所经营的毛皮,从阿拉斯加运到鄂霍次克,然后再由陆路运抵恰克图进入中国到达广州和澳门,至少也得两年的光景。于是沙俄政府决定支持"俄美公司"开辟直达日本和澳门的新航线。1803 年 3 月,沙皇亚历山大一世为此再次派遣赴日使节。同年 7 月,"俄美公司"的实际继承者尼古拉·彼得洛维奇·烈扎诺夫被任命为赴日全权大使。烈扎诺夫的使命有

---

① V. 雅康托夫:《俄国和远东苏联》,第 41 页。

二：其一，"请求日本承认于 1793 年给予拉克斯曼通商的许可"，其二，"测量千岛群岛和萨哈林岛（即我国的库页岛）"①。当烈扎诺夫从喀琅施塔得即将起航时，沙俄政府的工商大臣鲁米扬采夫又作了详细的"训示"，尽力取得俄国船队在日本港口拥有停泊的权利，倘若日方只允许一艘俄国船只出入长崎港，则应要求允许在松前进行贸易；倘若在松前贸易仍不允准，则应要求通过得抚岛岛民进行贸易。与此同时，鲁米扬采夫还指示烈扎诺夫调查库页岛究竟属于日本还是属于中国；调查日本同朝鲜、中国之间的关系以及琉球群岛是否属于日本等等②。

烈扎诺夫的船队于 1804 年 10 月 8 日驶抵长崎港后，日本官员向烈扎诺夫一伙重申了日本的锁国政策，以"不问海外诸国事务已久"，"不知与外国修邻谊之事"③为由，拒绝了沙俄政府来使的各项要求，并请俄国政府"以后不要再派遣船只到日本来了"④。烈扎诺夫的预期目的没有达到，不得不于 1805 年 4 月 6 日离开长崎返回堪察加。

烈扎诺夫回到堪察加后，以沙俄政府国务顾问和"俄美公司"总裁的身份策划以武力强迫日本政府放弃锁国政策，向俄国船队开港的阴谋。"训令"在"俄美公司"服务多年的海军大尉尼古莱·赫沃斯托夫和海军少尉加夫里伊·达维道夫从北美锡特岛的新阿尔罕格尔斯克起航，去完成"对于国家具有重大意义"⑤的使命。10 月 22 日，赫沃斯托夫等人的船队在库页岛南端的阿尼瓦湾袭击了日本松前藩在库页岛设置的税务所，绑架日本的税吏，焚毁仓库，宣布该岛

① V. 雅康托夫：《俄国和远东苏联》，第 41 页。
② 田保桥洁：《近代日本外交关系史》，第 182—183 页。
③ 田保桥洁：《近代日本外交关系史》，第 204 页。
④ V. 雅康托夫，《俄国和远东苏联》，第 41 页。
⑤ 田保桥洁：《近代日本外交关系史》，第 219 页。

为俄国沙皇亚历山大一世的领土①。次年 5 月,"俄美公司"的总管亚历山大·巴兰诺夫再次派遣赫沃斯托夫等前往千岛群岛南部的北海道以北海域进行骚扰和袭击。根据日本史料记载:6 月初,在择捉岛的沙那,俄国强盗捣毁了日本的交易所,绑架了守备人员,掠取了仓库物资;7 月初,又先后在礼文岛和利尻岛袭击日本官商船只,烧毁岛上的日本哨所和仓库等等②。

1811 年,在"俄美公司"服役的海军少校瓦西里·戈洛夫宁奉海军部之命"前往调查鄂霍次克海和千岛群岛"③。7 月 10 日,戈洛夫宁的船只停靠在国后岛进行非法测量时,发现岛上设有日本要塞,戈洛夫宁一伙上岸观察,被日本驻守人员予以拘留。日本方面一再追问他们是否是烈扎诺夫派来的人,"乃是要为那些被赫沃斯托夫等所伤害的人报仇"④。戈洛夫宁在自己的回忆录里证实了日本人对烈扎诺夫等人所犯罪行的仇恨心理,当人们一提到烈扎诺夫的名字,日本人说话的声调是"大声"的,情绪是"激昂"的。1813 年,沙俄政府西伯利亚当局出面一再向日本表示道歉,诡称赫沃斯托夫等人完全是擅自行动,与沙俄政府毫无关系,因此沙俄政府将"不为赫沃斯托夫和达维道夫二人的滥权负责"⑤。日本政府这才同意释放戈洛夫宁等人,但仍"拒绝为俄国总督复函"⑥。1815—1817 年间,沙俄政府又再三派人前往日本,希望取得日方接待与复函,而日本当局始终拒绝答复。

19 世纪中期,亚洲的形势发生了很大的变化。中英鸦片战争之后,英国迫使中国签订了不平等的《南京条约》。沙俄海军中将叶·

---

① 田保桥洁:《近代日本外交关系史》,第 224 页。
② 箭内健次等编:《海外交涉史的观点》第二卷,日本书籍株式会社,1976 年,第 203 页。
③ V. 雅康托夫:《俄国和远东苏联》,第 41 页。
④ V. 雅康托夫:《俄国和远东苏联》,第 42 页。
⑤ V. 雅康托夫:《俄国和远东苏联》,第 42 页。
⑥ V. 雅康托夫:《俄国和远东苏联》,第 42 页。

普提雅廷(E. Путятин)于 1843 年 7 月向沙皇尼古拉一世建议,利用中国在鸦片战争中失败之机,撕毁《尼布楚条约》,重新向中国提出划分边界,谋取海上通商特权的要求,以及再次同日本交涉建立关系①。沙俄政府的"特别委员会"审议并批准了普提雅廷的建议,决定向中国和日本派出远征队,"一举解决领土和通商问题"②。

沙皇尼古拉一世于 1847 年 9 月正式委派尼古拉·尼古拉耶维奇·穆拉维也夫(Николай Н. Муравъев)担任东西伯利亚总督。这个恶名昭著的穆拉维也夫提出了一整套入侵我国黑龙江流域的罪恶计划,并把计划同巩固和发展沙俄在东北亚和太平洋的利益联系在一起。他曾经声言:"阿穆尔河(即我国黑龙江——引者)是通向东方最便利的航路……占领阿穆尔地区对于我国分享东洋③的国际利益的问题也具有很大的意义"④。后来,他在一份写给海军参谋长康斯坦丁·尼古拉耶维奇的报告中又指出:"……四十年前,我国最著名的一位航海家曾指出应取日本,可是现在无疑已经晚了。不过,按照地理形势,假如俄国占据阿穆尔河(可以通航到上游),并在这条河上发展航运,那么毫无疑问,俄国还有希望在这些海洋上取得哪怕是第二等的地位"⑤。沙俄政府完全采纳了穆拉维也夫的计划,于 1852 年 5 月 6 日正式成立了专门研究和指导沙俄在东北亚和太平洋进一步扩张的最高领导机构"远东政策特别委员会"。不到半个月,这个"特别委员会"就决定委派普提雅廷为全权大使再次赴日"交涉";同时决定由普提雅廷率领一支"可以充分与美国相对抗

---

① 高野明:《日本和俄国》,第 167 页;阿历克赛耶夫:《1849—1855 年阿穆尔勘察队》,莫斯科,1974 年,第 10—11 页。
② 高野明:《日本和俄国》,第 167 页。
③ 东洋,这一术语泛指太平洋,在 18 世纪以及 19 世纪头 25 年内,俄国文献资料和社会上曾普遍使用。
④ 伊凡·巴尔苏科夫:《穆拉维约夫——阿穆尔斯基伯爵》,莫斯科,1891 年,第 228 页。
⑤ 伊凡·巴尔苏科夫:《穆拉维约夫——阿穆尔斯基伯爵》,第 309 页。

的远征舰队"①,准备必要时以武力逼迫日本开港。1853 年 8 月,普提雅廷率领俄国舰队抵达长崎后,立即向日本当局递交了俄国外交大臣致日本幕府老中的正式函件,内称:"俄国皇帝有两个愿望,其一为划定两国的境界……其二为……日本国内的港口,均请准许俄国臣民往来……"②日本当局对俄使所提"要求"根本不予答复,普提雅廷不得不暂离长崎前往我国的上海。这时,美国海军司令佩里(Perry)率领一支美国舰队在日本活动之后也刚刚抵达上海。普提雅廷曾与佩里商谈由俄美两国共同对日施加压力,迫使日本开港的问题。佩里未予理会。普提雅廷乃于同年年底再次前往长崎向日方施加压力。经过六次谈判,日本终于在 1854 年 1 月被迫向俄方保证:一旦日方与第三国缔结条约,俄国将享有最惠国待遇。这时,爆发了克里米亚战争,普提雅廷担心遭到英舰攻击,暂时离开日本回到堪察加。1854 年底,普提雅廷获悉佩里已经迫使日本开港,签订了美日和亲条约,便于 1855 年 4 月第三次前往日本交涉。10 月 9 日抵达函馆后,普提雅廷的远征舰队在大阪天保山海面上进行武力威胁,日本政府被迫同意普提雅廷前往下田(即伊豆港)重开谈判。日本终于被迫第一次与沙俄政府正式签订了不平等的《下田条约》。除规定沙俄在日取得通商权、设立领事权和居住权外,还规定俄、日在千岛群岛方面以择捉岛和得抚岛之间为界,择捉岛及其以南诸岛属于日本,得抚岛及其以北的岛屿均为俄国所有。经过一个半世纪的扩张活动,沙俄终于沿着堪察加、千岛群岛南下,迫使日本开港,实现了在太平洋地区扩大侵略的目的。

---

① 高野明:《日本和俄国》,第 171 页。
② 箭内健次等编:《海外交涉史的观点》第二卷,第 239 页。

评普提雅廷出使东亚

叶·瓦·普提雅廷，1803 年生于彼得堡的一个贵族家庭。1822年海军军校毕业后，即参加了俄国旨在征服世界的、由海军大将拉札列夫所率领的"环球航行"。1827—1842 年间，因参加镇压高加索山民和对波斯(伊朗)、土耳其的战争有功，于 1849 年被提升为侍从武官长。

19 世纪 50 年代，普提雅廷以俄罗斯帝国全权公使、太平洋分舰队司令兼钦差大臣的名义，两次出使东亚，于 1855 年至 1858 年间分别迫使日本和中国签订了不平等的《下田条约》(1855.2)、长崎《补充条约》(1857.10)，中俄《天津条约》(1858.6)和《俄日条约》(1858.8)。在此期间，还曾窜到朝鲜和菲律宾一带活动过。普提雅廷回国后，格外受到沙皇政府的通令嘉奖，加封伯爵，晋升为海军大将。

这个臭名昭著的扩张主义者、推行沙俄对外侵略政策的忠实走卒，给中国、日本和亚洲人民带来了灾难。但在现今苏联史学界及其御用学者的眼里，却变成了了不起的"俄罗斯国家的活动家、航海家和外交家"①。普提雅廷出使东亚的罪恶行径，反倒是所谓"不使

---

① 《苏联大百科全书》第 21 卷，苏联百科全书出版社，1975 年，第 242 页。

用威吓语言"，"不参予任何强制手段"①的和平行动。他出使东亚的使命，则被描写成为帮助中国"制止其他国家采取暴力的企图"②，"在客观上符合了中国的利益"③；至于强迫日本签订条约，则是"用和平手段"④"开设了（俄国）同日本的外交与通商关系"⑤等等。更有甚者，洋洋数十万言的"巨著"⑥，竟连普提雅廷的罪恶活动只字不提，似乎沙皇俄国在此期间并未参与列强侵略的行列。

如此种种，这就使得我们不能不对普提雅廷在东亚的行径，作出实际的评述，去伪存真，还沙皇政府及其外交使节的真面目。

1840年鸦片战争后，亚洲的国际关系发生了根本性的变化。从此，中国一步步沦为半殖民地半封建社会，西方列强纷纷东侵，亚洲各国面临着严重的民族危机。特别是沙皇俄国自彼得一世以来，便企图寻求南下太平洋和印度洋的水路⑦。为此，它特别要在北太平洋沿岸扩张势力，占有中国的黑龙江和日本方面的重要港湾，以巩固其在亚洲东北部、北美殖民地（阿拉斯加）的战略地位，进而称霸亚洲和太平洋。为了这个目的，俄国的大地主和资产阶级曾经就黑龙江的地位以及占领它的意义在报刊上掀起了所谓"阿穆尔问题"的讨论。普提雅廷曾在1842年中英缔结《南京条约》后向沙皇政府献策；调查黑龙江与库页岛，重新划分中俄边界，彻底撕毁《尼布楚

---

① 葛罗米柯主编：《外交辞典》第2卷，莫斯科，1961年，第613页。

② 齐赫文斯基：《中国近代史》，莫斯科科学出版社，1972年，第170页；纳罗奇尼茨基等：《远东国际关系史》（从16世纪末到1917年）第一册，莫斯科思想出版社，1973年，第98页；葛罗米柯主编：《外交辞典》，第613页。

③ 葛罗米柯主编：《外交辞典》，第613页。

④ 纳罗奇尼茨基等：《远东国际关系史》（从16世纪末到1917年）第一册，第111页。

⑤ 葛罗米柯主编：《外交辞典》。

⑥ E. M. 茹科夫主编：《远东国际关系史》第一至三版。

⑦ 沙皇彼得一世声称，黑龙江对"俄国未来的发展异常重要""将来必须在濒临大洋的黑龙江口建立俄国的城堡"。——见卡巴诺夫：《黑龙江问题》，第26页；冈索维奇：《阿穆尔边区史》，第70—71页。而彼得一世的继任者叶卡特琳娜二世则公然地将夺取黑龙江作为俄国"远东政策的中心"。她说："假如'阿穆尔河'能成为我们通往堪察加和鄂霍茨克海领地输送粮食的通道，那么占领这条河流对我们是极为重要的。"——见涅维尔斯科伊：《俄国海军军官在俄国远东的功勋（1847—1855）》。

条约》。他认为,在中国处于战败的形势下,俄国"应该抢在英国人的前边解决这个问题"①。

向来自命不凡并认为显示权力比什么都重要的沙皇尼古拉一世(1825—1855),"希望实现其高祖父与祖母的遗志"②,曾于1843年决定派遣由普提雅廷率领"远征队"前往中国与日本,以便"一举解决领土和通商问题"③,趁势打开中、日两国的门户,实现其在东亚领土扩张的目的。后因故改由"俄美公司"担负此项远征使命。

后来,当俄国政府感到"中国和日本逐渐变成了英美的猎物。富有进取心的英国人和美国人正迅速实现自己的计谋"④,特别是当闻知美国即将派遣舰队前往日本,压迫日本政府对外开港的消息,沙皇政府越加感到有加速推行远东侵略政策的必要。1852年4月,尼古拉一世决定成立"特别委员会",以研究俄国远东政策中的重大问题,并"决定采取措施以巩固俄国在太平洋的阵地,其中包括力争打开中日两国的港口"⑤。5月7日,"特别委员会"再次提出建议,派遣以普提雅廷为首的"考察队"前往中国和日本。临行前,海军大臣缅希科夫还特别指示普提雅廷务必"收集俄国在东亚和北美西部海岸一带所发生的全部情报"⑥。俄国外交部则训令普提雅廷"力争解决俄国人可在日本北部的某一最为方便的港口从事贸易,并拥有入港之权利"⑦。

1852年10月7日,普提雅廷乘"巴拉达"号战舰由喀琅施塔得

---

① 见真锅重忠:《日俄关系史》,第177页。
② 即指彼得一世和叶卡特琳娜二世的欲望。引文见涅维尔斯科伊:《俄国海军军官在俄国远东的功勋(1847—1855)》,第59页。
③ 高野明:《日本与俄国》,第167页。
④ 引文见沙俄东西伯利亚总督穆拉维约夫于1852年2月20日(俄历)给康斯坦丁·尼古拉耶维奇亲王的信。见巴尔苏科夫:《穆拉维约夫—阿穆尔斯基伯爵》,第309页。
⑤ Э. Я. 法因别尔格:《1697—1875年的俄日关系》,莫斯科,1960年,第143页。
⑥ Э. Я. 法因别尔格:《1697—1875年的俄日关系》,第145页。
⑦ Э. Я. 法因别尔格:《1697—1875年的俄日关系》,第145页。

起航。为了掩盖侵略动机，沙俄政府采纳了西保尔德［西保尔德（1796—1866），德意志人。1823 年作为荷兰商馆的医生旅居江户。其间大量收集日本的各种资料，著有《日本》一书，并发表多篇有关日本的文章，在欧洲颇有影响。1859 年作为荷兰贸易公司的顾问再次赴日。日本幕府当局在处理对外事务时，也曾征询过西保尔德的意见。］的建议，极力伪装自己，佯称普提雅廷出使东亚乃是为了"消除俄日之间的误会"，"确立帝国双方臣民……的和平与安宁"①云云。

俄历 1853 年 8 月 9 日（公历 8 月 21 日），普提雅廷率领舰队抵达长崎。在递交给日本当局的正式公函中宣称："俄国皇帝有两个愿望，其一为划定两国的境界……其二为……日本国内的港口，均应准许俄国臣民往来"②。对此，日本当局难以应允。于是普提雅廷便改变行动，突然宣称直航江户湾（今东京湾），对日本施加压力。当日方紧急派员告知江户幕府业已派出全权代表，普提雅廷方才改变决定，暂离长崎前往上海。但在临行前向日本当局送交了一份备忘录，指出不久"再来之时，若日本全权仍未到达，或日本政府方面还没有明确答复，将立即前往江户"。③ 同年年底，普提雅廷从日本启航驶抵我国上海，"停泊崇明东头洋面"④，观测东亚风云，以待时机。是时，正值美国舰队司令佩里压迫日本开国，在上海等待日本答复。于是，普提雅廷便趁机勾结美国，提出两国海军力量"彼此合作"⑤，共同压迫日本"以令开港"⑥。

1854 年 1 月初，普提雅廷再次驶入长崎。为显示俄国的威严，

① Э. Я. 法因别尔格：《1697—1875 年的俄日关系》，第 148 页。
②《通航一览续辑》第 3 卷，见箭内健次等编：《海外交涉史的观点》第 2 卷，第 239 页。
③ 真锅重忠：《日俄关系史》，第 222 页。
④ 故宫博物院明清档案部编：《清代中俄关系档案史料选编》（以下简称《史料选编》），第三编上册，中华书局，1979 年，第 87 页。
⑤ 马士、宓亨利：《远东国际关系史》上册，波士顿、纽约，1931 年，第 300 页。
⑥ 大隈重信：《开国五十年史》，商务印书馆，1930 年，第 98 页。

普提雅廷故意作了一番安排：由俄国双头鹰国旗领先，仪仗队、军乐队开路，前呼后拥，在高呼"乌拉"和礼炮声中登岸。随后，则对日本施展软硬兼顾的手段，大谈自烈扎诺夫出使日本以后的国际形势已经发生巨变。即使"现在日本最大的要塞长崎，只要一只快速风帆船便可突破"。因此，日本"此时答应俄国的要求，乃是为了日本"①。

日俄双方经过多次谈判（1月19日至2月4日），日本政府终于被迫同意：当日本与第三国缔结通商条约时，俄国亦享有同样的权利。由于已经爆发克里米亚战争（1853年10月），为了免遭英国舰队的攻击，普提雅廷暂时撤离长峰北上。但当闻讯美国已同日本签订条约后，普提雅廷便又接踵而至，第三次驶抵长崎，向日本政府递交了有关划界通商问题的备忘录，便匆匆离去。经过一番准备后，普提雅廷于10月21日抵达函馆，要求日本划界、开港。因日本不肯轻易就范，普提雅廷便采取俄国的惯用手段，于11月8日指挥舰队突然闯入大阪天保山海面，进行武装威胁，致使"京阪市民震骇"②。

日本政府迫于武力威胁，答应在下田重开谈判。1855年2月7日，日本政府被迫与沙俄签订了不平等的《俄日友好通商边界条约》，即《下田条约》，其中规定："今后日本国和俄国的边界在择捉岛和得抚岛之间。择捉全岛属于日本，得抚全岛及其以北的库里尔（千岛）群岛属于俄国"③。至此，沙俄迫使日本在法律上承认了俄国在千岛方面的权利。此外，日本政府还对俄国船只开放下田、函馆和长崎三个港口，俄国在日本取得了通商贸易、最惠国待遇等特权。

近年来，日本学者越来越认识到，以往"我们一说到开国，就想到佩里；一说到佩里，就联想到开国。而实际上，日本的开国是以德

---

① 真锅重忠：《日俄关系史》，第226页。
② 高野明：《日本和俄国》，第177页。
③ 日本外务省：《日本外交年表及主要文书》上册，原书房，1952年，文书部分第5页。

川体制的脆弱化为内因,以美国为先导的英、俄、法国、荷兰、瑞士、葡萄牙、普鲁士等各国,使远东市场化这一外压攻势的结果,是19世纪中叶,中国和日本处于欧美各国包围的痛苦的国际环境中产生的。特别是俄国……迫不及待地要确保其在桦太(即库页岛)、千岛的殖民军事基地……"①这个看法触及了普提雅廷出使日本,迫使日本开国、划界的基本原因。

然而,当代的苏联某些学者,却极力否认沙俄当年压迫日本,觊觎别国领土的事实,说什么"俄国同美国、英国和法国不同,对日本并没有施加军事压力,而是通过和平的方法来解决所提出的问题的"。② 这真是海外奇谈! 对此,日本学者指出:所谓的"和平"方式,"充其量不过是一种战术……而这正是在侵略异民族的经验上,比美国人遥遥领先的俄国人的智慧和策略"③。所以,归根结底,所谓的"和平的方法","实际上只能是心地险恶的手段",它使俄国"成功地获得了美英等国家所没有获得的领土"④。

普提雅廷为沙皇俄国在东亚的侵略扩张立下了犬马之劳,迫使日本同俄国签订了第一个不平等的条约。普提雅廷因此而受到了沙皇亚历山大二世的垂青,被授予伯爵称号,并从沙皇政府那里领取了一笔数目可观的"津贴"⑤。

1856年10月第二次鸦片战争爆发。当时任俄国驻英使馆武官的普提雅廷认为时机已到,旋即向康斯坦丁亲王报告。康斯坦丁亲王为此于1857年1月致函外交大臣哥尔查科夫,主张赶在英法使节到达北京之前派遣使节前往北京,"以彻底解决两国的边界问题";

① 箭内健次等编:《海外交涉史的观点》第二卷,第295页。
② Э. Я. 法因别尔格:《俄日外交、通商关系的建立——1853至1855年普提雅廷使节团》,《历史问题》,1969年3月。
③ 清水威久:《列宁与下田条约》,原书房,1975年,第32页。
④ 清水威久:《列宁与下田条约》,第34页。
⑤ 涅维尔斯科伊:《俄国海军军官在俄国远东的功勋(1847—1855)》,第344页。

同时推荐普提雅廷充任使节,"因为他在日本显露过自己的才干,签订了一个对我国有利的条约"①。1月24日,又函告东西伯利亚总督穆拉维约夫,指出"彼得堡方面意欲派遣普提雅廷伯爵去华谈判,以获得阿穆尔左岸及滨海地区"②。根据康斯坦丁亲王的推荐,沙皇亚历山大二世于1857年2月正式委任普提雅廷为出使中国的全权代表,其具体使命:"第一为欲定二国早先未定交界;第二现在各外国人在中国之内通商者,无论何项得利益处,俄国之人亦欲得之",而后,随着英法对华战争的进展,普提雅廷又向中国提出了所谓"帮扶贵国,沿海扼防,操练兵丁,安备器械"等等③。

后来,俄国枢密院将派遣普提雅廷出使中国的决定通知了清政府④。当普提雅廷抵达伊尔库茨克后,便与清政府联系,要求通过恰克图前往北京。至于为何要进北京,普提雅廷却矢口不谈,声言"实难形诸笔墨"⑤。清政府鉴于"俄罗斯狡猾性成"⑥,拒绝普提雅廷经由蒙古或黑龙江地区前往北京,并由理藩院复照俄国枢密院,指出中国"并无机密要事应与贵国商办,毋庸特派大臣来京"⑦。至于同清政府"商酌"如何共同对付英法侵华事宜,清政府亦以"不借外国帮助之力"⑧为由,予以拒绝。普提雅廷对此极为恼火,竟指责清政府"不合两国和好之道"⑨,并以威胁的口吻声称:"……如使俄罗斯大邻国不和,至于为敌,则贵国诸多有碍"⑩。

普提雅廷受阻后,便与东西伯利亚总督穆拉维约夫商议对策,

---

① 巴尔苏科夫:《穆拉维约夫——阿穆尔斯基伯爵》,第83页。
② 巴尔苏科夫:《穆拉维约夫——阿穆尔斯基伯爵》,第83页。
③《史料选编》第三编中册,第452、537页。
④《史料选编》第三编上册,第283页。
⑤《史料选编》第三编上册,第289页。
⑥《史料选编》第三编上册,第291页。
⑦《史料选编》第三编上册,第293页。
⑧《史料选编》第三编上册,第292页。
⑨《史料选编》第三编上册,第299页。
⑩《史料选编》第三编上册,第347页。

决定普提雅廷乘船直驶渤海湾,由天津进京;而穆拉维约夫则在黑龙江一带配合普提雅廷行动,"采取了一切措施,以便普提雅廷此次出使能达到预期目的"①。当普提雅廷途经黑龙江口时,借口英美两国企图染指库页岛,竟派遣鲁达诺夫斯基等十余人登上该岛,并强行建立哨所②,蚕食中国的领土。然后,于7月13日在庙街登上"亚美利加号"舰直驶天津;而穆拉维约夫则在乌斯特-结雅哨所集结了主力部队,以便"对付中国人"③。

1857年8月5日,普提雅廷率舰驶抵渤海湾白河口抛锚后,强行要求在津投递公文,要求入京;同时派人调查"进口河道情形","乘坐划船通口测量水势",甚至"令武官人等各执器械"④威胁天津地方官员。因普提雅廷违反通过库伦办事大臣递送公文的规定,天津地方官员奉命拒绝受理。后因英法入侵广州,清政府唯恐普提雅廷与之勾结,则决定在津接受普提雅廷的公文,但要求普提雅廷投文后仍须离开天津,约期来津听候回音。普提雅廷所递公文的主要内容是"东北至海,西至伊黎等处……即应复行商定界址"⑤。清政府当即据理驳斥了普提雅廷的无理要求,指出:"至所称欲将界地复行商定一节。查康熙年间议定,以格尔毕齐河、兴安岭为界。当时鸣炮誓天,勒碑示后,岂有未定界址,尚须商议之处!"⑥

1857年8月25日,普提雅廷离津前往上海,住在美商旗昌洋行期间,曾与英国领事罗伯逊会见,保证俄国政府并没有同清政府签订任何新约。普提雅廷声称之所以同清政府接触,仅仅是为了"敦促中国政府不要执行排外政策"⑦,暗中讨好英国,力图与英勾结。9

---

① 伊凡·巴尔苏科夫:《穆拉维约夫——阿穆尔斯基伯爵》,第495页。
② 卡巴诺夫:《黑龙江问题》,第184页。
③ 伊凡·巴尔苏科夫:《穆拉维约夫——阿穆尔斯基伯爵》,第496页。
④《史料选编》第三编上册,第328、337、338页。
⑤《史料选编》第三编上册,第347页。
⑥《史料选编》第三编上册,第353—354页。
⑦ R. K. I. 奎斯特德:《1857—1860年俄国在远东的扩张》,新加坡,1968年,第88页。

月 14 日当普提雅廷驶抵天津,见到理藩院拒绝与他"商议"边界问题的复文后,便佯称"候折回本国,由国主再行定夺"①。实际上普提雅廷是心怀叵测,另有鬼胎:期待英法侵华事态进一步发展,以便从中取利。于是决定于 9 月 17 日暂离天津,前往日本弄清日本政府对于"同外国列强签署通商条约的决心"②。10 月 24 日(俄历 12 日),普提雅廷在长崎又强迫日本政府签订了不平等的《补充条约》,为沙皇政府取得了包括为俄国船只开辟港口在内的许多新的权益③。

　　1857 年 10 月底,普提雅廷从长崎重返上海后,一方面写信给康斯坦丁亲王,建议"中断恰克图贸易",以示对中国惩罚;另一方面,则加紧同英法勾结,甚至鼓吹四国"一致行动",联合侵华。关于此项计划,英使额尔金的私人秘书奥列发恩曾经记述额尔金同普提雅廷一起商谈过,额尔金认为普提雅廷在会谈中所提供的情报对英国具有"极大的帮助"④。后来,额尔金在 1857 年 11 月 14 日给英国外交大臣克莱灵敦的蓝皮书中指出:普提雅廷在谈到如何同中国政府打交道的态度和用词"非常果断"⑤;普提雅廷说,同中国政府打交道,"除非对北京施加压力,已别无他法"⑥。为了达到既定目的,普提雅廷曾建议俄国政府拨款 300 万至 500 万卢布,用以贿赂清政府官员,"则此次出使必能获得完全成功";⑦同时又主张"封锁白河两个河口",而且认为只需要派遣"一中队舰船进行封锁",便可"迫使

---

① 《史料选编》第三编中册,第 372 页。
② Э. Я. 法因别尔格:《1697—1875 年的俄日关系》,第 176 页。
③ Э. Я. 法因别尔格:《1697—1875 年的俄日关系》,第 176—177 页。
④ L. 奥列发恩:《额尔金伯爵 1857—1859 年出使中国和日本记事》第一卷第二版,爱丁堡、伦敦,1860 年,第 178 页。
⑤ L. 奥列发恩:《额尔金伯爵 1857—1859 年出使中国和日本记事》第一卷第二版,第 178 页。
⑥ L. 奥列发恩:《额尔金伯爵 1857—1859 年出使中国和日本记事》第一卷第二版,第 178 页。
⑦ 伊凡·巴尔苏科夫:《穆拉维约夫——阿穆尔斯基伯爵》,第 5C3 页。

中国人改变其顽固不化的态度"①。

1858 年 2 月 4 日,英使额尔金、法使葛罗、美使列卫廉和俄使普提雅廷决定采取联合行动,要求清政府派遣全权代表到上海谈判、四国公使进京、增开口岸和内地传教等问题。但是在四国照会发出之前,普提雅廷却偷偷地在照会中塞进了连"英、法、美的使节,谁都不知道"的"一份关于阿穆尔的附件"②。该附件要"以黑龙江左岸为俄罗斯边界","乌苏里江下游"应以"乌苏里江右岸为界"③。"对中国领土要求的全盘主张,俄国人终于向中国人端出来了。这是瞒着西方使节的。"④普提雅廷的这种卑劣行径实在是举世无双,开创了外交史上的"奇迹"。

4 月 1 日,英法使节决定同俄美使节一起北上,普提雅廷为了达到俄国的目的,于 4 月 11 日率先赶到天津向清政府"传紧要话"⑤。因清政府获悉英法美舰只即将抵津,于是便委托天津地方官员与普提雅廷接触。普提雅廷一方面背着英法美使单独"和中国人谈判,不仅谈了西方列强的共同要求,还谈了俄国对东北边界的领土要求";同时还力图"倚仗英、法远征军的兵力攻打中国,逼它向所有的人作全面投降"⑥。后来,普提雅廷则利用清政府对四国联合行动的恐惧心理和忙于镇压太平天国运动,取得了在清政府和英法之间"调停"的身份,并利用这种身份,极力怂恿英法对清政府施加军事压力。在普提雅廷看来,不如此就不可能达到令人满意的结果。当清政府仍不同意普提雅廷的无理要求,普提雅廷竟佯装拂袖而去,不肯继续"调停"。除非清政府答应俄国政府提出的全部要求,否则

① 伊凡·巴尔苏科夫:《穆拉维约夫——阿穆尔斯基伯爵》,第 504 页。
② R. K. I. 奎斯特德:《1857—1860 年俄国在远东的扩张》,第 98 页。
③《史料选编》第三编中册,第 414 页。
④ R. K. I. 奎斯特德:《1857—1860 年俄国在远东的扩张》,第 99 页。
⑤《史料选编》第三编中册,第 427 页。
⑥ R. K. I. 奎斯特德:《1857—1860 年俄国在远东的扩张》,第 106 页。

俄国对"他国之事,从此不能再管"①。此外,普提雅廷还恫吓清政府"将向圣彼得堡请求调派战舰","给中国一顿狠揍"②;对于英法则又极力敦促他们可以"自由行动",声称"敌对行动用不到越过大沽,对北京的朝廷或许就会产生有益的效果"③。

1858年5月18日,英法侵略军头目决定于20日进攻大沽口炮台,然后进兵天津。普提雅廷得悉后,立即保证给予"道义上的全力支持",并且表示俟英法舰只上溯白河,俄舰便立即随同前往。5月21日,当英法侵略军出动军舰七艘和大批木船溯白河而上进逼天津,并扬言要攻打北京时,普提雅廷更是煽风点火,趁火打劫,鼓吹只有施以强大的压力才能迫使清政府接受全部条件。清政府急忙派遣要员来津要求议和,并请普提雅廷务必从中周旋"调解"。普提雅廷则表示只要清政府按照俄国的要求"速将条款议定",便立即"代向各夷说和"④。1858年6月13日(俄历6月1日,咸丰八年五月初三),普提雅廷逼迫清政府签订了不平等的中俄《天津条约》。全约共十二条,主要内容为:增开七口通商,俄国船只有权在各口岸停泊;未经明定边界,由两国派员查勘以及扩大陆路通商等等⑤。

普提雅廷真可谓"不辱使命",他没有辜负沙皇政府对他的重托,在短短的几年之内,竟为俄国夺得了"鞑靼海峡和贝加尔湖之间最富庶的地域",而这个地域"从沙皇阿列克塞·米哈伊洛维奇到尼古拉,一直都企图占有"⑥。

普提雅廷在19世纪50年代两次出使东亚的无耻行径表明:普提雅廷决不是什么"和平使节",而是效忠于沙皇俄国对中、日两国

---

① 《史料选编》第三编中册,第477页。
② R. K. I. 奎斯特德:《1857—1860年俄国在远东的扩张》,第115页。
③ R. K. I. 奎斯特德:《1857—1860年俄国在远东的扩张》,第120页。
④ 《史料选编》第三编中册,第511页。
⑤ 《史料选编》第三编中册,第530—533页。
⑥ 马克思:《中国和英国的条约》,《马克思恩格斯选集》第2卷,第34—35页。

侵略扩张政策的急先锋。恩格斯曾经说过："沙皇政府每次掠夺领土,使用暴力,进行压迫,都是拿开明、自由主义、解放各族人民作为幌子"①。当今的苏联史学界及其御用学者竟不顾历史事实为沙皇政府对东方人民的犯罪政策辩护,为殖民主义强盗普提雅廷狰狞嘴脸涂脂抹粉,这一切只会激起中、日两国人民对现代的还在"用鬼话来掩盖掠夺政策的人"②的无比憎恶!

---

① 恩格斯:《俄国沙皇政府的对外政策》,《马克思恩格斯全集》第22卷,第26页。
② 列宁:《中国的战争》,《列宁选集》第1卷,人民出版社,1972年,第241页。

1904 年日俄帝国主义
战争的准备过程

    1904 年的日俄战争,是日俄两帝在东亚的争霸战争。然而双方谁都不承认自己是侵略者。时至今日,在苏联和日本的某些权威外交史著[①]中,仍有类似的倾向,诸如指责对方侵略活动多,对本国帝国主义的扩张行径则轻描淡写,强调对方战争准备多,而视本国帝国主义政府对战争"毫无准备",仅仅是不得已匆匆应战而已,等等。因此,通过事实揭示这场战争的起源,说明 19 世纪末 20 世纪初俄日两帝在东亚的一贯矛盾与争夺,仍是当前有待解决的一个课题。

    我们认为:19 世纪末,在国际帝国主义争夺东亚的角逐中,日俄矛盾已经逐步上升为主要矛盾;1904 年的日俄战争,是日俄两帝在东亚长期冲突和争夺的必然结果;在东亚一贯推行侵略扩张政策的俄国帝国主义,同长期为实现"大陆政策"的日本帝国主义一样,都是 1904 年战争的罪魁祸首。这是一场帝国主义战争。

一、俄日矛盾逐步成为国际帝国主义
争夺东亚过程中的主要矛盾

    俄日两国在东亚的矛盾,并非始于一时。早在 18 世纪,沙俄沿

[①] 参见葛罗米柯等主编:《外交史》第二卷,莫斯科,1963 年;鹿岛守之助:《日本外交史》第七卷,鹿岛研究所,1972 年。

千岛南下,力图推行向太平洋扩张的远东政策时,便同日本发生了冲突。不过那时的日本仍是一个落后的封建国家,居于被欧美列强压迫的地位。19 世纪 60 年代后,沙俄和日本都走上了资本主义发展的道路,日本也确立了对其邻国进行侵略和奴役的对外政策,日俄之间的矛盾便发生了变化,成了国际列强争夺东亚这个基本矛盾的内容之一。

19 世纪 80 年代末,沙俄决定修筑西伯利亚铁路,其根本目的在于推行远东扩张政策。沙俄政府负责修建这条铁路的财政大臣维特(C. Ю. Витте)曾经鼓吹:这条铁路筑成之后,将给俄国的"东部港口以有力的支持",将会"确保"和"巩固"俄国太平洋舰队的地位,并在"发生政治纠纷"时,由于"控制了通往太平洋水域的国际商业航道"而将产生"重要的影响"①。关于这个问题的实质,正如列宁所说:"建筑铁路似乎是一种简单的、自然的、民主的、文化的、传播文明的事业……实际上,资本主义的线索像千丝万缕的密网、把这种事业同整个生产资料私有制联系在一起,把这种建筑事业变成对十亿人民(殖民地加半殖民地),即占世界人口半数以上的附属国人民,以及对'文明'国家资本的雇佣奴隶进行压迫的工具"②。经沙皇亚历山大三世批准,这条铁路的修筑工程于 1891 年破土动工,每年以 587 俄里的速度往前推进。

日本对沙俄这一"主要是针对满洲的"③行动感到十分忧虑,因为沙俄的行动是同日本"攻取朝鲜,以制辽东"④的战略方针相抵触的。日本统治阶级不分朝野把"眼睛都集中到了俄国的东方政策"⑤

---

① 格隆特、菲尔斯托娃(А. Я. Грунг, В. Н. Фирстова):《帝国主义时期的俄国(1890—1907)》(Россия в Эпоху Империализма 1890—1907),莫斯科,1959 年,第 43 页。
② 列宁:《帝国主义是资本主义的最高阶段》,《列宁选集》第 2 卷,第 733 页。
③ 鲍·罗曼诺夫:《俄国在满洲(1892—1906)》,陶文钊等译,商务印书馆,1980 年,第 3 页。
④ 井上清:《日本的军国主义》第二册,商务印书馆,1958 年,第 69 页。
⑤ 藤村道生:《日清战争》,岩波书店,1974 年,第 18 页。

上来。日本自由党的重要成员、驻朝鲜公使大石正已指出：西伯利亚铁路乃是"席卷日、清、韩，并把英国赶出太平洋之武器"，当它竣工之时，沙俄将"不费一兵一卒"地"合并朝鲜"①。日本军界的头面人物山县友朋更是认为"俄国之志在于侵略"，当西伯利亚铁路竣工之际，沙俄的矛头"必然指向朝鲜……而先开事端"，因此日本当前的"最大急务"是在于"完整兵备"②。山县任政府首相之后，又进一步提出了所谓"保护利益线"问题，把朝鲜当作日本"利益线"的"焦点"。他声称"吾人切不可忘记，西伯利亚铁路完成之日，即是朝鲜多事之时……这岂非对我之利益线最有冲击之恶者乎?"③日本的统治集团越来越清楚地认识到：沙俄在远东修筑铁路的企图决非仅仅为了"穿越满洲或者到达朝鲜的某一港口"，而是力图"想要得到某种比一个港口更加重要得多的东西"④。日本政府决定"趁俄国忙于经营中央亚细亚"⑤之际，抢在西伯利亚铁路竣工之前，"尽快寻找机会进行对清作战"⑥，迫使清政府承认朝鲜脱离清帝国而"独立"，以便实现"攻取朝鲜，以制辽东"的战略方针。在这种背景下，日本于1894年发动了侵华战争。

中日甲午战争的结局使日本政府实现了早在明治初年就已提出的征韩目的，并力图在朝鲜建立殖民统治，"使之就范，不敢他顾"⑦。但是，日本的所作所为直接触犯了沙俄南下扩张的利益，尤其是《马关条约》中有关割占辽东半岛的条款，更使沙俄感到骨髓在

---

① 藤村道生：《日清战争》，第17页。
② 《山县友朋意见书》，原书房，1966年，第178—181页。
③ 《山县友朋意见书》，第197页。
④ G. A. 伦森选编(G. A. Lensen)：《萨道义报告，1895—1904年我日之间的朝鲜与满洲》(*Korea and Manchuria Between Russia and Japan 1895 - 1904*，The Observations of Sir Ernest Satow)，东京菲亚大学—美国弗罗里达外交出版社，1956年，第43页。
⑤ 《山县友朋意见书》，第197页。
⑥ 《山县友朋意见书》，第197页。
⑦ 陆奥宗光：《蹇蹇录》，伊舍石译，商务印书馆，1963年，第77页。

喉，难以忍受。沙俄外交大臣洛巴诺夫（А. Б. Лобанов-Ростовский）认为："这些被日本硬塞进条约的苛刻条件，尤其是要求割让辽东半岛，俄国甚至比中国更为感到厌恶。日本不仅展现自己是个强国，而且正企图在靠近俄国边境近邻的亚洲大陆取得一个立脚点"①。沙俄政府为此专门召开了大臣会议，决定进行干涉，"不准日本从中国夺走任何一块领土"②。沙俄勾结德法共同迫使日本退出辽东，表明沙俄在推行远东扩张政策上取得了一次不小的成功。但是，日本政府利用朝鲜的"独立"，在朝鲜大肆扩展日本势力。早在中日甲午战争刚刚爆发不久，日本政府便任命内务相井上馨为驻朝公使，"去控制朝鲜政府"③。井上馨赴任不久，便向朝鲜国王提出了 20 条内政"改革纲领"，力图从朝鲜攫取修筑铁路、开放港口、租借海军要塞以及"保护"电讯线路和海关等特权，迫使朝鲜逐步殖民地化。沙俄政府对于日本在朝鲜的活动十分敏感。外交大臣洛巴诺夫于 1895 年 5 月 14 日在彼得堡约见日本驻俄公使西德二郎时，以"劝告"的方式提醒日本政府：对于日本政府对朝鲜内政的过分干涉，沙俄政府甚表关注，切望日本政府从速"妥善处理"。同时西德二郎还从美国驻俄使馆获悉：沙俄政府不久将正式要求日军撤出朝鲜。日本外务相陆奥宗光为局势变化深感忧虑，担心若不接受沙俄"劝告"，一旦沙俄海军南下占领朝鲜并控制黄海水域，日本又由于"制造（武器）能力和财政尚未得到充分发展"④而无力对抗沙俄，日本就有可能失去控制朝鲜的危险。日本政府被迫决定暂时改变对朝方针，向各国表示：日本政府同意与朝鲜有利害关系的各国进行合作，"采取以改

---

① A. 洛巴诺夫-罗斯托夫斯基（A. Lobanov-Rostovsky）：《俄国与亚洲》（*Russia and Asia*），纽麦克米伦公司，1933 年，第 221 页。
② 洛巴诺夫：《俄国与亚洲》，第 222 页。
③ 藤村道生：《日清战争》，第 134 页。
④ 乔治·伦森：《俄国向东方的扩张》，第 46 页。

善朝鲜国事态为目的的任何措施"①,同时从朝鲜调回井上馨,由陆军中将三浦梧楼接任。

三浦梧楼赴任后,竟与朝鲜亲日派大院君合谋,于10月8日发动政变,杀戮了以闵妃为首的一批宫廷大臣,迫使国王废黜王妃(朝鲜史称"乙未政变")。这样一来,反而为沙俄提供了向朝鲜紧急派兵的借口。朝鲜国王因此而逃入沙俄公使馆避难,要求俄军保护,同时声明:日本在朝鲜的任何改革"一律无效"②,反而"在俄国的鼓动之下,宣布了一项改革计划"③。

日本驻朝公使一手制造的"乙未政变",引起了欧美列强的各种猜疑,立即成为国际注目的问题。日本外务相深感此事办得"极不得策"④。日本政府慑于再次引起国际干涉,不得不照会各国"不再干涉朝鲜内政"⑤,同时指示驻俄公使西德二郎试探与俄协商解决问题的可能性。经过日俄两国驻朝公使谈判,签订了《韦贝-小村备忘录》,日本间接地承担了对"乙未政变"应负的责任,同时明确同意:沙俄在朝鲜拥有同日本相等数量的武装警备队,俟朝鲜"秩序恢复"后都立即撤出,等等。与此同时,参加沙皇加冕典礼的日本代表山县友朋,同沙俄外交大臣洛巴诺夫举行谈判后,签订了《洛巴诺夫-山县议定书》,规定日俄两国均有权"协助"朝鲜政府获得外国贷款和管理朝鲜境内电讯线路;对于今后可能发生的"一切问题",均须经过两国"磋商与谈判"加以解决,任何一方不得擅自行动。

实际上,日俄是貌合神离。正当洛巴诺夫同山县签订《议定书》时,他又同朝鲜特使密谈,所签订的秘密协定规定:俄国在朝鲜拥有

① 藤村道生:《日清战争》,第189页。
② V. A. 雅康托夫:《俄国和远东苏联》,第46页。
③ 洛巴诺夫:《俄国与亚洲》,第229页。
④ 藤村道生:《日清战争》,第193页。
⑤ 藤村道生:《日清战争》,第193页。

开设银行、派驻军官团负责训练国王的近卫兵团，以及在鸭绿江流域拥有森林采伐等特权。沙俄政府诱使清政府代表李鸿章签订的《中俄密约》①，以中俄"共同防御"日本为由，在中国境内攫取了修筑铁路和开办银行的特权。沙俄外交大臣对此曾情不自禁地称道："迄今为止，我们可以看到，俄国的外交达到了正在远东寻找的两大目标，并使之结合在一起了，这就是：把日本从大陆上排斥出去和横贯西伯利亚的铁路得以通过中国领土延伸下去。"②至于日本，同沙俄一样，并不经过任何"磋商与谈判"，在朝鲜大搞经济渗透，以至于造成了"在朝鲜经济势力方面的优势无疑是属于日本的"③局面。综上所述，日本被迫退出辽东之后，日俄在东亚的矛盾已经逐步上升为国际帝国主义在东亚角逐中的主要矛盾。协议中的所谓"磋商与谈判"原则，只不过是形式而已。日俄两帝在东亚展开一场白热化的争夺战，已经成了不可避免的趋势。

二、俄日矛盾白热化和日英首次结盟

日本退出辽东之后，外交上面临着两种选择：要么通过"磋商与谈判"的途径来解决与俄在东亚的矛盾；要么以同欧美列强结盟的手段来对抗沙俄的攻势。关于日英结盟的设想，早在三国干涉还辽时就有人认为，日与英结盟对于日本是"有益的"④。但是，当时的日本政府认为：与英结盟须以本国的实力为基础，否则英国会把日本视为它的保护国。在外交上基于这种认识，日本政府决定首先全力

---

① 《中俄密约》签订时有中、法两种文本。法文本的中译文可参见鲍·罗曼诺夫：《俄国在满洲（1892—1906）》，第 102—104 页。英译文可参见 V. A. 雅康托夫：《俄国和远东苏联》，第 356—366 页。
② 洛巴诺夫：《俄国与亚洲》，第 225 页。
③ 鲍·罗曼诺夫：《俄国在满洲（1892—1906）》，第 133 页。
④ A. M. 波利编（A. M. Poley）：《林董伯爵秘密回忆录》（*The Secret Memoirs of Count Tadasu Hayashi*），纽约人出版社，1915 年，第 86 页。

以赴增强国力,"即使把三餐改为两餐",也要把军备搞上去①,以便来日与英结盟,对俄决战;同时,对沙俄暂取"磋商与谈判",以更与俄周旋。

1897 年底,沙俄决定占领旅顺口,把当年迫使日本吐出的肥肉攫为己有。沙皇尼古拉二世曾称:"我已决定占领旅顺口⋯⋯假若我们不去占领,那么它将会被英国人占领"②。沙俄为了避免日本的反对,为了制止日本占领朝鲜的可能要求,便以安抚的手法,向日本政府提出了沙俄准备以《洛巴诺夫-山县议定书》为基础,就日本在朝鲜的某些利益可以"超过"俄国的问题,与日进行谈判。但是,日本政府对沙俄在旅顺口采取行动极为愤懑,立即提出了抗议,同时针对沙俄有关朝鲜问题的建议,于 1898 年 2 月 16 日向沙俄外交部递交了新方案,其中特别强调:日俄双方在有关工商业问题上采取任何新措施务必达成一致协议,朝鲜国王的财政顾问须由日本指派,等等。同年 3 月,日本政府更进一步提出了满韩交换的问题。日本外务相西德二郎以便函的方式通知沙俄驻日公使罗森(P. P. Розен):"日本政府认为:对朝鲜提供意见和帮助的义务,应由日本承担。据此,倘若俄国赞同这一见解,日本政府则以为满洲及其沿岸地区全在日本利益和关注范围之外"③。说得明确一点,日本希望同沙俄签订一项协定:俄国占据中国东北,朝鲜则由日本占有④。但是,无意放弃在朝鲜拥有特别地位的沙俄,断然拒绝了日本的方案和建议,于 4 月 2 日答复日本政府:沙俄政府决不能容忍把俄国势力

① 根据日本国会批准的"战后(十年扩充军备)规划",要求陆军增加两倍,海军吨位从 6 万吨扩充到 27 万 8900 吨,以对抗仅有 19 万吨的俄国太平洋舰队。参见契尔明斯基:《1904—1905 年的日俄战争》(Е. Д. черменский:Русско-Японская Война,1904 - 1905),莫斯科知识出版社,1954 年。
② 洛巴诺夫:《俄国与亚洲》,第 227 页。
③ 葛罗米柯主编:《外交辞典》,第 410 页。
④ 罗森(Baron Rosen):《外交工作四十年》(Forty Years of Diplomacy)第 1 卷,伦敦,1922 年,第 157 页。

完全从朝鲜排除出去。罗森向西德二郎明确表示："俄国政府对于日本政府认为满洲及其沿岸在日本利益范围之外的声明，表示极大的满意，但俄国政府在朝鲜问题上则不能发表同样的声明"①。日俄通过"磋商"不但没有解决他们之间的尖锐矛盾，两国业已紧张的关系反而越来越"表面化"②了。

到 1900 年，沙俄利用中国义和团反帝斗争之机，强行出兵占领了中国东北三省，企图"把满洲变成布哈拉"③。同年 10 月，当尼古拉二世获悉俄军已经占领沈阳后宣称："占领沈阳对我们来说，和当时占领北京同样重要。这样迅速和意外地结束了我们在远东的行动，使我们对上帝感谢不尽"④。然而尼古拉二世及其政府并没有就此结束同国际帝国主义与日本帝国主义的紧张关系。

日本对沙俄出兵占据东三省的反映十分强烈。外务相青木周芷认为：日本再也不能依靠"区区的外交手段"⑤来对付沙俄了，日本必须下"大和魂"（即诉诸武力）的决心。青木周芷在"征俄奏文"中指出：沙俄吞并中国东北、朝鲜的野心，"业已到了毫无掩饰的露骨程度"⑥，致使日本"不能安眠"⑦，日本"惟有毅然崛起，外以挽回国运于未倒，内以唤声民心于倾垂"⑧。此时的日本已经明显地露出了与俄决一死战的意图。

沙俄政府十分担心日本"会进入朝鲜"⑨，故按照维特的想法，向

---

① 乔治·伦森：《俄国向东方的扩张》，第 158 页。
② 乔治·伦森：《俄国向东方的扩张》，第 158 页。
③《维特伯爵回忆录》第 1 卷（Графъ С Ю. Витте Воспоминавія，Царствованіе Николая Ⅰ），柏林斯洛瓦出版社，1922 年，第 137 页。布哈拉原来是中亚的一个汗国，1868 年被沙俄兼并。
④ 马洛泽莫夫：《俄国的远东政策（1881—1904）》，加里福尼亚大学出版社，1958 年，第 144 页。
⑤ 中田千亩：《日本外交秘话》，博文馆，1940 年，第 199 页。
⑥ 中田千亩：《日本外交秘话》，第 200 页。
⑦ 乔治·伦森：《俄国向东方的扩张》，第 94 页。
⑧ 中田千亩：《日本外交秘话》，第 201 页。
⑨ 马洛泽莫夫：《俄国的远东政策（1881—1904）》，第 164 页。

日本政府提出了"朝鲜中立化"的建议,表示愿意与日"直接协商"①。日本政府对沙俄玩弄的手法十分恼怒,于 1901 年 1 月和 3 月照会沙俄政府,要求把中国东北的局势恢复到俄军占领之前的状态。沙俄外交部以第三国无权介入中俄交涉为由,拒绝了日本政府的照会。在这种情况下,日本政府在国内公开煽动与俄决战的狂热,在外交上联合国际势力,企图仿效沙俄在 1895 年勾结德法干涉日本还辽那样,迫使沙俄退出东三省。

这时英帝也为沙俄南下有可能危及它在长江流域的利益而忧虑。1901 年 1 月,日本政府暗示英国共同干涉俄国。英国外交大臣兰斯当(Lord Lansdowne)对日本的"深厚信用"深表满意;时至 7 月,英国外交大臣就通知日本驻英公使林董:"现在到了应该考虑研究永久性合作问题的时候了"②。日英开始正式就结盟问题谈判。

日英谈判期间,日本前首相伊藤博文访问彼得堡,同维特和外交大臣拉姆斯道尔夫(В. Н. Ламсдорф)举行多次会谈,尽管俄方始终彬彬有礼,但是在满韩问题上,沙俄却始终同守他们的信条,即"我们取得满洲,完全归我们,我们给你们朝鲜,但不全归你们"③。这样一来,沙俄不但完全拒绝了日本"满韩交换"的要求,而且彻底暴露了维特建议的"朝鲜中立化"的虚伪性;所谓日俄"磋商"原则也随之宣告彻底破产。日英结盟的谈判进程加快了。日本政府决心"联合(英国)势力迫使俄国顺应我(日)方的要求"④,让沙俄"尽可能地远离满洲"⑤。于是,日俄两帝之间的一场火拼已迫在眉睫了。

① 鲍·罗曼诺夫:《俄国在满洲(1892—1906)》,第 253 页。
② 鹿岛守之助:《日本外交史》,第 136—137 页。
③ 鲍·罗曼诺夫:《俄国在满洲(1892—1906)》,第 285、288—289 页。
④《日本外交文书》第 34 卷,第 67 页。
⑤《伊藤博文秘录》(附录),春秋社,1929 年,第 10 页。

三、沙俄的"新方针"和日本的"俄国一扫论"

沙俄为了避免在不利的国际条件下同与英签订同盟条约的日本开战，在维特等人主持下于 1902 年 4 月签订了中俄《交收东三省条约》。按《条约》规定：俄军自签约后立即分 3 期（每期 6 个月）从中国东北全部撤走。但是，沙俄丝毫没有践约的诚意。第一期内撤走的俄军，仅从辽河以西撤到中东铁路沿线，仍旧留驻在中国东北境内。到第二撤兵期时，沙俄不仅公然拒绝撤兵，反而向清政府提出了撤兵的 7 点"先决条件"，企图在中国东北继续保持各种特权。此时，连维特也主张"万万不能从满洲撤兵"，至少"设法使之迟缓，从而使撤兵之举一笔勾销"[①]。深受沙皇青睐的别佐勃拉佐夫（A. M. Бзеобразов）及其朋党，就更加主张撕毁《交收东三省条约》了。

别佐勃拉佐夫曾因督办采伐鸭绿江和图们江朝鲜一侧的森林而使沙皇王室获得厚利，博得了尼古拉二世的宠信。《交收东三省条约》签订不久，别佐勃拉佐夫奉尼古拉二世之命，赴中国东北执行"一项特别使命"，返回彼得堡后，立即指责维特、拉姆斯道尔夫和库罗帕特金（A. H. Куропаткин）是一伙"可恶的地地道道的下流坏三人帮"[②]。别佐勃拉佐夫认为由维特等主持签订的《条约》，是一项对列强示弱的"让步政策"；在满韩问题上只有持强硬政策，才会使敌人感到"畏惧"，从而才能"防止战争"[③]。别佐勃拉佐夫因此深受沙皇的重用，他几乎"每星期至少有两次去见皇上，一坐就是几小时……"[④]5 月初被任命为御前大臣。

---

① 鲍·罗曼诺夫：《日俄战争外交史纲（1895—1907）》，莫斯科、列宁格勒，1955 年，笫 215 页。
② 鲍·罗曼诺夫：《俄国在满洲（1892—1906）》，第 365 页。
③ （苏俄）国家中央档案馆编：《日俄战争》，列宁格勒，1925 年，第 9 页。
④ 鲍·罗曼诺夫：《俄国在满洲（1892—1906）》，第 310 页。

沙俄政府于 1903 年 5 月中旬举行大臣特别会议重新审查从中国东北撤军的《条约》时，由于内政大臣普列维（В. К. Плеве）应声附和别佐勃拉佐夫的看法，致使别佐勃拉佐夫一伙的影响"越来越大"①。在别佐勃拉佐夫一伙的左右之下，特别会议否决了《交收东三省条约》，决定了不从中国东北撤兵的"新方针"。会议还决定由别佐勃拉佐夫负责"确定我们在满洲和太平洋沿岸的政治经济任务的实质，拟出妥善实现这些任务的方案"②。与"新方针"相应的措施是成立"远东总督辖区"，沙皇尼古拉二世批准了别佐勃拉佐夫的亲信阿列克谢耶夫（Е. И. Алексеев）担任辖区总督，统辖远东地区的军事、政治、财政和外交。不难看出，此次特别会议和会议通过的"新方针"，以及会议之后采取的措施充分表明：沙俄不但"无意放弃对中国这一地区的统治，相反，它决定把这种统治建立在不可动摇的基础上"③，"最终目的是在远东确立我们（俄国）的霸权。因为没有这种霸权，我们既对付不了黄皮肤的种族，也对付不了我们憎恶的欧洲对手的势力"④。从实质上讲，这次"特别会议"是一次针对日英同盟的远东战备会议，正如陆军大臣库罗帕特金所说：是"我们吹响了警号，敌人（日本）按照这一警号立即扑到我们身上"⑤。此时此刻的日本，为了对抗沙俄的"新方针"，也作了与俄决一雌雄的抉择。

当日本外务相小村寿太郎得悉沙俄拒绝从中国东北撤军后，立即训令驻华公使内田康哉进一步弄清俄国要求的具体内容及其性质和范围，并与总理大臣桂太郎紧急磋商，同时催促元老伊藤博文赶赴京都，与山县友朋等密谋于无邻庵。当时，桂与小村决定的方针是："承认俄国在满洲的条约上的权力，让俄国承认日本在朝鲜有

---

① 《维特伯爵回忆录》，第 215 页。
② （苏俄）国家中央档案馆编：《日俄战争》，第 9 页。
③ 鲍·罗曼诺夫：《日俄战争外交史纲（1895—1907）》，第 223 页。
④ （苏俄）国家中央档案馆编：《日俄战争》，第 153 页。
⑤ （苏俄）国家中央档案馆编：《日俄战争》，第 10 页。

充分的权力。为了达到这一目的,发动战争也在所不辞"①。桂太郎还表示:"要解决这一问题,首先必须有在任何场合、遇到何种艰难,也绝不退让的决心。"②5 月中旬,日本陆海军和外务省的骨干成员集会,积极主张对俄开战。日军总参谋长大山岩声言:"目前战略形势于我有利","为了国家百年大计,解决朝鲜问题唯在此时为宜"③。6 月 23 日,小村向内阁提出的《意见书》也"充满了日清战后对俄进行政策总决算的气概"④。以近卫笃麿公爵为后台,由对日本社会有一定影响的"七博士"提出了旨在"把俄国的势力必须从满韩肃清"的"俄国一扫论",声称:"欲守住朝鲜,则不能让满洲落到俄国的手里……若是把朝鲜作为争议之点,让诸一步,则朝鲜满洲一并俱失"⑤。8 月间,"俄国一扫论"者举行集会成立了"对俄同志会",决议指出:"让俄国履行撤兵条约,让中国坚决实行开放满洲……乃是帝国的天职"⑥。尤其当沙俄政府颁布设置远东总督辖区之后,日本政府更是认为放弃"警惕的克制立场"和"改变政策"⑦,即对俄开战的时刻已经来到了。

沙俄政府从 1903 年 9 月起调拨巨款以资军事行动⑧;陆续从欧俄向远东调遣兵力;以保护森林采伐为名派兵潜入朝鲜龙岩浦和义州一带,以备即将到来的战争需要。至于日本的陆海军,早在 4—7 月间"差不多全部"作了检查性动员和演习动员,几乎整个夏天都保持着"战争紧急状态"⑨。10 月间,日本外务相小村表面上对法国公

---

① 《公爵桂太郎传》坤卷,故桂公爵纪念事业会,1917 年,第 119 页。
② 《公爵桂太郎传》坤卷,第 119 页。
③ 日本外务省:《外务省百年》上,原书房,1969 年,第 441 页。
④ 日本外务省:《外务省百年》上,原书房,1969 年,第 441 页。
⑤ 渡边几治郎:《日本近世外交史》,千仓书房,1938 年,第 355 页。
⑥ 渡边几治郎:《日本近世外交史》,第 356 页。
⑦ 鲍·罗曼诺夫:《日俄战争外交史纲(1895—1907)》,第 230 页。
⑧ 日本外务省:《小村外交史》,原书房,1966 年,第 317—319 页;鲍·罗曼诺夫:《日俄战争外交史纲(1895—1907)》,第 374 页。
⑨ 鲍·罗曼诺夫:《日俄战争外交史纲(1895—1907)》,第 235 页。

使宣称坚决"不派一个旅、一个营、一个兵到朝鲜去",实际上日军参谋本部把"大量便衣士兵"和军用物资暗中运送到朝鲜各港,并"一小股一小股地"潜入汉城①。12月底,日本连续举行临时内阁会议和枢密院会议,颁布了"紧急支出救令""战时大本营条例""军事参议院条例"以及台湾居民"战时征集令"和加速修建京釜(汉城至釜山)铁路令等等。1904年1月,组成以山县友朋元帅和海陆军大臣、大将、军令部长为主的军事参议院,并且颁布了海上"防御令"和铁路"军用令"②。至此,可谓军政齐备,唯待开战大令了。

1903年底,沙俄政府鉴于国际形势对己不利,尼古拉二世曾召开御前会议,企图以某种让步姿态为自己谋取有利时机。尽管在1904年1月6日对日本递交的谈判方案中承认"我国不妨碍日本及其他国家在满洲与中国现行条约上所获得的权利和特权"③,实际上当罗森将此方案于1月8日递交给日本政府时,尼古拉二世却已"批准了侍从将军阿列克谢耶夫的全部观点,准许他以自己的名义宣布在远东各州进行总动员,并宣布满洲进入战时状态"④。2月初,驻旅顺口的俄国军舰除一艘待修外,全部游弋外海,准备迎战。

2月4日,日本政府通过与俄断交决议,称沙我"表面伪装和平,暗中在满洲严整兵备,并煽动'恐黄热',以夺列国对我邦之同情。言行不一……无诚心诚意与我邦妥协之意",因此日本政府"为了自卫及维护帝国既得权利和正当利益",必须采取必要的军事行动⑤。次日。日本海军联合舰队司令官东乡平八郎便收到了对俄采取行动的命令。2月6日,日军在仁川登陆。同日下午4时,小村召见罗森,要他撤离日本。2月10日,双方正式宣战。

---

① 鲍·罗曼诺夫:《日俄战争外交史纲(1895—1907)》,第241页。
② 日本外务省:《小村外交史》,第359—360页。
③ 日本外务省:《小村外交史》,第349页。
④ (苏俄)国家中央档案馆编:《日俄战争》,第71页。
⑤ 《日本外交年表及主要文书》上,1972年,第222页。

　　然而,日本天皇在宣战诏书中声称:"惟求文明于和平,与列国笃友谊,以维持东洋治安于永久,不损害各国之权利利益,而永远保障将来帝国之安全,乃朕夙以为国交之要义,期旦暮不敢相逐……今不幸而与俄国开衅,岂朕之志哉?"①沙皇尼古拉二世在宣战诏书中也声称:"为保持朕所轸念之和平,朕于巩固远东之安宁,已尽全力。基于此旨,朕曾同意修改两帝国间有关朝鲜问题的现存协约。但未及此种商议终了,且不待朕之政府的最近答复,日本便照会与俄国停止谈判及断绝外交关系……令其水雷艇突然袭击停泊在旅顺口要塞之外的朕之舰队"②,云云。总而言之,谁也不承认是制造这场帝国主义战争的真正侵略者。但战前双方所作的准备,已经作出了历史的定论。

---

① 《日本外交年表及主要文书》上,第 223 页。
② 鹿岛守之助:《日本外交史》,第 80 页。

日本在西伯利亚武装干涉的破产

十月革命胜利后,帝国主义列强对苏俄进行了武装干涉,其中,日本出兵西伯利亚,在武装干涉中时间最长,兵力最多,从东部严重地威胁着苏俄。苏俄人民经过 4 年多的英勇抗战,最后把日本侵略者赶出西伯利亚,保卫了苏维埃政权。

一

帝国主义列强在十月革命胜利后立即策划对苏俄的武装干涉,日本出兵西伯利亚受到英、法、美帝国主义的积极支持。

英国企图利用日本占领西伯利亚扼杀苏维埃政权并打乱美国垄断远东市场的计划。1917 年 12 月 14 日,英国驻日大使与日本政府密谈关于日本出兵以及对西伯利亚铁路"监督"的问题。

法国政府主要希望收回它在沙俄所投的巨额资本,积极地站在英国一边,支持日本出兵。美国政府也赞同日本出兵,但希望在列强的干涉活动中美国能起领导作用。当美国国务院收到美国驻日大使莫里斯关于日本要求单独出兵西伯利亚和英法政府准备满足日本政府"在西伯利亚自由行动的要求"的报告之言,便于 1918 年 2月 8 日向各协约国递交了一份备忘录,强调美国政府原则上同意日本出兵西伯利亚,但要求日本政府必须作出保证,"和协约国的其他强国共同行动"而"不要独立行动"①。根据美国政府的这个精神,美国驻协约国最高委员会的军事代表塔斯克·布里士在一次会议上就公开表示,可以让日本干涉军去占据西伯利亚铁路及其附近的重要地点;同时于 1918 年 2 月 18 日同英、法、意三国的军事代表一起签署了一项共同声明:建议美、英、法、意四国政府同意由日本出兵西伯利亚。

1918 年 3 月初,苏俄与德国单独媾和,并签订了《布列斯特和约》。美、英、法等国政府原来指望德军在东线进攻苏俄以达到消灭苏维埃政权的打算落空了,于是就造谣说苏俄正与德策划同协约国作战,并借口预防海参崴及西伯利亚铁路沿线的军用物资和粮食落入德国人手中,加紧了出兵西伯利亚进行武装干涉的各项准备工作。1918 年 3 月 11 日,英国政府紧急照会各协约国和美国政府,正式建议由日本干涉军强占西伯利亚。协约国最高委员会于 1918 年 3 月 15 日决定接受英国政府的提议。美、英、法、日四国政府经过一再讨价还价,终于在 1918 年 4 月初达成一项"非正式协议":美、英、法同意日本出兵西伯利亚,但日本保证不经盟国和美国的完全同意"决不采取任何行动"②。

实际上,日本早就利用西方国家渴望日本出兵干涉苏维埃政权的心理,加紧了入侵西伯利亚的准备工作。早在 1917 年底,日本报刊刊登大量文章为日本出兵西伯利亚进行舆论准备。日本军部以大批军用物资和武器装备援助流窜在贝加尔湖以东、黑龙江流域以及沿海一带的白卫军头目。1918 年初,诱逼中国军阀政府签订协定,承认日军在中国境内拥有调动兵力的权力,并将满洲里作为出

---

① 库尼娜:《1917—1920 年间美国争夺世界霸权计划的失败》,世界知识出版社,1957 年,第 48 页。
② 库尼娜:《1917—1920 年间美国争夺世界霸权计划的失败》,第 49 页。

兵西伯利亚的基地。1918 年 4 月初,在海参崴制造杀害日商事件后,竟违背"非正式协定"中的"保证",擅自出动陆战队在海参崴登陆。1918 年 5—6 月间,西伯利亚发生了捷克斯洛伐克兵团叛乱事件。美国政府于 7 月初召开专门会议,决定同日本政府一起各派 7000 名官兵出兵西伯利亚,与捷叛军一起干涉苏俄。日本在美、英、法一再怂恿和唆使下,置"非正式协定"于不顾,于 8 月竟出动 7 万余名干涉军分三路入侵西伯利亚①,在各国干涉军中,日本占了绝对的优势。

二

日本干涉军入侵西伯利亚后,立即控制了从海参崴到上乌丁斯克的西伯利亚铁路沿线。并在赤塔、海兰泡、伯力和海参崴等地大力扶植白卫头目谢苗诺夫、加莫夫、卡尔米科夫、罗扎诺夫和中东铁路局长霍尔瓦特等人建立反苏亲日的伪政权。1919 年 1 月,日本内阁又力图把势力扩展到贝加尔湖以西的西伯利亚西部地区,表示日本政府愿意派兵前往鄂木斯克,支援主要靠美、英、法政府扶植起来的高尔察克伪政权。整个西伯利亚在干涉军占领之下严重地威胁着苏俄东部的安全。但是,外国干涉军之间尤其日美之间的猜疑和矛盾,随着高尔察克近 30 万②白卫军被歼而日益加深了。

早在 1918 年 11 月,美国政府曾就日本政府违背"非正式协定",派遣如此之庞大的干涉军"独立控制"了贝加尔湖以东广大地区,表示了"吃惊"和"抗议"。后来,又因为谢苗诺夫一伙在赤塔一带刁难协约国军用物资的运输和通讯,使美、英、法等国对日本参谋总部的

---

① 挪通:《西伯利亚的远东共和国》,伦敦,1923 年,第 77 页、88 页。
② 挪通:《西伯利亚的远东共和国》,第 88 页。

疑虑日益加深。由于高尔察克白卫军被歼,美、英、法干涉军失去了控制西伯利亚的基础,同时又迫于国内反对干涉苏俄的群众运动的压力,协约国最高委员会于 1920 年 1 月 16 日被迫决定对苏俄解除封锁,美、英先后宣布从西伯利亚撤军。可是日本不但无意撤军,反而有意加强对东西伯利亚的控制,企图继续增兵。苏俄政府曾于 1920 年 2 月 24 日照会日本政府在不干涉内政,但苏俄政府允许日本人在东西伯利亚的经济方面拥有优越地位的条件下举行谈判,解决日军撤出西伯利亚的问题。日本政府对苏俄政府的照会不但置之不理,反而企图利用美、英、法军和捷克斯洛伐克叛军撤出西伯利亚的机会,进一步扩充地盘,进而在东西伯利亚、苏俄的远东边区建立一个名义上由俄国人(社会革命党—孟什维克分子)领导,实际上由日本参谋总部控制的反苏"缓冲国"①。

日本参谋总部为了消灭于 1920 年 2—3 月间在海参崴、伯力和上乌丁斯克一带发展起来的革命政权和人民武装力量,并为继续武装干涉制造借口,竟于 4 月 4—5 日在海参崴和伯力等地发起进攻、制造了"庙街事件"。俄共(布)中央和苏俄政府为了保存革命力量和保证全力对付西线的波兰干涉军,极力避免同日本直接进行战争,决定立即在苏俄与日本之间建立一个缓冲地区,即在贝加尔湖地区往东至沿海一带成立一个独立自治的民主政权——远东共和国。

远东共和国成立后,革命力量逐步发展。在此形势面前,日本政府和参谋总部从维护日本统治阶级在中国东北和朝鲜的利益出发,决定"缩短战线"。日军从 7 至 11 月间分别从赤塔和伯力撤退到中东铁路沿线和滨海沿岸一带。一直盘踞在外贝加尔湖地区的白卫军头目谢苗诺夫也于同年 10 月逃离赤塔。1921 年初,日本参谋

---

① 巴宾:《高尔察克的覆灭和远东共和国的成立》,莫斯科大学出版社,1957 年,第138 页。

总部在海参崴又大力扶植白卫头目米尔库洛夫兄弟,并支持他们在海参崴发动政变,后者于是年6月同日军签订了共同进攻远东共和国的协定。日本参谋总部同时还收买了白卫头目温根男爵,纠集数千人马侵入蒙古境内,准备从蒙古向远东共和国发动进攻。

但是,1921年以后的形势发展对日本越来越不利。1920年底,苏俄由于协约国第三次进攻失败,外国武装干涉和国内战争基本结束而得到巩固。1921年3月,英苏经过长期谈判,终于缔结了通商贸易暂行协定,随后其他西方国家也开始了与苏维埃政府进行通商贸易的谈判。由于出兵西伯利亚耗费巨额军费,造成了日本财政困难,日本统治集团内部因此而对出兵西伯利亚的政策产生了严重分歧。在日军占领区内,人民群众反日斗争火焰燃烧得越来越旺。远东共和国政府充分利用了国内外出现的有利形势,开展外交活动。1921年4月先后两次照会日本政府,要求日本撤军,并建议就缔结通商贸易协定举行谈判。远东共和国政府同时还照会美国政府,指出美国政府在1918年出兵西伯利亚时曾经支持日本,因此在道义上负有责任向迄今尚未从西伯利亚撤兵的日本政府施加影响。美国本来同日本存在许多尖锐的矛盾,因此从其本身利益出发,于5月31日照会日本政府,表示美国政府对日本长期占领西伯利亚的行动无论现在或将来,都不会承认它是"有效"的,美国政府还将"不能默认"日本在西伯利亚所采取的"足以损害现行条约权利或俄国的政治或领土完整的行动"。

日本政府迫于国内外形势的压力,决定接受远东共和国政府的谈判建议,但其谈判条件是:远东共和国要保证日本臣民在远东共和国的领土上拥有出入国境、开采矿业、采伐森林资源以及在沿海一带从事贸易的自由;还必须保证海参崴商港化,尤其在靠近朝鲜一侧的所有军事设施必须全部拆除。至于从西伯利亚撤兵问题,则有待中国东北和朝鲜的"威胁解除"之后再行讨论。

远东共和国政府代表和日本政府的代表在哈尔滨举行了40多

天的非正式会谈后,决定于 8 月 18 日(实际上是 8 月 26 日)在大连举行正式谈判。远东共和国代表团于 9 月 6 日提出的协定草案,同意给日本人在经济上以某些特惠和提供居留地,但日军必须在协定正式签订后一个月全部撤走。日本政府代表于 1921 年 10 月提出的协定草案(即所谓的"十七条"),却充分暴露了日本统治阶级企图使占领西伯利亚合法化的扩张野心。协定草案无理要求:日本军人在远东共和国领土上拥有居住权;要求租借北库页岛 80 年等等。至于撤兵问题,有待日本认为"必要而有利时"才撤走。

大连谈判由于日本在撤兵问题上毫无诚意,于 1921 年 11 月陷入僵局而暂时中断。日本参谋总部指望米尔库洛夫白卫军对远东共和国发动军事进攻,企图迫使远东共和国在谈判桌上接受日本代表提出的条件。远东共和国政府在军事上准备迎击米尔库洛夫白卫军的进攻,在外交上决定派遣特别代表团前往美国要求参加华盛顿会议,控诉日本长期占领东西伯利亚的暴行,揭露日本妄想使西伯利亚殖民地化的野心。美国出于自身利益,在华盛顿会议上谴责日本拒不撤兵和占领北库页岛,对日本施加压力。日本政府深感在国际上有陷于孤立的危险。远东共和国特别代表团在华盛顿的活动达到了预期的效果。

日本参谋总部支持的温根白卫军于 1921 年在蒙古境内被蒙古人民革命军和苏俄红军所歼灭。1922 年初,远东共和国人民革命军粉碎了米尔库洛夫白卫军的进攻,2 月 14 日解放伯力后,沿乌苏里江向海参崴一带挺进。日本干涉军和白卫军节节败退,退缩在海参崴周围地区和北库页岛。远东共和国政府在政治、军事形势非常有利的情况下,于 1923 年 6 月 12 日向日本政府再次提议恢复谈判,但条件是:日本政府必须明确从西伯利亚撤兵的日期。日本政府鉴于国内经济困难,国际上日益陷于孤立,日本干涉军的败势已无可挽救的形势,不得不慎重考虑远东共和国的提议。参加华盛顿会议的日本代表团团长,后来在 1922 年 7 月担任日本内阁新首相的加藤友三郎,当得知远东共和国政府再次建议谈判的消息后曾哀叹:"鉴于国内外形势,西伯利亚撤兵势难拖延;尤其一旦外国提议强迫撤兵,帝国政府之处境将愈加困窘。"①在这种情况下,日本政府决定从8月15日开始从西伯利亚撤兵,到10月底全部撤退完毕。1922年10月25日,远东共和国人民革命军开进海参崴。

日本干涉军占领西伯利亚远东边区总计长达4年之久,消耗军费达9亿日元之多,伤亡人数达2万余人。日本统治集团的武装干涉苏俄的政策为日本人民带来了严重的灾难,最后迫于内外交困而全部撤兵,武装干涉宣告彻底破产。

---

① 信夫清三郎:《日本外交史》下册,天津社会科学院日本问题研究所译,商务印书馆,1980年,第490页。

战后初期的苏联经济

　　二战结束,苏联人民在反法西斯战争中取得了伟大胜利,但也为此付出了沉重的代价,做出了巨大牺牲。据统计,全国在战争中的死亡人数竟达 2700 余万;约 1710 座城镇和 7 万多个村庄被毁;3 万多家工矿企业和 9.8 万个集体农庄、1876 个国营农场、2890 个机器拖拉机站以及 6.5 万公里铁路、4100 个车站毁于炮火之中。上述数字表明,苏联战后初期的经济形势十分严峻。苏联党和政府面临的首要任务,当是领导全国各族人民迅速治愈战争创伤、组织生产、恢复经济、改善人民群众的生活。

一

　　战争刚结束,苏联党、政立即作出反应,于 1945 年 8 月开始着手经济转轨工作,即从战时体制转向和平经济建设体制,责成国家计委在短时期内编制恢复生产和发展国民经济的五年计划。经过半年多的努力,完成了五年计划的编制工作,1946 年 3 月 18 日,苏联最高苏维埃通过了《苏联 1946—1950 年恢复和发展国民经济五年计划法令》,即第四个五年计划(以下简称四五计划)。它的基本任务是:"重建遭受战争灾难的地区,把工农业恢复到战前水平,然后大大地超过这一水平。"四五计划的贯彻执行,表明苏联开始了大规模医治战争创伤、恢复工农业生产和发展国民经济的和平经济建设的新时期。

为保证经济转轨工作顺利完成,四五计划要求各个生产领域完成为其规定的任务和目标,并以法令形式加以强制推行。规定重工业和铁路运输必须"优先恢复和发展",农业和生产消费资料工业必须"提高";国民经济各部门的科技进步必须加以"保证";充分"利用军事工业的生产能力以进一步增强苏联的经济力量"积累的高速度必须加以"保证";"大力发展建筑业";"大力开展恢复与进一步建设城市和乡村事业,以及增加国家的住房基金";"大力发展食品工业和日用品生产,扩大商品流转额";"取消配给制";"重建并扩大中小学与高等学校网";对工人和干部加紧"培训"等等。有关部门为此做了工程浩大的组织工作,重新组织劳动大军,组织生产:将数千万计的军人复员,对他们进行技术培训,把他们编入生产大军;将战争初期疏散到东部地区的城镇居民迁返原地,安排他们的生活,组织他们生产劳动和学习;恢复和重建德军占领区遭受严重破坏的工矿企业,更新设备,组织生产;全面安排好商业,保证生产生活用品畅通无阻,等等。

为了加快经济恢复和发展的步伐,再次开展了新的社会主义竞赛活动。早在20世纪20年代末30年代初,苏联经济战线曾开展各种形式的劳动竞赛活动,其中最具规模和影响的是斯达哈诺夫运动。斯达哈诺夫是顿巴斯煤矿的一名青年掘炼工人,他以高度的热情和熟练的技术,一次又一次地刷新自己创造的生产记录,从而带动了一批又一批斯达哈诺夫式的先进生产者,于1935年8月形成了斯达哈诺夫运动。此次运动对提前完成第二个五年计划确实起到了推动作用。1950年8月,苏联党和政府利用庆祝斯达哈诺夫运动15周年之际,要求再次掀起斯达哈诺夫运动,甚至提出斯达哈诺夫运动是苏联从社会主义向共产主义发展的巨大推动力。它的具体做法是:研究和分析各斯达哈诺夫式的先进工人在完成产品的某道工序所积累的最佳经验和所需的精确时间,然后把完成该产品的各工序的全部最佳经验和时间集中在一起,形成完成该产品的最佳方案,称之为斯达哈诺夫工作法,然后在全国同行业中普遍推广。此外,工厂企业在行政和管理方面也要为推广斯达哈诺夫工作法创造良好的条件和环境。所谓斯达哈诺夫工作法,就其方法上看,实际上是早在 20 世纪初已在美国盛行一时的泰勒制的翻版,苏联引进后将其苏维埃化了。

苏联各族人民怀着反法西斯战争伟大胜利所激发的一片爱国激情,全身心地投入恢复和发展国民经济的和平建设事业,在没有任何外来援助的情况下,仅用了 4 年 3 个月,即到 1950 年初,就提前完成了四五计划中的大部分指标。按照四五计划优先发展重工业的要求,到 1950 年,工业总产值比战前的 1940 年增长了 73%,年平均增长率为 13.6%,远远超过了计划规定增长 48% 的指标。生铁产组为 1920 万吨、钢 2730 万吨、采煤量 26100 万吨、原油 3800 万吨、发电 910 亿度。至此,冶金石油、煤炭、电力、机器制造以及化工制品等一些主要的工业部门和铁路运输,都全面超过了计划增长指标。这表明,苏联在重工业上,已超过了二战前的水平。从而恢复并进一步提高了综合国力,再次跃居欧亚大陆之首。

二

四五计划期间,苏联的农业不但没有按计划要求要进一步"提高",反而各项指标都没有达到要求。按四五计划规定,1950 年播种面积要达到 15850 万公顷。实际上只完成了 14630 万公顷;农业总产值要求 1950 年比 1940 年增长 27%,实际上连 1940 年的水平都没有达到;谷物产量要求 1950 年达到 12700 万吨,实际上只完成

8120万吨。农业生产恢复的速度比工业恢复的速度慢得多。到1948年工业仅以两年半时间就基本上恢复到了战前水平,到1950年,工业总产值已超过1940年的水平,达到173%,而农业只有99%。

战后初期苏联农业之所以恢复缓慢,原因是多方面的,除了自然灾害以及人为浪费所造成的损耗外,重要的在于农业政策、管理方式以及人的思想意识方面存在着问题。

对农业投资少是苏联党政领导长期以来轻视农业的表现。四五计划期间,这种轻视农业的政策依旧没有改变。对农业生产性项目的投资只有57亿卢布,仅占国民经济总投资的11.7%。作为苏联党政的最高领导人斯大林,在理论上不能说他不重视农业的重要性。他在1928年党的一次重要会议上曾经强调,"如果说工业是主脑,那么农业就是工业发展的基础"。但是在实践中,斯大林没有把农业真正置于"基础"的地位。战前苏联搞工业化时期,斯大林一直把农业当作实现工业化积累资金的部门,长期来对农业投资不足。战后初期,斯大林仍把主要力量放在恢复重工业、交通铁路以及国防建设上。而对农业投资缺乏起码的、必要的力度。

农产品收购价格低,是苏联党政长期轻视农业的另一表现。战后初期,苏联政府规定的农产品收购价格同20世纪30年代初期的价格水平几乎没有多少差别,而且规定价格之低,连生产成本都难以收回。例如,谷物每公担的收购价格1950年是7.5卢布,农庄或农场的生产成本却要支付48.9卢布。即每公担谷物的收购价格只能补偿生产成本的1/7。又如土豆,1950年每公担的收购价格为4.7卢布,生产成本却要47卢布。这种严重脱离实际的收购价格低的状况,迫使农庄和农场的农业生产陷入严重亏损之中。农村经济状况的恶化,影响了农民经济生活的改善,生产积极性因而受到了挫伤。

对农民进行强制性管理也挫伤了他们的生产积极性。战争期间，一些农庄庄员因生活艰难所迫，擅自扩大了宅旁园地，甚至圈占了集体农庄的土地用来发展副业生产。对农村中出现的这种现象，苏联党和政府并没有加以认真分析、耐心疏导、合理解决，而是视作不正常现象。斯大林将这种现象视为"阻碍农业发展和集体农庄的进一步巩固"，"对社会主义建设极端危险"。1946 年 9 月 19 日，苏联部长会议和联共（布）中央通过了《关于消灭集体农庄中违反农业劳动组合标准章程的现象的办法》的决议。为了贯彻决议，有关部门采取了极为严厉强硬的，也是十分粗暴的行政措施：重新丈量公有土地和宅旁圈地，被清查出来的土地一律没收，归还集体农庄；对集体副业用地也一律予以没收。这些强制措施虽然起到了把农庄庄员维持在农庄土地上进行劳动生产的作用，却不可能缓和集体农庄体制的矛盾和调整农业生产关系，农民的生产积极性和劳动热情也不可能调动起来。1950 年，每个有劳动能力的农庄庄员的劳动日平均尚未达到 1940 年的水平，劳动生产率 1950 年仅相当于 1940 年的 99%。

针对苏联农村普遍存在的不利于发展农业生产的种种消极现象，人们在进行思考和探索，究竟以何种新的方式方法来提高农民的劳动热情，发展农业生产。赫鲁晓夫领导的乌克兰共和国农业在战争期间遭到了严重破坏，战后初期又连年天灾不断，农业状况十分艰难。可是在斯大林看来，乌克兰永远是"粮仓"，因此要求乌克兰 1946 年必须完成 4 亿普特粮食的征购任务。可是按当时乌克兰的实情，充其量最多完成 2 亿普特的征购任务。因此，赫鲁晓夫曾将实情报告中央，期望中央重新下达粮食征购指标，并望中央对乌克兰的灾情和灾民予以关怀和救济。赫鲁晓夫的这一请求，不但没有得到中央的理解和支持，反而遭到了斯大林的严词训斥，赫鲁晓夫因"工作不力"而被罢免乌克兰共产党中央第一书记的职务，只保留共和国部长会议主席一职。1947年春天，乌克兰的库尔斯克地区又发生了自然灾害。为了生产自救，克服饥荒，调动农民的劳动热情，库尔斯克州委决定：将集体农庄的耕地、农具和牲畜，在一年或一个轮作期内，固定承包给劳动小组。劳动小组负责承包土地上的成套农活，单独向国家采购站交售粮食，独立核算，自负盈亏。这种承包到组的改革得到了农庄庄员的欢迎和乌克兰共和国农业部的肯定和大力支持，并在共和国范围内普遍推广。由于承包到组的推广，1947年乌克兰不但克服了饥荒，而且农业取得了好收成。1948年又取得了比1947年更好的丰收。1948年，乌克兰上交给国家的粮食比1947年多1150万普特，比战前的1940年还多330万普特。各地的粮食收购计划也都如期或者提前完成。

乌克兰农业经济状况的好转引起了当时中央主管农业的中央政治局委员、全苏集体农庄事务委员会主席安德烈也夫的关注。他积极赞扬了承包到组的改革措施，为此《真理报》还发表文章赞扬库尔斯克州委之所以有这样的创造性工作，是因为他们深入实际的结果。文章还感慨地写道："创造热情是党的工作人员的本色。每个党的工作人员应当经常地对照自己，是否适应新的任务和新的要求。"但是，承包到组的改革毕竟与苏联社会主义农业的传统观念背道而驰。早在20世纪30年代已经形成的概念是：社会主义农业集体经济要实现生产资料的集体所有制，集体化的程度和规模越高、越大，就越是社会主义；劳动组织的形式和经济核算单位越大越是社会主义。一年多后，承包到组的改革就受到严厉批评和指责。1950年2月19日《真理报》和1950年第10期《布尔什维克》杂志先后发表编辑部文章"纠偏"，指责承包到组是搞"分散"、搞"倒退"、搞修正主义，它"损害了大型的集体的社会主义农业的根本基础"；指责库尔斯克州委领导"不注意新的先进的东西，不分析研究集体农庄的真实情况，犯了严重的错误。他们用孤立的劳动小组代替集体农庄的作业队"等等。文章还点名批判了中央主管农业的负责人安德烈也夫。安德烈也夫被撤职,库尔斯克州委被改组,一场带有试探性的改革因此而夭折了。墨守成规的保守思想使苏联农业继续在死胡同中徘徊、挣扎。赫鲁晓夫因对这场改革只是在暗中支持,并及时地见风使舵,他摇身一变居然由承包到组的支持者成了批判承包到组的"英雄",不久,调入莫斯科取代安德烈也夫主管中央的农业工作,紧跟斯大林的理论,开始大搞集体农庄合并运动。

<h1 style="text-align:center">三</h1>

战后初期,苏联的金融市场十分混乱。之所以会出现这种局面,主要是因为市场上货币种类繁多,而且货币量大大超过商品供应量。再加上国家计划供应价格(即国家配给价格)和市场流通价格并存,导致黑市贸易猖獗,投机倒把盛行。为保证四五计划顺利实施,整顿金融市场势在必行。

战争初期,苏联西部不少城镇被德军占领。为了大肆掠夺苏联的财富,德国占领当局在占领区滥发货币。此外,苏联政府为了支持庞大的军费开支,在战争期间不得不大量发行货币,它的印发量又大大地超过了商品的供应量。为了稳定金融市场,首要任务当是进行货币制度改革,压缩市场的货币流通量,抑制对商品需求,从而平抑商品的供需矛盾。1946 年 12 月 14 日,苏联部长会议和联共(布)中央通过了《关于实行币制改革和取消粮食、日用必需品配给制》的决议,规定 1947 年 12 月 16 日发行新货币,并限于 16 日至 22 日一周之内完成旧币兑换成新币,边远地区可延长一周,到 29 日截止,过期旧币一律作废。货币的兑换率为 10∶1,即 10 个旧卢布兑换 1 个新卢布。决议的贯彻实施有力地打击了拥有大量货币的投机倒把分子。

由于市场货币流通量得到了控制,从而缓和了商品的供需矛盾,并为取消食品和日用必需品的配给制创造了条件。后来,苏联政府作出决定:食品和日用必需品实行全国统一规定的零售价格,并取消国家计划供应价格和市场流通价格并存的双轨价格体系。这些措施还大大抑制了黑市贸易。

货币制度的改革,对稳定金融市场和保证群众基本生活都起到了积极作用。

战后初期,苏联党政领导各族人民提前完成了四五计划的大部分指标,尤其在工业产量上大大超过了二战前的水平,综合国力得到了进一步提高。但是不难看出,苏联四五计划的指导方针仍是一贯坚持的优先发展重工业,很不重视重、轻、农三者之间的按比例发展。虽然重工业取得了优异成绩,但农业的落后状态,使重工业失去了进一步发展的基础。重工业要进一步发展,就必须改变农业的落后状态。要改变农业的落后状态,就必须改变轻农政策,必须改变传统观念,也就是说必须改变 20 世纪 30 年代已经形成的一套完整的经济体制。但是,在斯大林掌握苏联党政领导大权的情况下,要进行一些尽管极为微小的变革,又谈何容易!

高级人才培养与社会经济发展

苏联经过几十年的计划管理实践,确定了一整套计划管理体制。统一制定的国民经济发展计划经过最高苏维埃通过后,就作为行政命令下达,各级都必须无条件地执行。

一、高级人才培养的计划性

在国民经济计划管理体制下,苏联的高等教育形成了一整套计划体制,其特点就是根据社会经济和文化发展的需要,通过制定教育规划和人才培养计划,对高等教育发展的规模和速度、人才培养的数量和种类、人才的分配和使用、学校布局等进行有计划的发展。高度的计划性则体现在苏共中央提出发展高等教育的目标,然后由定期召开的党代表大会批准。党中央委员会的决定取得苏联部长会议同意后,由苏联高等和中等专业教育部执行。规划的过程则是"根据国民经济的需求情况,并考虑到学校根据教学—物质基础和教授—教员构成的现状与远景发展趋势,对培训专家的可能性而提出的建议来拟定的。苏联各部和主管局、各加盟共和国要综合分析这些建议,按照对专家的需求数量,同时考虑到在干部培训工作上与其他主管局和各加盟共和国进行协作的必要性,对上述建议作出结论并报送苏联国家计划委员会和苏联高等和中等专业教育部"。

由此可见,苏联培养高级专门人才的制度,是按照计划程序发展的,是总的统一经济发展计划不可分割的一部分。

分配高等学校毕业生的计划"是在他们毕业前 1—3 年之间拟定的,并随后转为五年的分配计划。分配青年专家的年度计划则要依据远景计划的任务,并在对这些任务规定出必要的具体办法和执行指令性机关关于保证向我国各部、各主管局和各经济区输送干部的决定的情况下加以拟定的"。这又是苏联高等教育计划工作的一大特点。

制定的计划必须准确执行,"准确执行指标的必要性,乃是完成培训专家的计划,首先是完成高等和中等专业学校招生计划的重大特点,任何偏离业已批准的计划指标的现象,都可能导致专家培训工作上的比例失调,从而引起专家人数的不足或过剩的结果"。

二、几种规划方法

在确定高等学校的发展远景时,需要根据一般社会规律和经济、科学、技术和文化进步的总趋势来确定方针。高等学校应被看作一种担负多种职能并与现代社会生活的各个领域和全部社会体系协同动作的社会体系。高级专门人才的培养计划是通过确定专门人才的需要量,制定高等学校的招生计划和毕业计划等各种措施来实现的。对上述人才的需求数量分目前时期和远景时期分别确定。苏联在计算高级专门人才需要量时主要有三种计划方法。

(一)饱和度法

这是计算长远需求时采用的一种方法。根据这种方法,需要量是以专家在工作人员总数中所占的比例来确定的,而工作人员总数及其在计划期间内增加的人数,则是根据预计产量和劳动生产率指标来确定的。

（二）职务目录法

根据这种方法，需要量以国民经济和文化的具体发展计划、现有企业和机械的投产和扩大计划、劳动和其他指标计划为基础。这种方法用于确定对各种专业人才的需要量。

（三）标准法

这种方法以事先规定的有关专业的专门人才数量的标准为基础，而这个数量标准是经过实践证明合理的人数标准。这种方法的预测准确度较高。

三、高级人才培养高度计划性利弊分析

高级人才培养计划是整个社会经济发展计划的一个部分。在这个庞大的计划体系中，各个部分互相联系、不可分割，因此人才培养的计划性的利弊不能简单地归结为它本身所固有的特点，而应该放到整个社会体系中去考察。但本文只能着眼分析高级专门人才培养的计划性的一些利弊。

（一）适应性

苏联高等教育的计划工作是在实践中不断发展起来的，早在第一个五年计划时期，就对工业企业、农业、教育、文化和科学机关所需要的受过高等教育的干部情况进行了全面分析，由此制定了高等学校招生和专家毕业计划。工业化时期，对专门人才的需要量空前扩大，苏共中央和苏联政府多次作出相应的决议，以满足国民经济发展对专门人才的需求。1934年联共（布）第十七次代表大会《关于苏联发展国民经济的第二个五年计划》要求在"第二个五年计划期间，高等学校毕业的专业人才为34万人，与第一个五年计划时期的17.07万人相比增加1倍"，第三个五年计划规定培养出"60万受过高等教育的专家"。

从苏联共产党和政府的决议我们可以看出,强调的重点乃在于使培养人才的计划同国民经济的发展密切结合起来。从苏联几十年的经验来分析,人才培养与社会经济发展是基本相适应的,特别是在现代科学技术革命的影响下,社会生产的部门结构和地区结构发生了重大变化,随之高等学校培养专门人才的结构也发生了重大变化。在 20 世纪 60 和 70 年代,苏联加紧培养对工业部门具有决定意义的专门人才。1950—1978 年,高校大学生人数增加了 3.1 倍,而同时电子技术、电子仪器制造和自动装置等专业的学生则增加了 23.6 倍,无线电技术和通讯专业的学生增长了 9 倍,机器制造和仪器制造专业的学生增长了 5.9 倍。1949—1979 年,大学毕业生总数中工程师由 22％上升到 43％。综合大学由 31 所增至 67 所,增加 1 倍。1979 年苏联国民经济各部门的高度熟练人才的饱和度在每 1000 名工作人员中已达 100 人,充分适应了国民经济的迅速发展。

（二）弊端

苏联专门人才培养工作的计划性也带来了一系列问题。计划性有两大特点,"必须准确地完成计划指标,重要的是不仅不允许不完成计划,而且同样重要的是不允许超额完成计划……任何增加和减少计划指标的偏向,都可能导致比例失调,造成干部的缺乏或过剩"。这也就是指令性的特点和准确性的特点。

1. 正是由于计划的指令性过强,造成了苏联人才培养方面的问题

不难理解,在社会这个复杂的系统里,制定计划时得全面考虑社会的各个方面。由于这个社会系统太复杂,而且千变万化,所以制定的计划无论怎样精确,总是不完备的,总会渗进许多非计划性因素,因而计划并不能按预定的步骤完成;另外,由于计划的严格性,这就排除了根据不断出现的新情况加以调节的可能性,这是高

度计划性的一个主要缺点。

2. 计划的准确性和具体性造成了专门人才知识的狭窄

根据计划,每个被培养的专门人才都预定了未来的工作位置,培养是按既定目标进行的。20世纪30年代典型的"现成专家"培养制度充分暴露了这个缺点。20世纪60年代末到70年代,随着生产集约化约发展,窄专业的高级专门人才越来越不适应形势的要求。"高等学校的专业划分过细,妨碍了对干部的合理使用,常常是不得不用两三个专业狭窄的工程师顶替一个真正专业知识面宽的工程师。""狭窄的专业化的工作人员,由于不了解边缘科学和混合科学,在自己的创造中就要受到限制,他掌握新知识,在生产中发展和运用这些知识就比较困难。"按照计划,应该最大限度地根据所学专业安排专门人才的工作,但实际上并不能达到这一点。苏联对里沃夫一系列工业企业、建筑和设计机关所进行的调查表明:"有68%受过高等教育的专门人才在高等院校毕业后的头3年,是按照在大学所学专业工作的,在4—9年工龄时,只有43%,而在10年以上工龄时,总共只有38%。"这说明有相当一部分毕业生在高等院校毕业后,并不是按他们所学专业进行工作的,因而没有达到计划所安排的学用一致的目的,生产集约化的要求也就遇到了问题。

3. 与此相联系,严格的计划妨碍了专门人才个性的充分发展,引起许多无形的损失

苏联提前几年预分的计划,从学生进校就预先决定了他(她)将来的工作,目的在于严格做到学用一致。结果一方面不能按计划人尽其才,另一方面束缚了个性的充分发展。严格的计划与个人选择发生了冲突。每个专门技术人才都应该有多次选择自己方向的余地,这是个性发展过程中不可避免的,严格的计划性使他们不能重新作出选择,引起许多无形损失,毕业生不按所学专业工作的情况屡屡发生。"很多高等学校毕业生都不到各部和主管部门派往的工

作地方去……而且有时是用非所学。"这样,也就破坏了计划的严格执行。

由上观之,高度计划性在经济粗放发展的情况下,基本上能同社会经济的发展保持一致,但是在社会发展愈加复杂化的情况下,生产的发展愈来愈取决于生产者个人的素质,因而需要每个工作者在社会中扮演最佳角色,这样,计划性就愈来愈显得无能为力了。

四、高级人才的三位一体培养格局

培养人才,满足社会当前的需要,为实现长远目标而合理开发人力资源是高等教育的职责。在长期的教育实践中,苏联高级人才的培养形成了本科生、研究生和进修生的三位一体的格局。

（一）研究生

苏联自 1925 年开办研究生部以来,已有 60 多年的历史,形成了一整套培养研究生的制度。其间,在培养目标、培养方法和手段方面都有较大的变化,但我们从它发展的历史轨迹中仍可把握它的主要特点。

1. 培养科学教育干部

关于研究生部的宗旨,《苏联关于制定国家的经济和社会发展计划的方法规定》开宗明义:"培养科学和科学教育干部的计划要通过研究生部",也就是说科学研究人员和科学教育人员均由研究生部培养,而高等院校研究生部更注重科学教育干部的培养。特别是在研究生部开办初期,主要目的是解决高校科学教育干部缺乏的问题,"在苏维埃政权建立后的最初十多年,高等学校的任务是消除严重缺乏熟练干部的现象,这不能不影响科学研究工作的开展,实际上把它排挤到第二位了",而从一开始到现在,研究生部就一直带有培养科学教育干部的特征,是培养科学教育干部的最重要场所。

"高等院校科学教育干部的补充依靠几个主要来源,其中最重要的来源是研究生部……大多数毕业生,特别是脱产研究生,被分配去做高等院校教师的工作,读完研究生部并通过了论文答辩的绝大部分不脱产研究生,通常也转到高等院校搞教育工作。"研究生必须具备教育学方面的知识,"研究生应按照苏联高等和中等专业教育部批准的教学大纲自修教育学和心理学的基础理论,并进行教育实习"。

2. 培养研究生的途径多样化

苏联的研究生部是大学后培养科学教育干部的主要组织形式。研究生部一般设在规模较大的高等学校和科研机构。研究生部培养研究生的形式多样且多具灵活性。在形式上,研究生部分为脱产的和不脱产的,特设研究生部和一年制研究生部,时间为 1 至 4 年不等。脱产形式能使研究生把精力完全集中于所选的研究方向上,有明确目的地提高自己的科学水平和教学技巧;不脱产方式有助于学习与实践的结合。一般来说,苏联培养基础科学、普通理论和社会科学方面的研究生采用脱产的形式。脱产研究生学习期限为 3 年,不脱产研究生为 4 年。

苏联对经院式的学术研究向来持反对态度。如"1955—1957 年注册研究生人数骤然下降。从后来的发展着,需要仍是不断的。下降一定是由特意的限制所引起的。尽管研究生有潜在的用处,却被认为是与生活脱离太远"。在培养目标和方式上,注重理论与实践的紧密结合。在此有必要重申,苏联研究生部发展的整个过程都带有这一特征。下面对研究生部的几种培养方式略作分析。

一年制研究生部是培养副博士的一种形式灵活而又显示实际水平的方式。苏联发现在一般形式培养研究生的过程中,很容易导致理论与实践的脱节,出现为获取学位而闭门撰写论文的情况,导致科学水平和实践水平的下降。苏联多次对这种状况提出批评,认为"论文答辩有时是相当肤浅的"。为避免这种现象,一年制研究生部是一条可行的途径。事实上，研究生部并不是通向副博士的唯一途径，"高等学校资历深的教学人员可以不经过副博士课程考试而直接撰写论文……允许学术委员会以那些对自然科学、技术和人文科学作出特殊贡献的人的名义，为他们申请学位，即使他们完全没有受过高等教育"。的确，论文并不是目的，只是研究成果的自然总结。一年制研究生部只吸收那些"具备科研或教学工作资历；已全部通过副博士课程考试；就所选题目进行了一定的科学研究工作，足以在一年制研究生部学习期内完成副博士学位论文的撰写工作并参加答辩；已发表过与论文题目有关的文章或专著"的人员入研究生部学习。这是避免为追求学位而不顾科学价值和实用价值的倾向的一种有力措施，它将研究、论文和学位有机地结合起来了。"录取入一年制研究生部的人员，在研究生部学习期满后均须返回原工作单位。"

苏联还有一种特设研究生部。这是研究生部招生的一种基本组织形式，它"为那些没有条件就地培训科学干部和教学干部的各加盟共和国、各部和各主管部门的高等院校、科研机构、工业企业、国营农场、集体农庄及其他单位培训科学干部和教学干部"，"此类人员入研究生部，不经竞试"；"特设研究生部毕业的专业人员均须返回原派遣企业、机关或组织听候使用"。这类似于我国委托培养研究生的制度。

1950—1975 年本科生、研究生和科学工作者及副博士情况表

类别	年度			
	1950	1965	1970	1975
本科生（千人）	1247.4	3860.6	4580.6	4858
研究生（千人）	21905	90214	99427	95675
科学工作者（千人）	162.5	664.6	927.7	1223.4
副博士（千人）	45500	134400	224500	328800

苏联研究生数量从 1965 年以来便没有多大增长，请看上表。

（二）本科生

以上表格数字表明：科学工作者的增长幅度是最大的，其次是副博士的增长幅度。研究生人数的增长不如科学工作者人数的增长。显然科学工作者的很大一部分是由本科生来补充的，而且研究生也不是通向副博士的唯一途径。为什么会出现这样的状况呢？我们可以在苏联本科生的教育中找到部分答案。苏联高等教育几十年的发展，始终把重点放在本科生教育上，对本科生施以高质量的教育，使之在某种程度上已接近了研究生的水平。

苏联本科生教育采取了一些有力的措施，其特点如下：

1. 学制长

苏联高等教育学制一般为 4—6 年，多数专业都在 5 年以上，比其他国家的学制都要长。"高等学校的修业年限为 4 至 6 年，其中全日制大部分专业为 5 年至五年半，极个别的专业有 4 年的。"学生根据所划分的专业学习，每个专业都有详细的专门化的教学计划，因而苏联大学生能接受更多的专业知识。

2. 不授予学位

按规定："苏联高等院校发给文凭，不授予学术性学位。""完成了毕业论文答辩或通过了国家考试的学生，由画家考试委员会决定，授予与其专业相应的资格、毕业证书及证章。"

3. 注重科研工作

苏联高校本科生阶段非常注意教学与研究相结合。一般说来，大学学生都可以参加学校教研室和科研单位的科研工作，并列入学校、系和教研室的教学和科研总计划中。特别是高年级大学生要参与科学研究工作，通过各种形式的科学研究活动，培养和提高大学生的素质。

4. 坚持学习和实践相结合

苏联历来重视本科学习与实践的联系，国家制定了高等学校学生生产实习条例,要求"所有高等学校和中等专科学校毕业的青年专家都应……到一定的地点在生产上工作5年","生产实践应成为全部教学过程的有机组成部分","生产实习应该是整个教学过程的有机组成部分,应当帮助学生更好地掌握和在自己的实践活动中运用理论知识","在进一步发展和改进我国高等教育制度时,应保证使专门人才受到更好的实际锻炼和理论培养"。

苏联本科生教育的这种特点,即培养周期长达4—6年,严格的科学性和实践性,保证了毕业生具有较高的专业知识水平。他们受到良好的科学研究的训练,经过实践的锻炼,培养了较好的适应力,已成为苏联科学工作者中的重要力量。但是,这支庞大队伍中的大多数人并没有进入研究生部深造,那么,他们怎样适应科学技术的飞速发展呢?那就是进修系统。

(三)进修生

进修系统也可称为大学后教育系统。苏联通过建立进修学院、进修班和高等学校进修系构成了完备的大学后教育系统,通过这种系统,根据科学技术的发展,不断地完善专家的知识和实际技能。它可以被认为是研究生部以外提高专家科学水平的一种有效手段。它能够对科学技术的进步作出迅速的反应。在知识的老化和更新都在加速的情况下,"即使有高级职称的专家也经常被要求同他的研究的专门领域的变化保持一致",因而这种系统显得更加适用。苏联作出决定"把受过高等教育和具有实际工作资历的专家送到高等学校的专门系,在有发展前途的科学技术部门方面进行再培训"。根据专家进修的目的和内容,大学后教育主要采用三种形式:业务进修、补充训练和专家再培训。业务进修系统主要是更新和充实专家在有关科学和实践领域及专业方面的知识;补充训练则是满足当今条件下各行业飞速发展,专家职务经常变更的需要;专家再培训则是让专家研究科学与技术的新发展,以保证他们在新的领域中熟练地工作。

通过上述三种各具特点的途径,苏联基本上满足了社会对高级人才的需要。取得这一成就绝非轻而易举的事情,从最高决策层对高级人才培养的重视,到各项具体培养措施,都是经过长期实践总结出来的。在本科生、研究生和进修生三者构成的高级人才培养体系中,研究生是通向未来的高学历的主要途径,但是苏联采取措施抑制了一味追求高学历的倾向,创立了颇具特色的一年制研究生部,将研究同论文和学位置于一种自然的过程中,大大提高了培养质量。同时,将本科生教育置于最重要的地位,构成苏联科学工作者最基本的力量。另外,在科学技术不断进步的时代,采取进修的形式将受过高等教育并有实际工作经验的专家进行大学后的再教育,使他们能够经常获得科学技术的新知识,同周围不断变化的世界保持联系,这无疑是一种高级人才培养的较好途径。上述的特点是苏联能够成功地满足对高级人才的需要的基本因素。

二战前的苏俄对外关系

第一节 争取和平共处的对外政策

一、苏维埃国家的和平共处政策

列宁在研究帝国主义特征的基础上得出结论:社会主义革命将首先在少数几个或者甚至在一个资本主义国家取得胜利,"其余的国家在一段时期内将仍然是资产阶级的或者资产阶级以前的国家"①。这就是说,当社会主义革命在一国或几国首先取得胜利后,两种不同社会制度国家的和平共处将是资本主义向社会主义过渡时期不可避免的历史必然。列宁在《论民族自决权》中阐述的"各民族完全平等,各民族有自决权"的光辉思想,为两种不同社会制度国家的和平共处奠定了思想基础。一个民族或者一个国家,倘若丧失了民族的自决权和国家的独立与主权,就不可能存在真正的和平共处。随着俄国十月社会主义革命的胜利,苏维埃政权的建立,关于苏维埃国家同"资产阶级的或者资产阶级以前的国家"之间的相互关系,即两种不同社会制度国家的和平共处,已经不再是理论问题,

---

① 列宁:《无产阶级革命的军事纲领》,《列宁全集》第 23 卷,第 75 页。

而是一个实践的问题了。

革命刚刚胜利的苏维埃俄国希望同各国和平共处。然而,当时尚不具备必要的条件。帝国主义战争还在进行,苏维埃俄国还没有摆脱战争。仍旧处在战争环境中的苏俄,要同各国和平共处,是不可能的事情。苏俄政府把结束战争、签订和约和实现和平,当作对外政策的首要任务。这些都体现在苏俄政府颁布的第一个对外政策文件《和平法令》①中。《和平法令》呼吁各交战国政府为缔结不割地不赔款的公正的和约立即举行谈判。谈判中苏维埃俄国将"拒绝一切关于抢劫和暴力的条款,但是我们乐于接受一切善邻关系和经济协定的条款"②。几天后,苏俄政府发表《俄国各族人民权利宣言》,承认俄国各族人民拥有"自由作出决定、直到脱离俄国并建立独立国家的权利"③。《和平法令》不但充分体现了列宁阐述的民族自决、平等和国家独立、主权的思想,而且提出了和平共处的基本原则:独立、主权和互不干涉。

但是,帝国主义协约国拒绝了苏俄政府的和平建议,决定要把苏俄"扼杀在摇篮里"。英、法政府于 1917 年 12 月在巴黎签订了准备干涉和瓜分苏俄的秘密协定④;协约国最高军事会议作出了武装干涉苏俄的决定⑤。协约国的武装干涉致使苏俄面临着生死存亡的关键时刻。苏俄政府在军事上组织和发动全国军民奋勇抗战,在外交上仍不失时机地开展和平外交,贯彻既定的和平外交政策。1918年 3 月,利用帝国主义之间的矛盾同德国签订了《布列斯特和约》。1918 年末到 1919 年 3 月,苏俄代表李维诺夫在瑞典分别会见英、

① 列宁:《全俄工兵代表苏维埃第二次代表大会》,《列宁选集》第 3 卷,第 54—358 页。
② 列宁:《全俄工兵代表苏维埃第二次代表大会》,《列宁选集》第 3 卷,第 360 页。
③《苏波关系史文件和资料》第 1 卷,莫斯科,1963 年,第 163 页。
④ 参见齐世荣主编:《世界通史资料选辑》现代史部分第 1 分册,人民出版社,1985 年,第 15—18 页。
⑤ 齐世荣主编:《世界通史资料选辑》现代史部分第 1 分册,第 15—18 页。

法、美、日、意等国驻瑞典公使,建议举行和平谈判。李维诺夫同美国政府代表巴克勒会晤时,表示苏俄政府愿在偿还外债以及租让等问题上作出让步。列宁在莫斯科接见了英美特别代表布利特,共同拟订了和平协议草案。1919 年 8—9 月,苏俄政府宣布无条件承认爱沙尼亚、拉脱维亚和立陶宛三国独立。9—10 月,列宁一再表示苏俄政府"完全同意同美国(也同一切国家,但特别是同美国)达成经济协议"①,"愿意在合理的条件下让出一定的经营权,作为俄国从技术比较先进的国家取得技术的一种手段"②。

一方面由于欧洲国家的革命先后失败,革命进入低潮;另一方面由于苏俄红军军事上节节胜利,协约国最高当局在 1920 年 1 月 16 日被迫宣布解除对苏俄的经济封锁,并准许同苏俄发展有限的贸易。在这种世界革命力量不能推翻资产阶级的统治,帝国主义势力也不能消灭苏俄的形势下,1920 年 2 月 18 日列宁接见美国《纽约晚报》记者和英国《每日快报》记者时,第一次向全世界公开表达了苏维埃国家愿"同各国人民和平共处,同正在觉醒起来要求过新生活,过没有剥削、没有地主、没有资本家、没有商人的生活的各国工人和农民和平共处"③。时隔 4 个月,苏俄政府又明确地提出同资产阶级政府建立和平共处关系的政策。1920 年 6 月 17 日,外交人民委员契切林在列宁授意下在全俄中央执行委员会会议上指出:"我们的口号过去是,现在仍然是与其他政府和平共处,不管它是什么样的政府。"契切林进一步指出:"现实生活本身使我们和其他国家认识到在工农政府与资产阶级政府之间建立长期关系的必要性。""经济和现实要求互换商品,要求我们着手与全世界经常调整关系,经济

---

① 列宁:《答美国〈芝加哥每日新闻报〉记者问》,《列宁全集》第 30 卷,第 31 页。
② 列宁:《致美国工人》,《列宁全集》第 30 卷,第 21 页。
③ 列宁:《答美国〈纽约晚报〉记者问》《答英国〈每日快报〉记者问》,《列宁全集》第 30 卷,第 333—335,336—337 页。

的现实对其他政府的要求也是一样，不管他们对我们的制度怀着怎样的仇恨。"①到 1920 年 11 月，当苏俄红军粉碎协约国第三次武装进攻后，战争基本结束，从而为苏俄在国际上争取到了"同资本主义列强并存的条件"。苏俄的对外政策发展到了一个新的阶段。

由此可见，不同社会制度国家和平共处政策的提出，同反对战争、争取和平的对外政策有着不可分割的密切联系，同时它也是同帝国主义进行斗争取得了胜利而提出来的。经过三年艰苦奋战，苏俄的国际环境发生了有利于苏维埃国家的变化。列宁指出，当时国际上出现了"一种相对的均势"②，这种均势"虽然极不坚固、极不稳定，但总还是一种均势的状态"③。之所以会出现这种特殊的局势，第一，帝国主义尽管竭尽全力要扼杀苏俄，却失败了。在苏俄境内已经难以找到像高尔察克、邓尼金那样的代理人，再加上政治经济上的原因，至少在相当一段时间内不太可能对苏俄再次发动武装干涉。第二，1920 年资本主义世界爆发了一战后第一次经济危机。生产下降，失业增加，各国工商界为了恢复经济，要求同苏俄恢复传统贸易和建立经济关系的呼声越来越高。协约国最高当局对苏俄解除经济封锁禁令就是在这种背景下产生的。第三，苏俄政府为了适应国内外形势发展的需要，在经济政策上作了相应的准备。协约国最高当局宣布允准与苏俄发展有限贸易后，苏俄政府立即成立了专门负责对外贸易的全俄中央消费合作总社。1920 年 11 月 23 日又公布了关于租让制的法令，以便吸引外国资本家到苏俄投资。尽管租让制公布后外国租赁者并不多，但"还是多少赢得了一点东西"，表明苏俄政府愿同世界各国建立经济联系的决心。

1920 年初至 1921 年初，苏俄西北部和南部的周边国家相继同

---

① 契切林：《外交政策问题论文及报告集》，莫斯科，1961 年，第 146 页。
② 列宁：《共产国际第三次代表大会》，《列宁全集》第 32 卷，第 465—466 页。
③ 列宁：《共产国际第三次代表大会》，《列宁全集》第 32 卷，第 442 页。

苏俄政府签订和平条约和友好条约,建立了睦邻关系,充分显示了苏俄和平共处政策的威力。1921 年 3 月签订的苏英《贸易协定》在资本主义世界产生了巨大的反响。1922 年 1 月协约国决定正式邀请苏俄政时参加热那亚会议,共议振兴欧洲经济问题,说明列宁提出的不同社会制度国家的和平共处政策已被世界公认。

二、20 世纪 20 年代初同欧亚邻国的关系

(一)同波罗的海沿岸国家的关系

俄国十月革命后,爱沙尼亚、拉脱维亚和立陶宛先后宣布脱离俄国版图而独立,但不久就被德军占领。德国在一战中失败和苏俄宣布废除《布列斯特和约》之后,又被武装干涉苏俄协约国军所占领。英、法帝国主义力图胁迫爱沙尼亚、拉脱维亚和立陶宛参加反对苏俄的武装干涉,主张把波罗的海国家同波兰、捷克斯洛伐克和罗马尼亚等东欧国家联结起来,沿苏俄的西部边界筑起一条"防疫带",防止共产主义向西方扩展。英国的一位外交官曾说:"共产主义是一种传染病,协约国必须设立一个隔离地区,像从前防止传染病的蔓延一样。"1920 年 1 月,法国在芬兰首都赫尔辛基召开波罗的海国家会议,企图组织波罗的海国家的反苏联盟。苏俄政府十分重视与周边邻国的睦邻关系,这对苏维埃国家的和平与安全具有重要意义。1919 年 6 月底,得到芬兰、爱沙尼亚军和英国舰队支持的尤登尼奇白卫军进攻彼得格勒被苏俄红军击溃,苏俄政府表示愿同爱沙尼亚建立睦邻关系。1920 年 2 月 2 日,两国举行和平谈判,并在塔尔图签订了和约①。和约确认:苏俄正式承认爱沙尼亚的独立与主权,并确定了两国之间的国界线。和约规定苏俄政府"不得因爱

---

① 《国际条约集》(1917—1923),世界知识出版社,1961 年,第 197—498 页。

沙尼亚以前是俄国的一部分这一事实而遗留给爱沙尼亚的人民和领土对俄国的任何义务"。1920 年 7 月 12 日和 8 月 11 日,苏俄政府又相继同立陶宛政府和拉脱维亚政府签订了内容同苏爱和约基本一致的和约①。

芬兰也是波罗的海国家,同苏俄北部边界毗邻。俄国十月革命胜利后,苏俄政府于 1917 年 12 月 31 日颁布法令,承认芬兰脱离俄国版图而独立。芬兰是参与协约国武装干涉苏俄的国家之一,1919年 5 — 6 月,曾支持和配合尤登尼奇白卫军进攻彼得格勒。6 月底尤登尼奇的进攻被粉碎后,苏俄政府建议举行苏芬停战谈判,于1920 年 10 月 14 日在塔尔图签订了和平条约②。苏俄政府重申:承认 1917 年 12 月 31 日宣布的芬兰获得独立和主权。和约确定了苏芬两国的边界和芬兰湾的领水宽度。苏芬于 1920 年 12 月 31 日正式建立了外交关系。

(二) 与波兰的关系

苏俄政府根据《俄国各族人民权利宣言》,于 1918 年 8 月 29 日正式颁布法令③,宣布"永远废除过去俄罗斯帝国与普鲁士王国、奥匈帝国政府所签订的关于瓜分波兰的一切条约利法令",承认"波兰人民独立和统一的不可剥夺的权利"。1918 年 11 月,在卢布林成立了波兰临时政府,毕苏茨基向巴黎和会提出恢复 1772 年第一次瓜分波兰前的东部边界线,要求把西白俄罗斯、西乌克兰和立陶宛包括在内的 44 万平方公里的土地划归给重建的"大波兰"。1919 年 8月,在协约国的支持下,波兰军队占领了明斯克。苏俄政府为了避免流血,曾于 1920 年 1—3 月三次照会波兰政府,建议举行和平谈判,表示愿在边界问题上作出重大让步。波兰军队在协约国的支持

---

① 《国际条约集》(1917—1923),第 497 页。
② 《国际条约集》(1917—1923),第 512—526 页。
③ 《苏波关系史文件与资料》第 1 卷,第 418—419 页。

下,却于 1920 年 4 月 25 日再次发动军事进攻,占领了基辅。6 月初,苏俄红军进行反击,先后解放了基辅和明斯克。7 月 11 日英国外交大臣寇松照会苏俄政府,要求苏俄红军在格罗德诺—雅洛夫卡—布列斯特—立托夫斯克—多罗古斯克—乌斯梯卢格—格鲁别舒夫以东,克雷洛夫和拉瓦鲁斯卡雅以西,普热米什尔以东,喀尔巴阡山一线①以东 50 公里停止前进,并以此线为基础举行苏波谈判,划定苏波国界。

1920 年 7 月 17 日,苏俄政府外交人民委员契切林复照英国政府,同意以"寇松线"为苏波国界,同波兰政府进行直接谈判,但不同意英国从中调停。波兰政府在 7 月 22 日也表示同意举行苏波和平谈判,签订停战协定。但是,苏俄政府错误估计了形势,未同波兰政府举行谈判,命令红军越过"寇松线",直逼华沙。苏俄红军在华沙城下遭到严重挫折,被迫退出波兰国土。由于苏波长期来的领土事端,直到 1920 年 9 月才在里加举行和平谈判,10 月 12 日签订了《苏波停战条约》。1921 年 3 月 18 日在里加签订了《波兰与俄罗斯和乌克兰和平条约》②,重新划定了苏波之间国界线的走向。这条国界线在"寇松线"以东 150 英里处,西白俄罗斯和西乌克兰均被划入波兰。和平条约签订后,苏波两国正式建立了外交关系。

(三)同波斯③、阿富汗和土耳其的关系

早在 19 世纪,沙俄和英帝都把波斯当作自己掠夺的对象。经过几次角逐,俄英分别在波斯的北部和南部建立了各自的势力范围。沙俄在波斯北部得到了修筑公路、铁路、开设银行以及在里海的波斯沿岸捕鱼等特权。俄国十月革命胜利后,苏俄政府颁布的《告俄罗斯与东方全体伊斯兰教劳动人民书》,给波斯政府和人民留

---

① 史称"寇松线"。
②《国际条约集》(1917—1923),第 640—666 页。
③ 1935 年更改国名为伊朗。

下了深刻的印象。1920年10月，苏俄政府照会波斯政府，建议举行谈判，建立睦邻关系，签订友好条约。11月，波斯政府的全权代表阿里-古里汗·莫沙维亚-马马列克率领代表团抵达莫斯科，经过谈判于1921年2月26日签订了《苏俄-波斯友好条约》[①]，废除了沙俄同波斯以及同第三国签订的有关波斯的一切不平等条约和协定，规定沙俄政府在波斯领土上的一切租借权和财产全部归还，波斯欠沙俄政府的一切债务完全废除。条约还规定互派大使，恢复贸易和其他联系。苏俄波斯条约为建立两国的睦邻友好合作关系奠定了基础。

长期以来，阿富汗的内政外交一直被英国控制。在俄国十月革命的影响下，1919年2月上台执政的阿曼努拉汗宣布阿富汗政治上独立，在国内进行改革，派出特别使团出访包括苏俄在内的欧洲各国，表示愿同各国在平等的基础上建立友好关系和外交关系。阿富汗的正义主张得到了苏俄政府的支持，声明表示愿同阿富汗政府立即交换使团。阿富汗政府委派穆罕默德·瓦利汗使团前往莫斯科，同苏俄政府举行谈判，并于1920年9月13日在喀布尔签订了苏俄-阿富汗建立友好合作关系的条约。1921年2月28日在莫斯科又签订苏俄-阿富汗关于建立外交关系的友好条约[②]。条约规定缔约双方保证不与任何第三国缔结损害缔约另一方的军事或政治协定。苏俄阿富汗条约为苏阿边界的和平与安全奠定了法律基础。

一战中失败的土耳其面临着协约国军武装占领和民族存亡的危机。1920年1—4月，凯末尔代表土耳其国民政府致电苏俄政府和函致列宁，吁请苏俄政府给予援助，提议两国建交。6月2日苏俄外交人民委员契切林复照凯末尔政府，同意两国立即建交，并答应给予财政上以及石油、武器等方面的援助。1921年3月16日在莫

---

①《国际条约集》(1917—1923)，第613—620页。
②《国际条约集》(1917—1923)，第620—623页。

斯科签订了苏土友好条约①。条约规定废除沙皇政府强加于苏丹土耳其的一切条约。苏俄政府放弃领事裁判权和欠沙俄政府的一切债务。缔约双方保证不让敌对缔约另一方的组织和集团在本境建立或留驻。在苏俄财政并不充裕的情况下，苏俄政府同意向土耳其提供1000万金卢布的无偿财政援助。苏土友好条约充分体现了苏维埃国家对反帝斗争的土耳其人民的无私援助。

（四）同中国的关系

俄国十月革命在中国产生了巨大的反响。苏俄政府建立后，就着手公布沙皇政府和资产阶级临时政府签订的秘密条约，其中包括有关英俄、日俄瓜分中国的秘密协定。《告俄罗斯与东方全体伊斯兰教劳动人民书》郑重宣告苏俄政府永远放弃奴役、掠夺和瓜分被压迫人民的帝国主义政策，同时声明废除沙皇政府强加给中国人民的一切不平等条约。苏俄政府一面同孙中山领导的南方革命政府取得联系，面向北京的北洋政府建议建立外交关系。1918年8月契切林代表列宁致函孙中山，对孙中山从事的革命事业表示敬意。1921年8月，当孙中山将当选为广东革命政府大总统通知契切林后，契切林于1922年2月复函孙中山，表示永远同中国人民发展友谊和保持合作。1919—1923年间，苏俄政府曾三次发表对华宣言②，重申苏俄政府的对华政策：放弃沙皇政府"从中国攫取的'满洲'③和其他地区"，放弃庚子赔款和一切特权，建议根据平等互利的原则举行双边会谈，缔结友好条约。1920年9月，苏俄政府在莫斯科接待了由中国北洋政府派遣的以张斯麟为首的中国军事外交代表团。双方经过谈判，中国北洋政府同意停止沙皇政府使领馆在华的一切活

①《国际条约集》(1917—1923)，第632—639页。
②《中国近代对外关系史资料选辑》(1840—1949)下卷第1分册，上海人民出版社，1977年，第14—21页。
③ 泛指中国的东北三省：黑龙江省、吉林省和辽宁省。

动。列宁在接见张斯麟时表示希望俄中两国在反帝斗争中加强联系。1921 年 12 月苏俄政府代表团抵达北京，准备同北洋政府举行谈判，解决沙皇政府时期留下的两国之间的历史遗留问题。由于同苏联代表政见不一，北洋政府一直到 1923 年 3 月才任命王正廷为中俄交涉督办，同苏联政府代表、副外交人民委员加拉罕恢复谈判。1924 年 5 月 3 日由顾维钧和加拉罕分别代表中苏两国政府在北京签订了《中俄解决悬案大纲协定》①，宣布中苏两国相互承认，并建立外交关系。但《协定》规定苏联政府允诺以中国资本赎回中东铁路以及该路所属的一切财产。这一规定有悖于 1919 年 7 月 25 日苏俄政府第一次对华宣言中的诺言，该宣言指出，苏俄政府愿将中东铁路以及沙俄政府所侵占的矿产、森林等特权，均归还中国，且分文不取。

三、苏英贸易协定的签订

苏俄红军军事上的胜利，使一些比较务实的西方人士认识到：武装干涉苏俄，除自己损兵折将外，并没有得到什么好处。英国驻协约国最高经济委员会的代表曾建议首相劳合·乔治"采取主动"，同苏俄恢复贸易联系，以便获得更多的优惠。1919 年 12 月，苏俄政府全权代表李维诺夫在同英国政府代表奥格雷第举行关于交换战俘问题的谈判时，双方谈到了彼此都感兴趣的发展两国贸易的问题，但是又都认为正是由于协约国的封锁政策阻碍了苏英贸易的发展。奥格雷第有意向苏俄代表透露："英国政府已经决定解除封锁，并正在争取最高委员会做出相应的决定。"②在英国的影响下，协约国最高委员会在 1920 年 1 月 16 日宣布：解除对苏俄的经济封锁。

---

①《中国近代对外关系史资料选辑》(1840—1949)下卷第 1 分册，第 21—24 页。
②《苏联对外政策文件》第 2 卷，莫斯科，1958 年，第 320 页。

1920 年 2 月 12 日签订了《苏英互换战俘协定》,但它的意义在于揭开了苏英贸易谈判的序幕,为签订《苏英贸易协定》作了外交上的准备。

协约国企图在不承认苏维埃政权的前提下发展对苏贸易,苏俄政府则力求通过贸易来改变同资本主义国家的关系。列宁指出:"我们的主要利益就是竭力恢复贸易关系。"①为此,苏俄政府专门成立了负责开展外贸活动的全俄中央消费合作总社。总社理事会任命克拉辛、李维诺夫和诺根等为外贸谈判代表。1920 年 3 月 11 日,英国政府正式致函合作总社理事会,邀请苏俄贸易代表团赴英商谈恢复双边贸易的可能性,指出:"英国政府力求这种谈判顺利进行,并尽快获得令人满意的结果。"②以克拉辛为首的苏俄贸易代表团于1920 年 5 月 12—27 日分两批抵达伦敦。

克拉辛抵达伦敦后,于 5 月 31 日在英国首相官邸同英国内阁大臣举行首次会晤。克拉辛阐述了苏俄政府同各国发展贸易关系的基本方针和立场,指出苏俄政府的基本方针是"力求在完全平等的基础上,同资本主义各国建立持久和平和正常的经济关系。然而,不停止战争状态,建立这种关系是不可思议的"③。

劳合·乔治在 5 月 31 日和 6 月 7 日两次会晤中代表英国政府提出了两个问题:其一,苏俄立即停止煽动亚洲国家旨在反对英国利益的敌对行动;其二,苏俄政府负责归还沙皇政府和临时政府时期的一切债务。劳合·乔治指出:只有当上述两项要求得到满足,封锁将自然解除,否则英苏贸易将难以开展。苏俄代表团认为,英国政府提出的并非经济问题,而是政治问题。克拉辛在 6 月 29 日的备忘录中针对英国政府的问题提出了对等原则,即只要英国政府承

---

① 列宁:《全俄苏维埃第八次代表大会》,《列宁全集》第 31 卷,第 425 页。
② 《苏联对外政策文件》第 2 卷,第 408 页。
③ 尼古拉·茹科夫斯基:《苏联早期外交家的故事》,世界知识出版社,1984 年,第 233 页。

担相应的义务,苏俄政府将保证不在大不列颠进行公开或秘密的共产主义宣传,只要英国政府考虑赔偿因武装干涉苏俄而造成的成千上万孤寡居民,苏俄政府准备考虑归还英国人在俄国的私人债务。备忘录还指出,这种问题只有苏英举行和平谈判才能解决,倘若英国政府不愿举行和平谈判,则先恢复贸易联系。为了贸易顺利开展,有必要采取措施扫除波罗的海和其他海域的水雷和互设商务贸易代表机构等等。

英国政府在 6 月 30 日的备忘录中提出了英国政府拟定的贸易协定草案,内容包括:双方承担互不采取敌对活动和宣传的义务,释放战俘和允许侨民归国;苏俄原则上归还英国人的私人债务,其具体办法有待英俄和平会议商定;互设具有豁免权的商务代表机构。英国政府的这份备忘录表明它已接受苏俄政府提出的对等原则。7 月 7 日外交人民委员契切林照会英国外交大臣寇松,表示同意以英国政府的贸易协定草案为谈判基础。当时,正是苏俄红军直逼华沙之际,英国政府要求苏俄红军立即停火未予满足,便借口苏俄代表团干涉英国内政,敦促苏俄代表团离开英国。苏英谈判暂时中断。

苏俄同波兰的领土争执几经周折,终于在 1920 年 9 月双方同意在里加举行和谈,并于 10 月 12 日签订了《苏波停战条约》。11 月上旬苏俄红军集中力量击溃了弗兰格尔的进攻,协约国和俄国白卫军的联合进攻再次以失败告终。这一形势打乱了英国内阁的部署。11 月 17 日英国内阁讨论同苏俄签订贸易协定的可能性时,发生了激烈的争论。外交大臣寇松坚决反对同苏俄恢复贸易谈判,而劳合·乔治力主与苏俄恢复谈判,而且得到了财政大臣博纳·洛和贸易大臣霍恩的支持。劳合·乔治表示:"我们面临着……最严重的失业时期。俄国人愿意支付黄金,而你们却不愿意卖……","我已经不止一次地听到过苏俄政府在最近两年内就要倒台的预言。邓尼金、尤登尼奇和弗兰格尔全都垮台了，我看不到苏俄政府会在近期内倒台的前景。"①英国内阁以多数通过了同苏俄政府恢复贸易谈判的决定。两国政府于 1921 年 3 月 16 日正式签订了苏俄、不列颠的贸易协定②。协定的主要内容：(1) 缔约国双方保证互不采取敌对行动和宣传；(2) 双方同意不对对方进行封锁，消除一切有碍发展贸易的障碍；(3) 双方同意互设商务代表机构，其代表享有外交人员的各种特权。

签订《苏英贸易协定》时，苏英未建立外交关系，英国在法律上尚未承认苏俄。但是，贸易协定并非都是经济问题，从上述三方面的内容看，具有鲜明的政治性质。劳合·乔治在回答为什么同苏俄签订贸易协定时说："因为我们需要俄国，而俄国也需要我们。"这表明英国对苏俄事实上的承认。同英国签订贸易协定，也为苏俄同其他资本主义国家发展贸易和建立经济联系创造了条件。正如列宁所说："……由于签订了这个协定，我们才打开了某个缺口。"③《苏英贸易协定》签订后，1921 年 5 月 6 日苏德也签订了恢复贸易关系的临时协定，德国承认苏俄驻德商务代表为苏俄驻德的唯一合法代表，并享有外交特权。尽管苏德协定还是临时性的，但是已具有一定的法律基础。在 1921 年内苏俄还先后同奥地利、挪威、意大利、丹麦和捷克斯洛伐克等 14 个资本主义国家签订了贸易协定，建立了经济联系。

---

① 葛罗米柯、波诺马廖夫：《苏联对外政策史》(1917—1980) 第 1 卷，莫斯科，1980 年，第 127 页。
② 葛罗米柯、波诺马廖夫：《苏联对外政策文件》(1917—1980) 第 3 卷，莫斯科，1959 年，第 607—614 页。
③ 列宁：《俄共(布)第十次代表大会》，《列宁文稿》第 4 卷，人民出版社，1978 年，第 3 页。

四、在热那亚会议上的活动和
签订《拉巴洛条约》

1921年10月28日苏俄外交人民委员契切林照会英法意日美等国政府,建议召开国际会议,解决苏俄与各国发展经济关系和归还外债问题。苏俄的照会在资本主义国家中产生了巨大的反响。尤其英国报刊连续发表文章,建议政府同苏俄扩大经济联系,有助于减少失业和摆脱外贸中的困难。英国首相劳合·乔治甚至主张召开包括苏俄和德国在内的全欧经济会议。1922年1月6日,协约国最高委员会在法国戛纳举行会议,讨论苏俄政府的建议。与会各国普遍认为,要使欧洲经济振兴,唯有欧洲大国共同努力。劳合·乔治则和盘托出召开全欧经济会议的计划。戛纳会议接受英国的建议,决定于2月或3月初在意大利召开热那亚会议。戛纳会议还通过六项条件,作为与会各国必须遵守的原则。其中第一条规定:任何国家均不得将本国的所有制、国内经济生活体系及管理制度强加于他国;任何国家均有选择自己所喜欢的制度的权力。1月7日,意大利政府首脑波米托受戛纳会议之托,通过苏俄驻罗马贸易代表团邀请苏俄政府代表团参加热那亚会议,尤其希望列宁亲自率团出席,指出"意大利政府经与不列颠政府磋商,认为列宁先生如能亲自出席这次会议,将大大有助于解决振兴欧洲经济问题"①。契切林于次日复照表示,苏俄政府决定愉快地接受协约国最高委员会的邀请,出席即将召开的热那亚会议。1月27日,全俄中央执行委员会召开特别会议,决定组成以列宁为团长、契切林为副团长的苏俄代表团。同时指出:倘若列宁因故不能赴会,代表团仍将具有列宁亲

---

① 《苏联对外政策文件》第5卷,莫斯科,1961年,第48页。

自参加的那种威望,契切林将行使代表团团长的一切权力。

列宁领导苏俄政府及时分析了戛纳会议之后的形势,为代表团制定了参加会议的基本方针:以商人身份与各国代表广泛交往,扩大贸易,为进一步发展经济联系创造条件。假若某些大国顽固坚持奴役苏俄的立场,则就充分利用各国之间的矛盾,深入工作。列宁指出:"如果他们硬要固执,那就在会外达到这一点。不管怎样,我们一定会达到自己的目的!"①

列宁特别注意资产阶级和平主义集团的活动及其影响,认为这个集团的主张虽然非常不切实际,在社会上和群众中却具有相当大的影响。因此在政治上应该支持他们,甚至有助于他们在竞选中获胜,以便分化资产阶级在热那亚会议上联合起来共同反对苏俄。列宁指出:"运用这种策略,即使热那亚会议失败,我们也会得到好处。"②

列宁还非常重视战败的德国同协约国之间的矛盾,认为德国是一战后帝国主义反苏联盟中的薄弱环节,指示代表团途经柏林时拜会德国总理维尔特和外长拉特瑙,商定两国在热那亚会议期间保持密切的联系。

1922 年 4 月 10 日,苏维埃代表团在契切林率领下抵达热那亚。首次全体会议在圣乔治宫开幕。许多国家的银行家和工业巨头都以代表团专家或观察员的身份参加了会议。契切林在大会上先用法语后用英语发言③,成了大会最受人注目的中心。契切林首先声明苏俄代表团出席会议"是为了和平,是为了普遍恢复被长期的战争和战后的政治破坏了的欧洲经济"。契切林尤其称赞戛纳会议决议的第一条,指出:"俄国代表团在坚持共产主义原则观点的同时,

---

① 列宁:《俄共(布)中央委员会的政治报告》,《列宁选集》第 4 卷,第 614—615 页。
② 列宁:《给格·瓦·契切林的信》,《列宁文稿》第 4 卷,第 333 页。
③ 参阅《世界历史》1978 年第 1 期。

承认在当前这个旧的社会制度与正在成长的新的社会制度有可能并存的历史时代,代表这两种所有制体系的各国之间的经济合作,对于普遍的经济复兴是绝对必要的。"因此,"俄国代表团到这里来,不是为了宣传自己的理论观点,而是为了在互惠、平等和充分的、无条件的相互承认的基础上,与所有国家的政府以及贸易界、工业界建立务实的关系"。契切林还指出:苏俄的自然资源十分丰富,为了振兴欧洲经济,苏俄政府愿意开放自己的边界,允许开垦最肥沃的土地,开发最富足的森林,提供煤炭和矿产开采的租让地,等等。为了实现振兴欧洲经济,契切林还提出了普遍裁军的建议。

契切林的发言,受到了各国与会代表的普遍欢迎,唯有法国外长巴都声明反对,理由是契切林的建议都是戛纳会议和热那亚会议未列入议程的问题。4月11日劳合·乔治在政治委员会第一次会议上提议以1922年3月20—28日在伦敦举行的专家会议所拟定的备忘录作为会议讨论的基础。这份专家备忘录所涉及的内容严重地侵犯了苏维埃国家的主权。它要求苏俄政府负责偿还革命前历届政府的一切债务;归还已被国有化的外国企业和财产;取消对外贸易垄断制;外国人享有治外法权等特权以及协约国有权监督苏俄财政等等。4月14日,劳合·乔治邀请苏俄代表团前往英国代表团住所阿尔培别墅举行小范围的会晤,企图让苏俄代表团接受专家备忘录所提的无理条件。契切林明确表示,苏俄代表团不认为专家备忘录是会议的正式文件,因此不能作为会议讨论的基础;至于备忘录中的要求更是苏俄不可能接受的。与会的英法代表一再追问苏俄方面有无反建议时,契切林代表苏俄政府宣布:要求协约国赔偿因武装干涉和经济封锁给苏俄国民经济造成的一切损失,总数为390亿金卢布。4月15日,劳合·乔治代表协约国以最后通牒的方式宣布:允许苏俄政府削减战时债务和延期支付债息,但必须以专家备忘录为基础。阿尔培别墅的会谈陷于僵局。

根据深入开展会外活动的方针,4 月 15 日深夜,契切林委派代表团成员萨巴宁打电话给德国代表团在拉巴洛镇的住所,建议维尔特总理立即进行会谈。德国代表团同意苏方建议,会谈于 16 日上午开始。下午双方就达成了协议,并由契切林和拉特瑙代表两国政府签订苏德友好合作的协定①,即《拉巴洛条约》。

条约规定:苏德两国互相承认,正式恢复外交关系;两国互相放弃对战费和战争损失的赔偿要求;德国承认苏俄已收归国有的德国国家和私人的财产。条约还规定:两国在签订重要的国际协定之前互相进行磋商。条约的秘密条款②规定两国在军事方面进行合作,包括帮助苏俄方面制造飞机、潜水艇等武器和建设培训军事人员的基地等等。

《拉巴洛条约》同《布列斯特条约》不一样,它是一个符合平等互利原则的条约。条约的签订,在帝国主义对苏俄的包围圈上打开了一个重要缺口。这是苏俄外交上的重大胜利。

苏德签订《拉巴洛条约》,成了热那亚会议期间轰动一时的特大新闻,使协约国的首脑们既震惊又恼火,要求苏德撤销《拉巴洛条约》。4 月 20 日,契切林提出了苏俄政府的备忘录,作为对协约国专家备忘录的正式答复。苏俄政府正式表示拒绝偿还战争债款以及已被国有化的外国企业和财产;同时提出了"互相赔偿损失"的对等原则,要求以此作为继续会谈的基础。协约国方面不但不考虑苏俄的备忘录,反而在 5 月 2 日向苏俄政府提出一份内容更为苛刻的新备忘录,遭到苏俄方面的拒绝。5 月 11 日苏俄代表团发表声明,表示苏俄方面准备作出重大的让步,但让步必须是对等的。协约国却一味要求苏俄作出单方面的让步,否则会谈将不会得到丝毫的进

①《国际条约集》(1917—1923),第 789—790 页。
② 齐瓦诺夫斯基:《苏俄历史》,新泽西,1979 年,第 153 页。

展。5 月 19 日热那亚会议举行最后一次会议,决定召开海牙会议,以便继续讨论热那亚会议未能解决的所谓"俄国问题"。

热那亚会议虽未取得任何结果,苏俄外交却在热那亚会议上取得了巨大的成功;苏维埃国家第一次有机会在重大的国际会议上阐述自己对外政策的原则立场;签订苏德条约有效地突破了帝国主义对苏俄的包围;苏维埃国家的和平共处政策得到了国际的公认。

五、国际地位的改善

1922 年 6 月,协约国在海牙召开第二次国际经济会议,企图继续迫使苏俄接受戛纳会议决议。海牙会议的结果同热那亚会议一样都没有达到预期的目的。海牙会议结束时"非俄罗斯委员会"曾通过一项"关于禁止单独缔结条约和租让协定的决定",力图以此保证协约国对苏俄采取一致行动。然而,参加海牙会议的苏俄代表团团长李维诺夫在 7 月 19 日全体会议上的建议(关于在承认苏维埃政权的条件下,偿还战前债务和两年内归还已被国有化的外国企业和财产),在资本主义国家中产生了广泛的影响。海牙会议结束不久,英国政府就迫不及待地通过外交途径正式询问李维诺夫 7 月 19 日建议是否也适用于其他苏维埃共和国。法国政界颇有影响的激进党领袖爱德华·赫里欧于 9 月间访问了苏俄,回国后又力主要同苏俄建立经济联系。美国政府在工商界某些人士的影响下,非正式地向苏俄政府探问有关恢复美苏商务联系的可能性。协约国大国的外交活动,影响了许多资本主义中小国家。直到 1922 年 9 月,挪威、奥地利、瑞典和捷克斯洛伐克等一批中小国家不顾协约国的禁令和限制,纷纷同苏俄签订通商条约和经济协定。

1922 年 12 月 30 日,全俄苏维埃第一次代表大会通过宣言,成立苏维埃社会主义共和国联盟(简称苏联),使帝国主义统治集团感到惊恐不安。尤其英国,当保守党内阁一上台,反苏急进的外交大臣寇松,极力主张在外交上推行"进攻政策"(Forward Policy),掀起反苏浪潮。1923 年 4—5 月,利用苏联扣留非法闯入苏联领海的英国渔船一事,把反苏活动推到了高潮,甚至以最后通牒方式要求赔偿英国渔船的损失和取消苏联领海立法,否则就废除《苏英贸易协定》。但是,寇松的反苏政策不仅苏联人民反对,也遭到英国工人阶级的反对,甚至连愿同苏联发展贸易关系的英国企业主和商人也都加以公开谴责。寇松的反苏政策也没有得到主要盟国法国的支持。迫于这些不利因素,寇松才不得不有所收敛,在伦敦接见苏联外贸人民委员克拉辛时,曾暗示不再坚持他在"最后通牒"中的要求了。

1923 年底,英国保守党博纳·劳内阁垮台,寇松策划的反苏政策也随之破产。1924 年 1 月 29 日,伦敦工人代表团以伦敦 150 万工人的名义会见刚刚上台的英国工党麦克唐纳政府,反对政府在承认苏联上的拖延政策,否则将举行示威游行表示抗议。麦克唐纳政府迫于工人阶级压力,在 2 月 2 日由英国驻苏代表霍季森向苏联外交人民委员契切林递交了关于英国"正式承认苏维埃社会主义共和国联盟政府是原属于俄罗斯帝国而现在归其管辖的领土上的合法政府"的照会,声明愿意缔结一切具体而切实的协定,同时邀请苏联政府代表团前往伦敦同英国政府共同草拟一份可能解决一切争端的英苏条约①。

1924 年是资本主义国家在法律上、外交上承认苏联的一年。苏英建交之后,与苏联相继建交的还有:意大利、挪威、奥地利、希腊、瑞典、丹麦、阿尔巴尼亚、墨西哥、汉志②和法国。苏联的国际地位有

---

① 《国际条约集》(1924—1933),第 3—5 页。
② 汉志,Hejaz,位于阿拉伯半岛西北部,面积约四万平方公里,首都麦加。原是阿拉伯半岛上最早的王国。一战前受奥斯曼帝国控制,1916 年独立。1924 年同内志发生冲突,次年因战败与内志合并,合为沙特阿拉伯王国之一省。

了明显的改善。苏联的和平共处政策取得了巨大的胜利。

第二节 争取安全、中立的对外政策

一、争取签订"友好和中立"条约

1925年,苏联经济上基本恢复、政治上趋向稳定,外交上取得了巨大的成果。这一切都使帝国主义列强耿耿于怀。尤其英国,非常害怕苏联日渐巩固和强大,害怕《拉巴洛条约》签订后苏德经济关系进一步发展,从而加强布尔什维克主义的影响。他们频繁展开外交活动,企图破坏苏德关系,拉拢德国加入反苏联盟,利用德国充当反苏前哨的"大陆剑"。英国驻德大使阿贝农勋爵在日记中写道:苏德"同盟会带来什么最后的结果,现在很难估计。但是有一点是肯定无疑的,那就是西欧的残酷斗争以及亚洲骚动势力的巨大增长","只要把德国排除在欧洲联合之外,任凭它受俄国的诱骗和影响,解决欧洲问题的任何办法,都将是英国的政治家所不能容忍的"①。正是由于英国政治家的关怀和支持,在洛加诺会议上帮助德国改变了战败国地位。这样一来一方面达到了拉拢德国、离间苏德关系的目的;另一方面又暗示德国向东扩张将无障碍,利用这柄"大陆剑"刺向苏联。西方国家极力要以洛加诺公约消除"拉巴洛精神",在国际上继续孤立和威胁苏联。

苏联政府密切注视着西方国家的反苏动向。洛加诺会议期间,契切林受苏联政府的委托,在柏林会见了德国外交部长斯特莱斯曼,就扩大苏德政治经济合作举行了会谈。苏联方面的目的在于弄清洛加诺会议将对德国在苏德关系上产生什么影响。会议中,契切

---

① 阿贝农勋爵:《和平大使》第2卷,伦敦,1929年,第21页。

林建议讨论并签订关于苏德政治关系的条约,并就此提出了条约草案。斯特莱斯曼对契切林的建议持回避立场。他不愿意正当洛加诺会议讨论德国边境安全保证和加入国联问题之际同苏联谈判签订政治性条约。当苏联代表指出:德国一旦加入国联,就得承担国联盟约第十六条①规定的义务,这样德国将势必加入反苏联盟,因此,两国签订政治条约是必要的。德国代表立即申辩②:德国既无武装力量,又无经济实力,要求德国参与任何经济或军事制裁,将是不可能的。德国代表表示:德国政府愿意先继续从 1924 年就开始的德苏商务谈判,至于政治谈判,留待日后再议。苏联政府同意德方意见,双方就苏德经济条约的文本达成了协议,并于洛加诺会议结束前 4 天,即 1925 年 10 月 12 日在莫斯科签约。苏德经济条约所涉及的内容相当广泛:确认了苏联驻柏林商务代表处的政治地位,允许从德国国家银行取得短期贷款;规定了优惠待遇原则等等。苏德经济条约的签订,有利于两国经济的进一步发展,也有助于加强两国的政治关系。但是,德国一旦实现了自己的目标——进入国联,能否继续信守"拉巴洛精神",是否会同意履行国联盟约第十六条而加入反苏行列,仍是苏联政府最为关切,也是苏联外交急需解决的头等大事。

苏德经济条约签订不久,契切林在柏林再次会见斯特莱斯曼和副外长舒伯特,讨论两国关系前景时,契切林重新提议讨论两国签订政治条约的问题。斯特莱斯曼仍不同意契切林的提议,但同意签署一项双边议定书,德国政府打算声明:一旦国联会员国同苏联发生战事,德国将保证不参与;倘若苏联被国联指责为"破坏和平的侵

---

① 国际联盟盟约第十六条规定:国际联盟成员国要积极参加国联为反对侵略者而采取的制裁行动。
② 参阅《现代国际关系史参考资料》(1917—1923),高等教育出版社,1958 年,第 344—357 页。

略者"，德国政府则将无理坚持保证中立。斯特莱斯曼此时此刻之所以反对同苏联进行政治谈判，而对苏联采取这种若即若离的手法，一是不愿国联开会讨论德国加入国联时对德国产生任何不利的影响；二是力图利用德苏会谈对英法施加压力，迫使英法满足德国的要求。但是国联在 1926 年 3 月召开的特别会议，并没有完全满足德国的要求。特别会议虽然同意德国获得国联常任理事国席位，但法国为了减少德国的影响，竟支持它的盟国波兰也取得了常任理事国的席位。德国对此大为恼火，居然置英国的劝阻于不顾，宣称德国从缓加入国联，加紧与苏联接近，进行政治谈判。苏联政府利用帝国主义之间的矛盾，不失时机地同德国加紧谈判，终于 1926 年 4 月 24 日达成协议，由克列斯京斯基全权代表苏联政府同德国外长斯特莱斯曼在柏林签订了为期 5 年的《苏德友好中立条约》[①]。条约指出：1922 年签订的《拉巴洛条约》仍是两国相互关系的基础。条约还规定：当缔约国一方与第三国或集团发生冲突期间，缔约国另一方应保持中立；缔约国双方保证不参加旨在针对缔约国一方的财政经济抵制联盟。签约时，德国还明确保证，即使德国进入了国联，仍将不参加旨在反对苏联的任何抵制活动。

1925—1927 年间，苏联政府还先后同土耳其（1925 年 12 月 17 日）、阿富汗（1926 年 8 月 31 日）、立陶宛（1926 年 9 月 28 日）、拉脱维亚（1927 年 3 月 9 日）和波斯（1927 年 10 月 1 日）签订了内容同《苏德友好中立条约》基本相同的双边条约。

二、英帝国主义的反苏活动和苏英关系恶化

英帝国主义对苏德签订友好中立条约感到非常恼火。奥·张

---

① 《国际条约集》(1924—1933)，第 241—244 页。

伯伦、温·丘吉尔之流极力掀起反苏浪潮,企图再次威胁苏联的安全。1926 年 5 月初,英国工人阶级举行总罢工,苏联工人阶级表示声援,同时募捐筹款援助英国罢工矿工。1926 年 6 月 10 日,英国内政大臣威廉·约翰逊在下议院发表演说,指责苏联政府汇款给英国矿工。6 月 12 日,英国保守党政府照会苏联政府,抗议苏联干涉英国内部事务。6 月 15 日,苏联政府复照指出:苏联政府从未向英国罢工工人赠款,但是苏联政府无权干预苏联总工会拥有和支配自己基金的权利。苏联政府本着两国关系不至于就此恶化的原则,建议苏英通过交换意见消除误会,平息风波,同时解决苏英关系中存在的所有争执问题。苏联的建议遭到了外交大臣张伯伦的拒绝。接着,英国政府就在英苏商务交往中设置障碍,并于 1926 年 6 月 24 日公布蓝皮书,声称苏联同英共勾结从事反英活动。次日,张伯伦在下议院演说中又进行煽动,说苏联汇款并非为了帮助穷困者,而"是为了煽动革命"。苏联驻英新任大使克拉辛于 1926 年 9 月 28 日抵达伦敦赴任,10 月 1 日会见张伯伦时根据苏联政府的指示,向张伯伦阐述了苏联政府一贯珍视苏英关系的立场,希望苏英两国政府共同努力建立正常关系。张伯伦作了长篇答词,克拉辛觉察到英国政府对苏立场的关键,不在外交部而在伦敦财政金融中心的企业家、大银行家。俄国十月革命后被苏维埃政府收归国有企业的英国原业主组织了英国对俄债权人协会,他们要求苏联政府改变社会经济制度,改变对外贸易垄断制,还清革命前历届政府的债务和归还已被国有化的企业和财产,否则是不会改变反苏立场的。尽管克拉辛大使做了大量解释工作,反苏宣传和暴行依然一再发生。不但如此,英国政府竟反污苏联从事反英活动,于 1927 年 2 月 23 日照会苏联政府,扬言要废除贸易协定和断绝外交关系。2 月 26 日,苏联政府在复照中严正指出:指责苏联政府从事反英活动是"毫无事实根据"的;如果苏英断交,英国政府必须"对由此而产生的一切后果承担全部责任"。

1927 年 5 月 21 日,伦敦终于发生了违背 1921 年《苏英贸易协定》的事件。英国政府竟下令警察搜查苏联商务代表处和俄英贸易公司。苏联政府发表声明,要求保留赔偿包括精神和物质损失的一切权利;同时要求英国政府就苏英两国关系的前途作出明确的答复。英国下议院以多数通过了首相鲍尔温的提案:决定废除 1921年《英苏贸易协定》,召回驻苏大使;同时要求苏联政府召回驻英外交代表团和商务代表团,并限于 10 天内离开英国。5 月 27 日,英国外交大臣张伯伦将此决定正式通知苏联政府。28 日,苏联政府就英国政府单方面撕毁协定提出强烈抗议,指出"英国政府过去并不愿意、现在并不希望保持这种正常关系",英国政府必须对毫无根据的决定"承担一切责任"。

鲍尔温内阁的断交政策在国内受到了巨大的舆论压力。前首相劳合·乔治 6 月 15 日在一次演说中抨击政府的对苏政策时指出:迄今为止,欧洲已有二十三四个国家相继与莫斯科建交,却没有一个愿意跟随英国同莫斯科断交的。劳合·乔治还指出:张伯伦的断交政策并未经过内阁认真讨论,这种政策已为英国经济带来了沉重的打击。为了摆脱国内沉重的压力,张伯伦邀请德、法、比、日等国代表在日内瓦举行秘密会晤,会商共同反苏问题。张伯伦要求德国外长斯特莱斯曼利用自己的影响对苏联施加压力。斯特莱斯曼却于 7 月 23 日在国会发表声明:德国将不加入旨在反对苏联的共同行动。鲍尔温政府企图在国际上组织反苏统一行动没有得逞。

1927 年英国的经济状况并不景气,即使到 1929 年经济出现"繁荣"的时候,仍有数以百万计的工人失业,几百万工人处于半失业状态。英国对苏联断绝经济、外交关系,并没有为英国的政治、经济带来任何好处,就连垄断财团中一些有影响的人士也开始意识到这一点。1929 年 4 月,英国工商界派了一个庞大的代表团前往苏联谈判发展两国贸易问题。苏联代表直截了当地告诉英国代表团:正常的贸易关系必须以一定的政治和法律为基础,鉴于苏英尚未复交,谈判发展两国贸易关系是不合时宜的。英国工党和自由党在议会选举中提出恢复英苏外交关系的口号,反映了英国工商界要求同苏联通商和劳动人民要求两国复交的愿望。1929 年夏,英国保守党在议会选举中落选,麦克唐纳工党政府再次上台后,开始了英苏复交谈判,终于 1929 年 10 月 3 日在伦敦签署了苏英关于解决悬案程序的议定书①,1929 年 10 月 20—21 日,苏英两国政府签署了复交的换文②,正式恢复了两国的外交关系。

三、裁军建议

道威斯计划实施后,德国的经济有了迅速的恢复和发展。1925 年 4 月兴登堡当选德国总统,就煽动军国主义复仇情绪,开始重整军备。1926 年 12 月 12 日国际联盟行政院关于 1927 年 1 月 31 日撤销驻德协约国军事管制委员会的决定,为德国摆脱凡尔赛和约的束缚扫除了障碍。从此以后,德国就开始为所欲为地违反凡尔赛和约第八条关于军事限制的条款,在国内发展军备生产,成倍地增加军事费用。以海军军费为例,1924 年是 530 万马克,到 1928 年,达到 5890 万马克。法国为了保持其在欧洲大陆陆军的优势,则以德国公开违反凡尔赛和约为由,大量增加军事开支,迅猛增加陆军兵员。法国甚至还在财政上支持其盟国波兰、罗马尼亚和南斯拉夫等国重整军备。一战后英国的经济恢复十分缓慢,但在发展军备上,尤其在保持其海上优势上,仍不惜一切代价地增加海军军费,建造

---

① 《国际条约集》(1924—1933),第 424—425 页。
② 《国际条约集》(1924—1933),第 449—454 页。

军舰,扩充海军力量。由于帝国主义国家之间的矛盾而引起的一战后新的一轮军备竞赛,其发展速度令各国人民感到吃惊、担忧和不安。帝国主义国家本来就不愿意裁军,但是为了欺骗本国人民,"裁军"也就成了风靡一时的口号。国际联盟为了安抚世界舆论,不得不把裁军问题列入议事日程。

1925 年 9 月 25 日,国联第六次大会通过了召开关于筹备裁军和限制军备会议的决定;12 月 12 日成立了裁军会议筹备委员会,由 21 个国家委派的代表组成。苏联虽然不是国际联盟的会员国,但仍被邀请出席会议,并参加筹备委员会的工作。裁军会议筹备委员会第一次会议于 1926 年 5 月 18—26 日在瑞士日内瓦举行。由于苏联参加洛桑会议的代表沃罗夫斯基于 1923 年在日内瓦遇刺而引起苏瑞两国的外交争端尚未解决,因此筹备委员会的头三次会议苏联未派代表参加。直到 1927 年瑞士政府向苏联政府道歉之后[1],于 11 月 30 日苏联政府才委派以外交副人民委员李维诺夫为首的代表团参加筹备委员会的第四次会议。

前三次会议上,英法美日德等国代表为了各自的利益,提出了五花八门的裁军方案,最后决定由筹备委员会综合和归纳一个"能为大家接受"的方案。此方案几乎包括了各国方案的内容,不少项目甚至得由各国自己填写。这种方案意味着即将召开的裁军会议必将流产。根据这种情况,苏联代表团团长李维诺夫在第四次会议上提出立即全面裁军的建议。苏联代表团的裁军建议主张立即解散各国的陆海空军,销毁一切类型的战争武器,关闭军工厂,停止军事生产,取消军事预算,取消义务兵役制和志愿兵役制以及拆除军事基地等等。1928 年 3 月 15—24 日举行的筹委会第五次会议上,英国等代表攻击苏联的普遍裁军建议"过于简单",是为了"宣传"。

---

① 参见《国际条约集》(1924—1933),第 258—259 页。

会议主席宣称只审理局部裁军方案，从而否定了苏联的普遍裁军方案。在此情况下，苏联代表团又立即提出了新的局部裁军方案，建议把进攻武器与防御武器区别开来，以及大国与小国应按不同比例裁减军备。苏联的裁军方案触犯了帝国主义大国的利益，再次遭到反对。筹委会决定苏联代表团的局部裁军方案移交给下次会议进行讨论。筹委会的这种做法，实际上再次否定了苏联的裁军建议。

筹委会第六次会议一直拖延到 1930 年底才举行。第六次会议上通过的裁军公约草案，实际上是一个勉强拼凑起来的大杂烩。公约草案明文规定：倘若缔约国一方认为情况变化，便可不受公约束缚而自由行动。因此，这种公约草案即使被裁军会议所通过，也将是不能解决任何问题的一纸空文。事实表明，苏联的裁军建议尽管均遭否决，却生动地揭露了国联议事日程上的裁军会议乃是一场亵渎世界舆论的大骗局。

四、《苏日北京条约》的签订和中苏断交

俄国十月革命胜利后，日本出兵武装干涉苏维埃政权，到 1922 年 8 月才开始被迫撤离，但仍继续占领库页岛的北半部。1922 年 4 月到 1923 年 6 月间，苏俄政府代表曾三次通过日本代表交涉，要求明确归还库页岛北半部的期限，建议正式举行两国政府谈判，恢复苏日正常关系，但都遭到日本政府的拒绝。1923 年 9 月，日本发生关东大地震，东京、横滨的工业遭到严重破坏。苏联政府委派"列宁号"轮船运载粮食和其他救济震灾物资前往援助日本人民，日本当局借口苏日尚无外交关系，卸货后命令"列宁号"立即离开港口。1923 年 10 月，苏联政府代表加拉在北京再次会见日本驻华公使芳泽，建议举行苏日谈判，解决悬案，建立苏日外交关系，仍遭拒绝，直到 1924 年 3 月，日本政府才同意芳泽公使同加拉罕谈判，但仍要求

苏联政府接受几点先决条件：(1) 苏联政府对"庙街事件"要表示道歉；(2) "庙街事件"的损失以及沙皇政府时期的对日旧债均可以库页岛北半部或其他地区的权利作为赔偿；(3) 承认《朴茨茅斯条约》继续有效。否则，日本政府不承认苏联，日本军队也不从库页岛北半部撤走。5 月中旬，苏日谈判时日方代表又增加了两个条件：(1) 苏联政府承认沙皇政府时期缔结的所有有关日俄条约、协定继续有效；(2) 库岛北半部油田 60％的开采权归属日本。苏联政府同意向日本提供库页岛北半部石油开采 50％的租让权；要求缔约两周后日本军队从库页岛北半部撤走；承认《朴茨茅斯条约》继续有效，但无论如何不能承担沙皇政府时期缔结《朴茨茅斯条约》的政治责任。苏日谈判陷入僵局。经过双方反复磋商，到 1924 年底才达成协议，并于 1925 年 1 月 20 日在中国北京签订了《苏日关于规定两国关系基本法则的条约》[①]（简称《苏日北京条约》）。

条约规定：(1) 缔约双方相互承认，同意建立外交关系；(2) 双方遵循互不干涉内政的原则，任何一方均不得容许存在敌视另一方的政府地位的组织和团体；(3) 双方相互停止敌对宣传；(4) 苏联政府承认《朴茨茅斯条约》继续有效，但不承担签署该条约的政治责任；(5) 苏联政府同意向日本提供库页岛北半部以及该地区 50％油田开采的租让权；(6) 日本政府同意于 1925 年 5 月 15 日以前将驻扎部队撤出库页岛北半部。

《苏日北京条约》的签订，为苏联的远东地区提供了安全的环境，有利于政治、经济和军事力量的加强和发展。

20 世纪 20 年代中期，苏联与中国的北京军阀政府维持外交关系的同时，还同中国广东和武汉的革命政府建立了联系，支持中国国民党，推动国共合作。

---

① 《国际条约集》(1924—1933)，第 129—138 页。

但是,孙中山逝世后,中国国民党右派破坏孙中山倡导的"联俄、联共、扶助农工"三大政策,反而与北京军阀政府勾结共同反苏。1926 年 3 月 20 日,蒋介石制造"中山舰事件",命令军警包围苏联顾问办事处,解除苏联顾问职务,令其回国;1927 年 4 月 6 日,北京军阀政府大肆搜查苏联使馆;1927 年 6 月,武汉政府决定解除苏联顾问鲍罗廷的职务;1927 年 12 月蒋介石平息广州起义后,竟下令枪毙包括广州苏联副领事在内的 5 名苏联公民,14 日又下令撤销上海、广州和武汉的苏联领事馆。1929 年 5 月发生"中东路事件",苏联政府以蒋介石政府违反《中俄解决悬案大纲协定》为由,决定与中国断绝外交关系。年底,经中苏双方在伯力谈判,签订了伯力协定十条,双方同意暂先恢复苏联驻中国东北和中国驻苏联远东地区的领事馆工作,恢复中东路原状。

第三节 争取集体安全体系的对外政策

一、集体安全体系政策的提出

20 世纪 20 年代末 30 年代初爆发的资本主义世界经济危机,给德国带来了远比其他资本主义国家更为沉重的打击。道威斯计划实施后,美元和英镑大举流入德国,美元成了德国经济迅速恢复和发展的基础。在世界经济危机的冲击下,德国的工业生产急剧下降,对外贸易大幅度地减少,可是外债和为外债支付的利息却逐年增加。由于出口量猛烈下降,许多工厂无法开工,纷纷倒闭,致使失业人数逐年上升。1931 年到 1933 年初德国连续爆发了几次规模巨大的罢工运动和群众示威运动。经历过 1918 年 1 月革命冲击的德国垄断资产阶级,面对即将来到的革命风暴深感恐惧。他们急切地希望控制国内局势,制止革命爆发,并为对外扩张创造条件,主张建立一个强有力的反共反苏政权。在德国国会上鼓吹要"把马克思主义在德国连根铲除",要在德国建立法西斯独裁统治的纳粹党头子阿道夫·希特勒,终于被兴登堡任命为德国政府总理。

希特勒早在臭名昭著的《我的奋斗》中叫嚷:"生存空间首先应向东欧、向俄国和波罗的海沿岸国家索取","如果要在欧洲取得领土,只有在牺牲俄国的情况下才有可能","不管怎样,要继续向东方突进。俄国必须从欧洲国家的名单中划掉"。希特勒在1933年1月30日上台不到一个月,就一手炮制了"国会纵火案"企图利用此案大规模地迫害共产党,实现消灭共产党和一切反法西斯组织和个人的法西斯政策。苏联政府对希特勒一手制造的这一罪行,进行了严厉的谴责,但行动上并没有做出更多的实际反应。1933年3—4月间,希特勒政府广泛网罗乌克兰的反苏分子,甚至在柏林召见乌克兰反革命头子波达维茨-阿斯达里查,要求他在乌克兰组织法西斯组织,有朝一日准备夺取政权。苏联政府对德国的敌对行为却置若罔闻。1933年5月当德国军事代表团以交流经验为名访问苏联时,仍给予欢迎接待。国防人民委员伏罗希洛夫在举行盛大的招待会上热情表示愿苏德两国政府和军队的良好关系能继续发展下去。但是德国国内政治上的反动和国际上的反苏,不得不引起苏联政府的严重关注:1933年4月初,纳粹党外事局头目卢森堡在回答"德国现在怎样看待苏联"时声称:"德国对某些其他国家的态度,取决于盎格鲁撒克逊国家对待德国的看法。"[①]5月初,卢森堡在伦敦向欧洲国家兜售牺牲苏联以满足波兰欲望的希特勒"大计划"。5月13日加拿大《屋报》上报道了德国驻英使馆秘书俾斯麦公爵的谈话;"我们将集中全世界反苏的仇恨和力量,以使苏联陷于瘫痪。"希特勒政府的经济部长胡根堡于1933年6月12日在伦敦召开的国际经济金融会

---

① 1933年4月17日《真理报》。

议上,竟然公开要求把东方的土地(即苏联及东欧国家的领土)划给德国当作"生存空间",使德国这支"坚毅的民族,能在该地居住"。对此,苏联政府于 6 月 22 日曾向德国政府发出照会,表示强烈抗议,指出:"此类敌对的声明严重违反了德国政府于 1926 年 4 月 24 日在柏林签订的苏德互不侵犯和中立条约所承担的义务。"①接着,1933年 10 月德国宣布先后退出裁军会议和国际联盟;事实表明,德国的对苏政策正在发生微妙的变化,"拉巴洛精神"和苏德互不侵犯和中立条约正面临着严峻的考验。

当时,苏联国内正开始执行第二个五年计划(1933—1937)。作为世界上唯一的社会主义国家,它的对外政策的重要原则是维护世界和平,为国内社会主义建设争取一个和平安全的环境。面对希特勒法西斯咄咄逼人的威胁,苏联政府也随之开始考虑在外交上来取相应的措施,反对法西斯侵略,维护世界和平。1933 年 7 月,苏联代表团在伦敦国际经济会议上,向与会各国提出缔结侵略定义公约的建议,并于 7 月 3 日至 5 日同邻国分别签订了三个内容相同的侵略定义公约②,又称《伦敦公约》。1933 年 12 月 2 日,联共(布)中央通过了关于开展争取集体安全斗争的决议。12 月 19 日苏联外交人民委员部据此精神拟定了关于建立欧洲集体安全体系的具体建议,规定苏联在一定条件下可以加入国际联盟,而且还明确提出"苏联不反对在国际联盟的范围内缔结一个共同防御来自德国方面的侵略的区域性协定"。③ 苏联政府根据形势变化而采取的措施表明苏联政府在法西斯侵略威胁面前,在外交战略上作了重要的调整。

---

① 1933 年 6 月 24 日《真理报》。

②《国际条约集》(1924—1933),第 509—512 页。

③ 参见《苏联对外政策文件》第 16 卷,莫斯科,1970 年,第 876—877 页。

二、争取建立集体安全体系

（一）同美国建交

20 世纪 30 年代初，德国和日本公开走上法西斯侵略扩张的道路，也威胁着美国的利益。1933 年 5 月 16 日美国新任总统罗斯福向参加裁军会议和国际经济会议的各国与会代表呼吁，共同缔结互不侵犯条约和政治经济关系的公约，维护世界和平。罗斯福的呼吁书同时也送交同美国没有外交关系的苏联。最高苏维埃主席团主席加里宁收到呼吁书后立即复函表示同意罗斯福的建议。1933 年 6 月在伦敦举行国际经济会议期间，美国代表团成员布利特和副国务卿莫利同李维诺夫举行了一次私人会，向李维诺夫暗示，罗斯福总统仍然主张同苏联政府建立外交关系。布利特和莫利向罗斯福报告了同李维诺夫的会晤情况后，罗斯福决定采取实际步骤，把苏美建交谈判"从厨房移到客厅"。1933 年 10 月 10 日，罗斯福再次致函加里宁，提出结束苏美两国关系的不正常状态，建议立即举行坦率而友好的谈判。加里宁复函表示同意进行谈判，并宣布委派外交人民委员李维诺夫前往华盛顿，于 11 月 8 日开始向罗斯福和国务卿赫尔举行重建外交关系的谈判。16 日达成关于两国关系正常化的协定。罗斯福在给李维诺夫的信中写道："我希望今天我们两国人民之间建立的关系将能永远正常和友好下去，为了彼此的利益，为了维护世界和平，我们两国人民今后将能合作。"

苏美两国断交 16 年之久，美国主动提出重新建交，其原因首先是苏联本身日益强大，国际地位越来越高，长期同这样一个重要大国中断外交关系，并不符合美国的利益；其次是美国本身的需要，美国由于刚刚摆脱资本主义经济危机的打击，正需要发展贸易，恢复经济，像苏联这样巨大的市场，对美国不能说不重要，不建立外交关系,就不能顺利地发展贸易关系,而且美国国内各界要求同苏联建立外交关系的呼声越来越高;再次,德国和日本公开走上法西斯侵略扩张道路,也威胁着美国的利益。同苏联建交可以牵制德日法西斯势力,在这种情况下,改变对苏政策,改善同苏联的关系,是符合美国利益的。苏美重建外交关系,这是苏美关系史上的重要事件,它有利于苏联反对法西斯势力的斗争。正如斯大林指出:苏美建交"这件事在整个国际关系中具有极重大的意义。问题不仅在于这件事增加了维护和平事业的机会,改善了两国之间的关系,加强了两国之间的贸易联系,打下了相互合作的基础。问题在于这件事在新旧两个时期之间立下了界标:在旧时期中各国把美国当做一切反苏趋向的堡垒,而在新时期中,这座堡垒已经自愿拆除以适应两国双方的利益。"[1]

(二)加入国际联盟

联共(布)中央作出在一定条件下可以加入国际联盟的决定后,斯大林于 1933 年 12 月 25 日接见《纽约时报》记者杜兰特时又谈到了苏联对国际联盟所持的立场,指出:"德国和日本退出了国际联盟,或者也许正因为如此,国际联盟才能够成为制止或阻碍军事行动发生的一种因素。如果真是这样,如果国际联盟能够起微小的作用,哪怕只是使战争受到一点阻难而在某种程度上促进和平事业,那末我们也就不反对国际联盟。是的,如果历史事变的过程将是这样,那末尽管国际联盟有很大的缺点,我们也不会不支持它。"[2]

1934 年 9 月 10 日,国联行政院决定邀请苏联加入国联,并任行政院常任理事国。9 月 15 日,由法国倡议,国联 34 个成员国联合发

---

[1] 斯大林:《在党的第十七次代表大会上关于联共(布)中央工作的总结报告》,《列宁主义问题》,人民出版社,1971 年,第 522 页。
[2] 斯大林:《和"纽约时报"记者杜兰特先生的谈话》,《斯大林全集》第 13 卷,人民出版社,1956 年,第 249—250 页。

电邀请苏联"参加国联并贡献其宝贵的合作力量"。苏联外交人民委员部接到邀请后，由外交人民委员李维诺夫立即将苏联政府接受邀请的决定通知了国联第十五届大会主席。9月18日，国联大会正式通过接纳苏联加入国联，并给予常任理事国席位的决议。苏联加入国联时发表声明：在此之前国联所通过的一切决议以及没有苏联代表参加而签订的任何协定，苏联政府将概不负责。声明还明确表示：苏联政府反对国联的委任统治制等等。

国联决定接纳苏联加入国际联盟，法国外交从中起了积极的作用。德国和日本先后退出裁军会议和国际联盟之后，在国内重整军备，在外交上推行侵略扩张政策。1934年1月26日德国同波兰签订的互不侵犯条约，表明德国已在法国同它的东欧盟国之间制造了裂痕，法国在东欧的利益受到了严重的威胁。苏联政府在1933年底宣布的建立集体安全体系、抵制法西斯侵略的基本立场，说明苏联在反法西斯侵略的斗争中将是一支不可忽视的重要力量。法国期望苏联加入国联后将会为法苏两国之间进一步合作开辟途径。

（三）争取缔结"东方公约"

苏联外交人民委员部根据首先同法国和波兰签订区域性协定的精神，1933年12月就照会法国政府，建议缔结一项包括苏联、法国、比利时、捷克斯洛伐克、波兰和波罗的海沿岸国家参加的互助条约。对苏联政府的建议，法国政府没有及时答复。1934年1月德波签订互不侵犯条约和1934年2月巴黎发生法西斯分子暴乱事件，推动了法苏举行会谈。1934年5月18日法国外长巴都在日内瓦首次会晤李维诺夫，6月2日再次会晤。其间两国外长讨论了建立欧洲集体安全体系问题。巴都深感欧洲安全的主要危险来自法西斯德国，在英国不愿同苏联政府合作以阻止法西斯侵略的情况下，唯有同苏联结成某种形式的联合才会利于法国增强抵御德国法西斯威胁和侵略的能力。会晤中巴都提出了自己的计划，建议拟订一份两项相互连成一体的互助协定,即"东方公约"草案:一项是由苏联、波兰、捷克斯洛伐克波罗的海沿岸国家和德国之间签订的互助条约;一项是法苏之间的互助条约。巴都建议的"东方公约"同苏联主张建立集体安全体系的精神是一致的。苏联政府完全同意巴都的建议,经过多次谈判,于1934年8月底共同拟订了关于"东方公约"的联合草案。

德国政府借口"东方公约"草案是对德国的包围,因此表示强烈的反对,这是预料之中的事情。当巴都将草案送交英国政府,为取得英政府对草案的支持,甚至还亲自出访伦敦。然而,巴都在伦敦却遭到了冷遇。英国外交大臣西蒙爵士1934年7月13日在下议院发表演说时明确表示:英国政府决不参与旨在对德包围的反德活动,拒绝支持法苏联合草案。英国和德国的态度对能否缔结"东方公约"具有决定性的影响。正是因为德国的反对,英国的拒绝,影响了波兰等东欧国家。波兰外长贝克上校甚至表示:只有当德国加入了"东方公约",波兰才能加入。巴都的东欧之行,同样没有取得什么成果。1934年10月9日,巴都在马赛遇刺身亡,"东方公约"失去了一位热情的创议者。继巴都之后担任法国外长的皮埃尔·赖伐尔1934年12月5日虽同苏联外交人民委员李维诺夫签订了《法苏关于东方公约的议定书》,声称两国政府相互合作,加强相互信任,保证不进行旨在妨害"东方公约"的政治谈判等等;12月11日,捷克斯洛伐克宣布也加入法苏议定书。然而,赖伐尔对"东方公约"的热情在希特勒的威胁面前逐渐冷却了下来。

(四)签订苏法、苏捷互助条约

苏联一直坚持集体安全原则。当看到建立欧洲安全的"东方公约"已经希望渺茫时,十分重视同法国政府缔结反法西斯侵略的互助条约。但是,由于法国新任外长赖伐尔所推行的法国外交已经逐渐脱离其前任巴都外交的轨道,从而使苏联政府的集体安全政策遇到了重重困难。赖伐尔刚一上台就表示，他的议事日程上首先要着手解决的是同意大利、德国的关系。赖伐尔为了同意大利搞好关系，于 1935 年 1 月 7 日亲赴罗马同墨索里尼秘密会晤，赖伐尔纵容墨索里尼染指阿比西尼亚（今埃塞俄比亚）的行动计划。此计划到 10 月份墨索里尼就付诸实施，对阿比西尼亚发动了大规模的军事入侵。几乎与此同时，赖伐尔还同意希特勒政府的要求，在 1935 年 1 月 13 日举行萨尔全民投票，解决萨尔区的归属问题。投票结果，萨尔区交给了德国。希特勒得到了萨尔区后，尽管声称同法国的领土争端业已解决，另一面却进一步明目张胆地重整军备。1935 年 3 月 16 日竟颁布了普遍兵役制，从而宣布废除了《凡尔赛和约》中关于解除德国武装的条款。依照新颁布的兵役制，德国的兵员可达 60 万人，而法国根据 1935 年 3 月 11 日公布的征兵法草案，其应征兵员最多不超过 30 万人。这样来，法国在欧洲大陆上陆军的强大地位遇到了严重的挑战。赖伐尔对德、意法西斯妥协外交的后果，使法国政界和舆论界感到惊恐不安。法国的舆论界呼吁政府接受苏联政府的建议，缔结法苏反法西斯侵略的互助条约。法国国民议会外交委员会主席赫里欧认为法国没有单独与德国抗衡的力量，主张"与俄国结盟"，唯有这样才能使法国在德国的挑战面前得到"我们所需要的平衡力量"，"在战时建立第二战线"。

　　苏联政府自从 1934 年底签订《法苏关于东方公约的议定书》后，就一直主张进一步同法国缔结双边互助条约。1935 年 1 月 28 日，莫洛托夫在一次演说中表示了苏联政府的这种意向，同时也对赖伐尔在 1 月间对德、意采取的步骤表示了令人忧虑的心情。1935 年 2 月 20 日，苏联政府又发出照会，敦促法国政府注意不应放弃集体安全原则。法国政府对苏联政府的忠告和敦促，都没有予以理睬。3 月 29 日，苏联政府再次照会法国政府，建议苏法两国缔结互助条约①。赖伐尔迫于国内舆论的压力,不得不与苏联驻法全权大使波将金取得联系,商讨两国政府举行会谈,签订互助条约事宜,经过多次讨论,赖伐尔接受了波将金大使的建议:两国互助条约以国联盟约有关条文为基础,缔约双方的一方遭到任何欧洲国家无端进犯时,另一方应依照国联盟约第十六条的规定"立即给予援助"。1935 年 5 月 2 日,波将金和赖伐尔代表苏法两国政府在巴黎签订了互助条约②。5 月 13 日到 15 日赖伐尔访问苏联,斯大林接见了赖伐尔。会谈期间双方重申将继续努力为建立欧洲安全体系、缔结东方公约创造条件。

5 月 16 日在布拉格签订了内容与苏法互助条约基本相同的苏联-捷克斯洛伐克互助条约③。在捷克斯洛伐克政府代表的坚持下,苏捷互助条约第二条规定:只有当法国对被侵略国给予援助时,缔约双方才能互相援助。苏捷互助条约实际上是苏捷法三边互助条约,法国在其中具有明显的制约作用,苏捷互助条约受到了很大的限制。

苏联政府把先后签订苏法、苏捷互助条约看作为建立欧洲集体安全体系的奠基石。事实上,随着法国赖伐尔的政策越来越接近德国,疏远苏联,这两项互助条约没有发挥什么作用。法、英、意于 4 月上旬在斯特莱沙举行会晤期间,赖伐尔曾经得到过希特勒的保证,即法苏签订互助条约并不妨碍德法签订互不侵犯条约。在这种情况下,赖伐尔才敢于接受苏联政府 3 月 29 日的建议,开始同波将金会晤,"与苏联跳一次华尔兹舞"来了。赖伐尔 5 月 16 日访问莫斯科结束后,在华沙参加毕苏茨基的葬礼时,曾对波兰外长贝克上校说:法苏签约与其说是为了法苏互助反对侵略,不如说是为了防止德苏接近。同时他还公开对德国法西斯头目戈林表示,只要德国认

---

① 《国际条约集》(1934—1944),第 38—41 页。
② 《国际条约集》(1934—1944),第 31—34 页。
③ 《国际条约集》(1934—1944),第 31—34 页。

为有必要,法国随时可以"牺牲同苏联签订的条约"。事实证明,赖伐尔在签订互助条约上是毫无诚意的。此外,法苏签订互助条约后,法国议会迟迟不予批准。英国政府为了减少法苏互助条约的影响,在 6 月 18 日同德国签订了《英德海军协定》,公然同法苏互助条约唱对台戏。从苏法、苏捷互助条约签订的第一天起,它们没有起过任何实际作用,正说明了苏联政府争取建立集体安全体系的路程是多么艰难。

三、呼吁集体反击法西斯侵略

在英法政府的怂恿下,墨索里尼于 1935 年 10 月 3 日肆无忌惮地发动了大规模入侵阿比西尼亚的战争。由于慑于世界舆论的强大压力,国联被迫于 10 月 7 日承认意大利为侵略者。苏联政府为了维护阿比西尼亚的独立和主权,呼吁国联成员国统一行动,惩罚意大利法西斯的侵略行径。苏联代表波将金于 10 月 10 日召开的国联行政院会议上发言①,重申了苏联政府一贯坚守的关于和平不可分割和建立集体安全体系的原则,指出:国联成员国的"统一行动是消灭冲突的最可靠的手段……统一行动可能成为最迅速地实现集体安全的保证,而集体安全是防止任何一方进一步企图用打击那最敏感的地点的办法来破坏普遍和平的必要制度"。10 月 19 日国联又不得不通过对意大利实行制裁的决定。但是,这个制裁经济上不包括意大利急需的军用战略物资,军事上不禁止意大利运送兵员和军用物资的船舰通过苏伊士运河。石油是意大利侵略阿比西尼亚最为急需的战略物资,墨索里尼曾说:国联若将经济制裁扩大到石油

---

① 齐世荣主编:《世界通史资料选辑》现代史部分第 1 分册,商务印书馆,1982 年,第 99—100 页。

方面,"那我一周后就只好退出阿比西尼亚"。苏联政府极力主张扩大制裁,建议国联通过一项禁止向侵略国家出口石油的决议。包括苏联在内的 10 个供应意大利石油的国联成员国同意将石油列入新的制裁项目,不向意大利输出石油。但是,由于对意大利禁运石油有损于英国石油垄断组织的利益,英法驻国联代表以各种借口阻碍国联讨论对意大利进行石油制裁。同时,墨索里尼要求希特勒通过赖伐尔去影响英国政府的对意政策,以便拖延国联讨论对意大利禁运石油。赖伐尔利用在巴黎举行的同英国外交大臣霍尔的会谈,对霍尔施加压力;一旦意大利在地中海攻击英国舰队,法国海军将无力援助英舰等等。英法终于同意于 1935 年 12 月 9 日签订了旨在对意大利妥协的赖伐尔-霍尔协定。协定内容公布后,引起英法两国公众的极大愤慨,霍尔和赖伐尔先后被迫下台。然而英法政府并未改交对意政策。英国政府于 1936 年 6 月 18 日宣布关于建议取消对意制裁的决定。在英法外交的影响下,国联特别会议终于在 1936 年 7 月 4 日通过撤销对意大利实行制裁的决定。苏联政府呼吁统一行动,集体反击法西斯侵略所作的努力,由于来自帝国主义各方面的破坏而未取得成果。

　　1936 年 7—8 月间,德、意法西斯决定出兵支持西班牙法西斯佛朗哥叛军,对西班牙共和国进行武装干涉。英法政府唯恐战争扩大而酿成世界大战,于 8 月 2 日建议欧洲各国政府对西班牙内政联合实行不干涉政策;8 月 15 日又决定不向西班牙人民阵线输出武器和其他军用物资。9 月 3 日,包括苏联和德国、意大利在内共 27 个欧洲国家接受英法的建议,签订了"不干涉协定",规定:缔约国对西班牙实行禁运武器和其他军用物资。9 月 9 日在伦敦设置了不干涉委员会以便监督协定的执行。苏联政府之所以接受不干涉政策,签订"不干涉协定",主要是指望各国政府都不干涉西班牙内政,遵循西班牙的事务西班牙人自己解决的原则,相信西班牙人民阵线政府完全有能力平息内部叛乱。事态发展表明,德、意根本无意履行"不干涉协定"的义务,公然派兵达 30 万人之多,甚至用"不干涉协定"的缔约国葡萄牙向佛朗哥叛军运送大批武器弹药。对于德、意、葡公然违反"不干涉协定"的破坏行为,英法政府也采取了不加干涉,无意阻止的立场。不干涉委员会的苏联代表迈斯基于 1936 年 10 月 7 日照会该委员会主席普利茅斯勋爵,以事实揭露德、意、葡公开破坏"不干涉协定",表示苏联政府决不同意把"不干涉协定""变成掩盖某些参加国对叛乱分子提供军事援助的屏幕"。迈斯基的照会还建议"不干涉委员会"必须履行职责,对葡萄牙港口实行监督。1936 年 1 月 23 日,迈斯基又向普利茅斯主席递交一份声明①,指出:鉴于协定屡遭破坏,协定缔约者不断地为西班牙叛军输送武器,苏联为消除破坏协定行为所作的努力,也未获得赞同,苏联政府认为:应当"恢复西班牙政府从西班牙国外购买武器的权力和机会……并容许协定的参加者出售或不出售武器给西班牙。"迈斯基郑重声明:"苏联政府无论如何不愿再为对西班牙合法政府和西班牙人民显然不公正的既成局势承担责任",并将根据国际法准则向西班牙人民阵线政府提供借款和出售武器。1936 年 11 月 27 日,西班牙人民阵线政府呼吁国际联盟给予援助,国联行政院却置之不理。12 月 11 日,苏联代表波将金要求国联行政院尊重事实,采取必要措施防止法西斯干涉和威胁世界和平事业。

斯大林、莫洛托夫和伏罗希洛夫于 1936 年 12 月 21 日联名致函西班牙共和国政府总理,保证苏联政府将在"力所能及的范围内帮助……为进行反对国际法西斯势力的仆从法西斯军事匪帮而斗争的西班牙政府"。苏联人民和世界进步人民一起从道义上和物质上援助西班牙人民捍卫自由和独立的斗争。来自苏联、中国、意大利、

---

① 齐世荣主编:《世界通史资料选辑》现代史部分第 1 分册,第 116—117 页。

法国、德国、南斯拉夫等 54 个国家的 4 万余名反法西斯战士组成著名的国际纵队,同西班牙人民和军队一起进行反法西斯的战斗。1939 年 3 月 28 日,法西斯军队攻占马德里,西班牙人民的正义事业终于被德、意法西斯军队和英法的"不干涉政策"所扼杀。正如斯大林在苏共十八大总结报告①中指出:英法的"不干涉"政策实质上是"纵容侵略,就是策动战争"的政策。

在英法的纵容下,希特勒德国于 1938 年 3 月 11 日和 14 日未发一枪一弹就占领和吞并了奥地利。对于德国法西斯明目张胆的侵略,国联和"不干涉委员会"竟未作出任何相应的反应。唯有苏联政府坚决反对德国占领并兼并奥地利的法西斯侵略。3 月 17 日,苏联外交人民委员李维诺夫发表声明②,严厉谴责德国入侵奥地利并剥夺奥地利独立的法西斯行径。声明指出:法西斯的侵略不仅危及整个欧洲国家,甚至欧洲以外国家的安全,"如果所有国家,特别是在大国集体拯救和平问题上采取果断的、毫不含糊的立场,那么今天为时还不晚,明天也就迟了"。苏联政府表示决心"参加同苏联共同商定的集体行动,这将制止侵略活动的进一步发展,并消除一切严重的新的世界大屠杀的危险"。英国政府拒绝了苏联的建议,认为苏联以"集体行动"制止侵略的建议,"对欧洲和平的前景未必会产生良好的作用"。4 月 2 日英国政府正式承认德国兼并奥地利。

德国兼并奥地利后,越来越狂妄骄横的希特勒就动手侵略捷克斯洛伐克。1938 年 5 月 19 日,希特勒大兵压境,企图用武力迫使捷克斯洛伐克政府屈服。5 月 28 日李维诺夫代表苏联政府重申③:捷克斯洛伐克一旦遭到外敌进攻,苏联政府将随时准备提供必要的援

---

① 斯大林:《在党的第十八次代表大会上关于联共(布)中央工作的总结报告》,《列宁主义问题》,第 666 页。
② 1938 年 3 月 18 日《消息报》,《苏联外交政策文件》第 4 卷,第 344 页。
③ 苏联外交部、捷克斯洛伐克外交部编:《慕尼黑历史的新文件》,世界知识出版社,1962 年,第 15—17 页。

助。8 月 22 日李维诺夫在莫斯科会见德国驻苏大使舒伦堡时直言不讳地声明[1]：一旦捷克斯洛伐克遭到进攻，苏联政府"也将同样履行对捷克斯洛伐克的义务"[2]。9 月 2 日，李维诺夫在莫斯科会晤法国驻苏代表时敦促法国政府履行援助捷克斯洛伐克的义务，指出："如果法国给予援助，我们一定根据苏捷条约，利用一切可行的途径，履行我们的全部义务。"李维诺夫还建议举行苏、法、捷三国军事代表会议，以便落实援助的具体办法。实际上法国政府是不可能接受苏联建议的，因为在解决希特勒德国提出的苏台德问题上，法国政府早已同意英国政府的计划，即满足希特勒对捷克斯洛克的领土要求，条件是不再反对英国。

9 月 3 日，希特勒已经拟定吞并捷克斯洛伐克的"绿色方案"，同时叫嚣即将对捷克斯洛伐克采取行动。张伯伦同希特勒在伯希特斯加登举行第一次会谈后飞返伦敦，9 月 18 日同法国政府的达拉第、博内等在伦敦紧急会晤。次日，将会晤结论以照会形式通知捷克斯洛伐克政府[3]：英法政府已经同意将苏台德区"立即移交德国"，否则，"和平的维护和捷克斯洛伐克切身利益的安全便不可能获得切实的保障"。当天，捷克斯洛伐克总统贝奈斯照会苏联政府，询问当捷克斯洛伐克遭到侵略时，苏联政府是否准备根据苏捷互助条约履行自己的义务，苏联政府对上述提问作了肯定的、明确的答复：立即给予有效的援助。

苏联政府还保证，当捷克斯洛伐克向国联呼吁要求援助时，苏联将根据国联盟约第十六条和第十七条履行自己的义务。后来，李维诺夫在 9 月 23 日国联政治委员会会议上重申了苏联政府对苏捷

---

① 苏联外交部、捷克斯洛伐克外交部编：《慕尼黑历史的新文件》，第 50—60 页。
② 苏联外交部、捷克斯洛伐克外交部编：《慕尼黑历史的新文件》，第 80 页。
③ 李巨廉、王斯德主编：《第二次世界大战起源历史文件资料集》（1937 年 7 月—1939 年 9 月），华东师范大学出版社，1985 年，第 311—312 页。

互助条约所承担的义务。不仅如此,苏联政府在行动上还作出了实质性的反应:命令陆军、空军和坦克部队进入临战状态,甚至为派遣空军援助捷克斯洛伐克作好了准备①。9月30日凌晨,英法屈从德国的压力,在慕尼黑签订了关于捷克斯洛伐克割让苏台德领土给德国的《德英法意四国协定》②,即臭名昭著的《慕尼黑协定》。

四、20世纪30年代的远东政策

1931年日本侵入中国东北的九一八事变后,苏联的《消息报》和《真理报》及时发表社论和文章,严厉谴责日本帝国主义的法西斯侵略。《真理报》的文章表示对中国人民深切的同情,"苏联劳动人民密切注视着中国的斗争"。此后,苏联政府多次表示在道义上、精神上和感情上完全同情中国人民,愿做一切必要的帮助。但是,1931年10月28日,当日本驻苏公使广田弘毅会见加拉罕,要求澄清关于苏联援华抗日和如何处理中东铁路权益问题时,加拉罕却矢口否认苏联援华抗日有任何事实依据,并声称:苏联政府历来尊重他国的主权,涉及与中国缔结的条约,将持"严正的不干涉政策"。11月14日,苏联外交人民委员李维诺夫再次重申"不干涉政策",20日又致函广田弘毅强调将保持"最严正的中立",要求日本也不要侵犯苏联在中国东北的权益。1932年3月1日,日本一手炮制的"满洲国"成立,《消息报》发表社论,宣称苏联将丝毫不改变与"和平政策相联的绝对不干涉政策"。1932年8月29日,广田弘毅会见加拉罕时要求苏联承认"满洲国",以及就处理中东铁路问题交换意见。1933年5

---

① 参阅李巨廉、王斯德主编:《第二次世界大战起源历史文件资料集》(1937年7月—1939年8月),第343—345页。
② 《第二次世界大战前夜苏联为和平而斗争(1938年9月—1939年8月)》(以下简称《苏联为争取和平而斗争》),莫斯科,1971年,第1—2页。

月 2 日,李维诺夫正式表示中东路权可以"售予"日本。但日本表示中东路在"满洲国"境内,只能与"满洲国"交涉"出售"路权问题。日本意在逼苏承认伪满洲国。苏联为了远东地区的安全,不惜损害中国人民的利益,处处与日妥协。1933 年 6 月 26 日,苏联和伪满洲国代表在日本外务省官邸开始谈判"出售"中东路问题。谈判历时一年零九个月,于 1935 年 3 月 23 日签订了《"满洲国"和苏维埃社会主义共和国联盟关于将北满铁路(中东铁路)上苏维埃社会主义共和国联盟的权让渡给满洲的协定》,以 1.7 亿日元(其中包括苏联职工退职金 3000 万元)的代价,将全长 1700 公里的中东铁路及其附属财产"售予"日伪。然而日本军部和内阁并未因苏联的妥协而改变夺取苏联远东地区的北进战略。1931—1933 年日本多次拒绝苏联关于缔结苏日中立条约的建议。1938 年 7 月和 1939 年 5 月,日本在张高峰地区和诺蒙坎地区先后多次向苏军发动进攻。

日本发动全面侵华战争后,苏联政府对中国人民进行了无私的援助。1937 年 8 月 21 日与南京政府签订了《中苏互不侵犯条约》,1939年 6 月 16 日,在莫斯科签订了《中苏通商条约》。根据这些条约,中国从苏联获得大批军用物资和优惠贷款。苏联向中国提供了 600 架飞机,1000 门大炮和 8000 挺机关枪。苏联军事顾问和志愿飞行人员也随之而来。约有百余名苏联飞行员在战斗中献出了宝贵的生命。对于苏联政府和人民的援助和牺牲精神,中国人民是永志不忘的。

第四节　争取自身安全的对外政策

一、对外政策的变化

《慕尼黑协定》签订后,欧洲的战略形势发生了有利于希特勒德国的变化。苏台德区拥有仅次于法国马奇诺防线的边防工事,集中了捷克斯洛伐克近 1/2 的重工业，还有 11000 平方英里的土地和 360 万日耳曼人、捷克斯洛伐克人。这一切都按协定为德国吞并，无疑大大加强了希特勒德国的军事、经济实力，从而为它称霸东欧和东南欧创造了条件。继《慕尼黑协定》立即签订的《英德宣言》①宣告：两国今后"永不彼此开战"，一致同意"采取协商的方法来解决……一切其他问题"。1938 年 12 月 6 日签署的《法德宣言》②宣称："两国之间没有任何悬而未决的领土问题"，"目前所划定的疆界是最终疆界"。两国将尽其所能保证"和平睦邻关系"的发展。两个宣言表明：(1) 英法同德的矛盾暂时有所缓和；(2) 法捷、法苏互助条约已名存实亡，法、捷、苏之间反法西斯互助关系也已不复存在；(3) 英法的出卖，苏联在国际上的孤立，使东欧和东南欧一些小国家对英法失去信任和对苏联失去信心，从而转向德国，正如罗马尼亚国王卡罗尔二世所说："小协约国已不再存在"；(4) 英法同苏联的关系疏远了，这是希特勒德国离间政策的结果，也是长期以来梦寐以求的愿望，因为这样可使德国避免由于英法、苏联盟而处在受东西夹击的困境；(5) 由于德国外交上占了便宜，更加助长了他们的法西斯侵略势头。

慕尼黑会议后，尤其在英国，绥靖势力依然牢牢控制着内阁。他们的言行表明，英国外交仍沿着慕尼黑道路继续走下去。英国保守党有影响的活动家比维布鲁克说："张伯伦仍然确定通过同希特勒和墨索里尼进行外交谈判是可以达到使欧洲停止敌对行为的，而不必采用强硬的手段"，"首相并不想对德国在东南欧和土耳其的扩张进行任何抵抗。相反，他指望建立一个'妥协性的欧洲'，来推动

---

① 李巨廉、王斯德主编：《第二次世界大战起源历史文件资料集》(1937 年 7 月—1939 年 8 月)，第 353 页。
② 李巨廉、王斯德主编：《第二次世界大战起源历史文件资料集》(1937 年 7 月—1939 年 8 月)，第 399 页。

德国希特勒同苏联发生冲突"①。张伯伦首相的工业顾问格拉斯·威尔逊说:"随着'妥协性的欧洲'的形成,'缓和势力'将起作用,德国禽兽的侵略性也'一定大大减弱'。"②首相张伯伦本人则在 10 月30 日内阁会议上公开声明:"我们的对外政策就是绥靖政策。我们应当努力和极权制度建立那样一种关系,以便能够达到欧洲的调整并建立起稳定关系"③。张伯伦硬要人们相信他的"慕尼黑模式"将会给欧洲带来"和平",把法西斯侵略的矛盾引向东方。

希特勒在慕尼黑曾对张伯伦许下诺言,苏台德是他在欧洲的最后领土要求。然而,《慕尼黑协定》的墨迹未干,希特勒、墨索里尼却又提出了兼并默默尔、但泽、科西嘉、突尼斯和吉布提的新要求。尽管张伯伦感到烦恼,仍决定带着痛苦的心情于 1939 年 1 月上旬访问罗马,为的是以"极大的努力"把希特勒的侵略矛头引向东方。1938 年 12 月 8 日,英国外交大臣范西塔特曾透露:希特勒将向东方包括苏联的乌克兰"实施打击",而"张伯伦集团蓄意宣扬德国侵略的'乌克兰方向'"④。法国外长庞纳也有一套"绥靖欧洲"的计划:"在英国(自然还有德国)的帮助下……在东方满足德国的要求,同时尽可能把德国从西方和地中海方向引开。"庞纳甚至毫无掩饰地说:"非得在东方作出牺牲不可",需要向德国的扩张"提供出路"和"提供粮食和原料基地",对法西斯作出"理智的"让步⑤。

然而希特勒并没有因为英法的一再让步和妥协有所收敛。慕尼黑会议刚结束,希特勒就得意地对他的同僚说:"民主国家竟然使我们这样容易达到目的,这是令人吃惊的……他们孝敬我们越多,

---

① 《苏联为争取和平而斗争》,第 51 页。
② 《苏联为争取和平而斗争》,第 62 页。
③ 丘巴良:《欧洲国际关系(1919—1939)》,莫斯科,1979 年,第 375 页。
④ 《苏联为争取和平而斗争》第 156—157 页。
⑤ 《苏联为争取和平而斗争》,第 198 页。

我们越是要架子十足地向他们提出更多的要求。"①希特勒没有食言,签字不到 10 天,就给最高统帅部下达密令,要求拟订一个"清算捷克斯洛伐克的剩余部分"和"占领默默尔区"的行动计划。后来又下达了"补充命令"②,要求为彻底实施"绿色方案"加紧作好准备。

英法绥靖势力与希特勒德国的公开勾结,希特勒德国在英法纵容下进攻势态咄咄逼人,日本法西斯在远东地区与希特勒德国遥相呼应,配合行动,威胁着苏联的安全,苏联提出的集体安全体系已事过境迁。形势对苏联来说是严峻而恶劣的。为了防止西方国家重建反苏联盟和摆脱国际上的孤立状态,在新形势下苏联外交的基本目标是继续争取与英法联合,制止法西斯挑起新的世界大战同时与德国接近,搞缓和,避免英法纵容德国对苏开战。

尽管苏联对英法的态度疑虑重重,但还是尽可能地告诫英法要识破德国人关于乌克兰的宣传乃是希特勒"宣传性的佯攻,其目的在于麻痹和安抚英法并以此掩护为他们准备的一份新的'礼品'"③。同时苏联一再呼吁加强苏英关系,对"未来的世界和平"将具有决定性的意义。

尽管德国法西斯进攻态势咄咄逼人,但只要苏德之间不发生战争,与德接近搞缓和,即使是短暂的,对苏联总还是有益的。希特勒从战略需要出发,也在考虑改善对苏关系。1938 年底《苏德经济协定》期满,双方就此机会开始举行谈判,并于 1939 年 1 月初达成恢复经济谈判的协议。经济联系往往为政治解冻起着媒介作用。正因为如此,当西方舆论界盛传德苏两国正在"恢复友好关系"时,触动了张伯伦、哈里法克斯之流的政治神经,多次向迈斯基表示关切。

① 基思·米德尔马斯:《绥靖战略》,上海译文出版社,1978 年,第 295 页。
② 李巨廉、王斯德主编:《第二次世界大战起源历史文件资料集》,第 414 页。
③《苏联为争取和平而斗争》,第 136 页。

2月间,苏联政府不断获悉:张伯伦"已在准备第二个慕尼黑"[①];"庞纳自己就准备大大迎合意大利人的要求","如果张伯伦施压力,让步的幅度还会更大"[②]。2月底,驻英大使迈斯基在一份评述中对1938年英国对外政策作了总结,认为一年中英国绥靖政策"没有发生任何变化",已经到来的1939年,"张伯伦的路线……仍将是不列颠对外政策的'总路线'"[③]。大量事实证明了迈斯的估计:"张伯伦是一个无希望的人。他不可能改变方向。"[④]此时,正是希特勒要着手实施"绿色方案",最后吞并捷克斯洛伐克的时候。1939年3月10日,斯大林在联共(布)十八大的工作总结报告中阐述了新形势下苏联对外政策反法西斯和反对纵容法西斯侵略的原则立场,指出:"我们拥护和平,拥护加强同所有国家的事务联系,我们和将来都始终坚持这个立场,只要这些国家也对苏联保持这样的关系,只要他们不试图破坏我们国家的利益。"最后,斯大林总结20世纪30年代,尤其慕尼黑会议以来国际形势的变化之后,提出了"保持谨慎态度,不让那些惯于从中渔利的战争挑拨者把我们国家卷入冲突中去"的新的外交路线。这条路线,是从维护苏联各族人民的自身安全和利益出发,对1933年12月联共(布)十七大通过的建立集体安全体系对外政策的修正。

二、苏、英、法谈判

《慕尼黑协定》签订不到半年,希特勒在1939年3月15日完成了"绿色方案",吞并了捷克斯洛伐克的残存部分。希特勒德国兼并

---

①《苏联为争取和平而斗争》,第188页。
②《苏联为争取和平而斗争》,第204页。
③《苏联为争取和平而斗争》,第212页。
④《苏联为争取和平而斗争》,第157页。

奥地利和捷克斯洛伐克,控制了中欧,为进攻波兰、苏联和巴尔干创造了条件;同时表明向新的世界大战又迈进了一步。这一事件,震动了欧洲各国的各阶层人士。尤其在英国,掀起了反绥靖主义的浪潮。以英国丘吉尔为代表的一部分资产阶级政治家,主张建立包括苏联在内的反德联盟,指出:"没有一条强大的东战线,就无法令人满意地保障英国在西欧的利益;而没有俄国,也就不可能有一条强大的东战线。"法国由于直接面临德国的威胁,联俄抗德的呼声更为高涨。

张伯伦因国内的舆论压力,被迫同意与苏联谈判。但张伯伦并没有放弃绥靖政策,对英苏谈判一直缺乏诚意。1939 年 3 月 17 日,英国驻苏大使西兹奉命会见苏联外交人民委员李维诺夫时,提出一旦德国入侵罗马尼亚,苏联政府将采取什么措施,李维诺夫反问西兹,英国将作何反应,西兹竟避而不答。但是,当李维诺夫建议召开与局势有关的六国(苏、英、法、罗、波、土)会议,共商制止德国侵略时,英国政府却借口"条件尚未成熟",为时尚早,而加以拒绝。由于国内联俄抗德的呼声日益高涨,英国政府于 4 月 15 日竟建议苏联发表声明,即当欧洲国家遭到德国侵略时,苏联将予以援助。对于这种近乎无理的建议,苏联政府理所当然地予以拒绝。4 月 16 日,李维诺夫接见西兹时提出了反建议:缔结一份英、法、苏合作 5 至 10 年的三边互助条约。张伯伦迟迟不予回答,直到 5 月 8 日才宣布拒绝苏联的反建议,但在国内引起了朝野的强烈不满。5 月 19 日,丘吉尔在下议院的外交政策辩论会上严厉责问张伯伦:"如果你准备在战争中和俄国结盟(这是最大的考验和最大的事件);如果你准备在保卫我们曾予以保证的波兰和罗马尼亚时与俄国结盟,那么,你为什么又害怕现在就同俄国结盟呢? 在这个时候结盟这一事实本身就可以防止战争的爆发。"当时正是德国向苏联试探建立正常关系,张伯伦政府才在 5 月 27 日同意同法国政府一起向苏联提出新的缔约建议案。

英法的建议规定,当缔约三方的任何一方遭到侵略时,其他两方应予援助;同时规定,苏联应对英法保证的五国(波、罗、土、希、比)给予援助。建议案并没有提到当德国通过波罗的海国家(拉脱维亚、爱沙尼亚、芬兰)进攻苏联时英法是否予以援助,也没有涉及三方缔结军事专约的问题,否则对被侵略国提供军事援助时将无章可循无法可依。因此,苏联政府于6月20日建议:缔结三国互助条约的同时签订一项军事专约;援助英法保证的五国时,对波罗的海三国无论遭到直接或间接侵略均应予以援助。苏联新任外交人民委员莫洛托夫还邀请英国外交大臣哈里法克斯到莫斯科参加谈判,以加快谈判的进程。当时,英德谈判正在秘密进行中,张伯伦唯恐委派外交大臣前往苏联谈判将会危及英德密谈,因此只派了外交部的低级官员威廉·斯特朗代表英国政府参加莫斯科三国政治谈判。与此同时,英法于6月15日就苏联政府6月2日的建议作了答复,表示不能因苏联支持波罗的海国家反对侵略而对它们提供援助。7月1日英法被迫同意当波罗的海国家遭到直接侵略时同苏联一起对它们提供安全保证,但拒绝在它们遭到苏联提出的所谓"间接侵略"时给予援助。英法企图在"间接侵略"问题上寻找借口,以摆脱履行援助的义务。由于英国缺乏诚意,意见分歧太大,英、法、苏三国政治谈判陷入僵局。

1939年7月9日,苏联政府为了打破谈判僵局向英法建议:在政治谈判达成协议之前,同时举行军事谈判。当时,由于英德密谈的消息已被新闻界披露,张伯伦的处境极其困难;同时苏德经济谈判有可能导致苏德关系的改善。张伯伦政府才同意苏联的建议,并于7月25日通知苏联政府,英国政府将派军事代表团前往莫斯科参加三国军事谈判。

三国军事谈判从8月12日开始。苏联军事代表团由国防人民委员伏罗希洛夫元帅率领,而英法的代表团长则由二三流人物担任。英国政府并没有赋予代表团任何权力,不但如此,竟训令代表团"缓慢地进行谈判",谈判中回避讨论援助波罗的海国家和援助波兰、罗马尼亚时苏军过境问题,等等。谈判从一开始就蒙上了前景暗淡的阴影。但是,苏联代表团仍为谈判成功作了努力,提出了一份英、法、苏共同抗击侵略、互相协调行动的军事计划。计划规定:只要英法投入相当的兵力,苏联保证在欧洲部署136个师的兵力、5000门重炮、近万辆坦克和5000至5500架飞机抗击侵略者。如果英法遭到侵略,苏联将以英法用以抗击侵略者的70%的兵力投入战场;如果波兰和罗马尼亚遭到侵略,苏联将以与英法同等数量的兵力投入战场;如果侵略者通过波罗的海国家进攻苏联,英法应以苏联抗击侵略者的70%兵力投入战场。然而,英法代表团回避讨论具体的军事计划,空谈军事合作的一般原则。当伏罗希洛夫追问英法代表,一旦战争爆发,英法究竟能投入多少兵力共同对德作战,法国代表表示一无所知,英国代表表示只能派遣6个师的兵力到大陆作战。

因为苏德之间没有共同的边界,苏联代表团提议允许苏军通过波兰国境援助波兰和罗马尼亚,共同抗击侵略者,并建议英法出面敦促其盟国波兰和罗马尼亚允许苏军过境。英法借口波兰是独立国家,应由苏联自己出面交涉;同时,波兰政府表示坚决反对苏联的建议,8月20发表政府声明:波兰政府在任何情况下都不能同意苏军进入波兰。英法及其盟国波兰和罗马尼亚既要苏军援助又都拒绝苏军过境。谈判进展到了几乎没有回旋的余地。但苏联代表团仍耐心等待英法能在最后时刻回心转意,促使波兰、罗马尼亚改变态度,而英法代表团无意改变错误立场,企图以波兰不同意苏军过境为由,将谈判拖延下去。此时,德国正要求同苏联改善政治关系并缔结互不侵犯条约,苏联政府在同英法结盟无望的情况下,考虑苏联的国家安全和利益,决定消除苏联单独同德国战争的危险,同德签订了互不侵犯条约。历时 4 个多月的英、法、苏三国谈判终于宣告失败。

三、《苏德互不侵犯条约》

斯大林在联共十八大的报告,苏联外交的人事变动由莫洛托夫取代李维诺夫担任外交人民委员,莫斯科正在举行的英法苏三国谈判,这几件事都使希特勒德国深感忧虑,担心英、法、苏结盟,使德国在未来的世界大战中处在东西夹击之中。从 1939 年 5 月到 8 月,德国外长里宾特洛甫曾多次指示德国驻苏联大使舒伦堡,向莫洛托夫表明德国无意进攻乌克兰,建议德苏加强政治关系,使两国关系"安定化、正常化"起来,甚至表示德国愿在波兰和波罗的海地区尊重苏联的利益,等等。莫洛托夫接见舒伦堡时指出,苏联政府注意到了德国外交部的数次声明,但至今尚无事实可以证明德国对苏政策已有转变,婉言拒绝了德国的建议。到 8 月份,由于实施侵略波兰的"白色方案"的限期日益追近,希特勒迫切需要立即改善同苏联的关系。8 月 14 日里宾特洛甫以特急电告舒伦堡,立即用原话转告莫洛托夫:德苏关系已"临到了一个历史性的转折点"[1],德国外长将"以元首的名义"访问莫斯科,向斯大林转达元首的意见。莫洛托夫仍以毫无准备为由,再次婉言拒绝。此时希特勒已下达实施"白色方案"的作战命令,为保证 9 月 1 日侵波战争按时进行,希特勒于 8 月 20 日直接电告斯大林,要求允许里宾特洛甫赴苏会谈签约。苏联政府鉴于英法缺乏诚意,争取与英法结盟无望,德日两个法西斯又在谈判结成军事同盟,加之日本在远东地区挑起诺门坎事件,向苏联

---

① 威廉·夏伊勒:《第三帝国的兴亡—纳粹德国史》(上),世界知识出版社,1965 年,第714 页。

发动进攻,苏联有受到日德东西夹击的危险,苏联政府为了自身的安全,作出重大决策,同意里宾特洛甫访苏缔约。

里宾特洛甫带着希特勒亲笔签字的全权证书,拥有同苏联签订互不侵犯条约一经签字便立即生效的大权,于 8 月 22 日飞抵莫斯科,同斯大林和莫洛托夫举行会谈,8 月 23 日签订了《苏德互不侵犯条约》①。条约的主要内容有:

(1)缔约双方保证不单独或联合其他国家彼此间施用武力,进行侵略或者攻击。

(2)缔约国之一如与第三国交战,另一缔约国决不支持第三国。

(3)缔约国双方决不参加任何直接或间接反对缔约国另一方的国家集团。

(4)缔约国之间倘若发生争执,不论争执的性质如何,双方应绝对只用和平方法予以解决。

条约有效期为 10 年。

《苏德互不侵犯条约》还附有《秘密附属议定书》②,主要内容是:

(1)在芬兰、爱沙尼亚、拉脱维亚、立陶宛等波罗的海国家所属地区发生领土上或政治上的变动时,立陶宛的北部边界应成为德国和苏联两国势力范围的边界。双方承认立陶宛在维尔那地区的利益。

(2)在波兰国家所属的地区发生领土上或政治上的变动时,德国和苏联的势力范围将大体上以那累夫河、维斯瓦河和散河一线为界。

缔约双方的利益是否需要维持一个独立的波兰以及这个国家

---

① 《国际条约集》(1934—1944),第 226—228 页。
② 1948 年 1 月,美国国务院编辑出版的《1939—1941 年的纳粹—苏联关系》首次公布了此件。1948 年 2 月,苏联情报局发表《揭破历史捏造者(历史事实考证)》,抗议美国单方面公布德国外交文件,但对《秘密附属议定书》从未加以否认。

的边界应如何划定的问题,只有在今后政治局势的进一步发展中方能予以明确决定。在任何情况下,两国政府都将通过友好协议来解决这个问题。

(3)关于东南欧,苏联提请注意它在比萨拉比亚的利益。德国方面宣布,它在政治上对这些地区完全不感兴趣。

《苏德互不侵犯条约》是在苏联建立欧洲集体安全体系陷于失败,有可能受到日德东西夹击的危险形势下,为维护苏联自身安全而签订的。《条约》的签订,宣告了英法纵容德国、祸水东引的绥靖政策彻底破产。20世纪30年代,全世界人民面临着法西斯侵略的严重威胁,长期以来苏联倡导欧洲集体安全,支持各国人民反法西斯斗争。然而,英法的绥靖势力极力纵容法西斯,祸水东引,企图挑起苏德战争,以便从中渔利。《苏德互不侵犯条约》正好击中张伯伦之流的要害,苏联避免了与德单独作战,反而爆发了英法与德国的战争。张伯伦搬起石头砸了自己的脚,自食恶果。甚至连丘古尔也大加称赞苏联的这一外交决策,并认为是英法外交政策和外交手段的"绝顶失败"。

《条约》的签订,为苏联赢得了23个月的宝贵备战时间。苏联政府利用这段时间迅速扩军,加速发展东部地区的工业,加紧储备战争物资等等。这些对苏联赢得战争的胜利具有重大的意义。

《条约》的签订,加深了德日矛盾,打破了德日反苏统一战线。1936年德日签订的《反共产国际协定》的秘密附件中规定德日共同反苏并相互支持。正当日本在远东地区挑起诺门坎事件向苏联进攻时,德国竟同苏联签订互不侵犯条约,从而打击了日本法西斯的侵苏计划。日本平沼内阁因此遭到谴责,不久宣布下台。从此之后,这两个法西斯国家的步调始终未能统一。1941年6月德国挑起苏德战争,要求日本从东线配合行动,参加对苏战争,日本却一心推进南进计划,去偷袭珍珠港,对德国的紧急呼吁也不予理睬。

《条约》的签订,德国也避免了东西两线作战的危险,集中力量实现了"先西后东"战略,然后以大半个欧洲的力量进攻苏联,使苏联卫国战争初期遭到了重大损失。

苏德签订互不侵犯条约时秘密"讨论了划分各自在东欧的势力范围问题",签署了《秘密附属议定书》,苏联的这些行动违背了社会主义国家对外关系的基本准则,有损于社会主义国家的威望,同时也暴露了苏联的大国沙文主义。

四、建立"东方战线"

1939 年 9 月 1 日,希特勒德国按时实施入侵波兰的"白色方案"。两天后,英法对德宣战,二战爆发。正当德军对波兰突然袭击的时候,英法政府竟宣而不战,没有出兵援助其盟国波兰,实际上是继续执行祸水东引的反苏政策。为了防止战火继续东延,为了苏联自身的安全,苏联政府决定立即行动,在西部边界建立一条阻止德国法西斯继续东进的防御线——"东方战线"。这条战线从苏军出兵波兰开始,经过苏芬战争,到波罗的海三国和比萨拉比亚最后加入苏联为止,即从波罗的海到黑海的"东方战线"不到一年终于建成。

根据 1921 年苏波签订的《里加条约》,西乌克兰和西白俄罗斯正式归属波兰。1932 年又签订了《苏波互不侵犯条约》。但是,正当波兰军民奋起抗击德国入侵陷入困境的时候,苏联政府于 1939 年 9 月 17 日竟宣布"波兰国家和政府已不复存在。因此,苏联波兰之间缔结的条约已归无效","苏联政府对居住在波兰境内的同胞——乌克兰人和白俄罗斯人的命运也不能采取漠不关心的态度"。接着红军就开进波兰东部。9 月 18 日,苏军与德军在布列斯特会合时,双方并未发生任何冲突。德军完全按照《苏德互不侵犯条约》的《秘密附属议定书》第二条规定,主动撤出那累夫河—散河一线以东已经占领的地方,移交给苏联军队。苏军在德军的密切配合下"解放"了西乌克兰和西白俄罗斯。

苏军开进波兰东部后,莫洛托夫向德方提出,苏联希望以皮萨河—那累夫河—维斯瓦河—散河为界分割波兰,并以此为基础立即举行谈判。德方完全同意。8 月 27 日和 28 日,德国外长里宾特洛甫同斯大林和莫洛托夫举行会谈,签订了《苏德边界友好条约》,最后完成了对波兰的瓜分。

苏联政府认为,波罗的海三国在苏联的安全体系中具有重要的战略意义。因此,当苏德完成瓜分波兰后,苏联政府就立即着手按《苏德互不侵犯条约》的《秘密附属议定书》的第一条规定解决波罗的海三国的问题。斯大林在 9 月 25 日晚便将此意通知德国驻苏大使舒伦堡,并希望德国政府予以慷慨支持。德国方面同意了苏联的意见。苏联政府在 9 月 28 日、10 月 5 日和 10 月 10 日分别同爱沙尼亚、拉脱维亚和立陶宛签订了内容相同的"互助公约"①。根据"公约"规定,苏联在三国境内拥有驻军、建筑飞机场和海军基地的权利。苏联加强了对波罗的海和芬兰湾的军事控制,三个小国实际上沦为保护国。

1940 年 6 月 14 日,苏联趁德国西进无暇东顾之机,借口立陶宛政府破坏苏立互助条约,向立陶宛政发出最后通牒,要求在立陶宛立即建立一个能够并愿意保证苏立互助公约切实履行和坚决制裁公约敌人的政府,并保证苏军在立陶宛境内自由通行和苏军数量增加到足以保障公约的执行,等等。立陶宛政府被迫完全接受苏联提出的各项要求。次日,苏军占领了立陶宛。6 月 15 日,苏军又向爱沙尼亚、拉脱维亚提出同样的要求,爱、拉也被迫接受,接着也被苏军占领。

---

① 《国际条约集》(1934—1944),第 234—236 页。

芬兰在苏联"东方战线"的最北端。苏联政府以保障其西北边境尤其是列宁格勒的安全为由,1939 年 10 月向芬兰政府提出谈判解决边界变动问题。苏联政府要求租借汉科港 30 年,芬兰湾中的岛屿、卡累利阿地峡的一部分,总共 2761 平方公里的芬兰领土割让给苏联。苏联则将雷波拉和波罗斯湖地区总共 5523 平方公里的苏联领土作为交换让与芬兰。芬兰认为苏联的要求侵犯了芬兰的独立与主权,又不符合芬兰的中立政策,只同意在卡累利阿地峡把边界北移十俄里(合 10.67 公里)。由于分歧太大,谈判陷于僵局。

苏联政府决定利用军事手段来达到自己的目的,借口芬兰边防军向苏军挑衅向苏联境内发射炮弹,提出要求卡累利阿地峡的芬军北撤 20 至 25 公里。芬兰政府拒绝苏方要求,提出双方后撤均等的距离。11 月 28 日苏联政府指责芬兰的答复乃是敌对的表现,宣布废除 1932 年签订的苏芬互不侵犯条约;次日宣布同芬兰断交。30日清晨,苏军进攻芬兰,苏芬战争开始。1940 年 2 月 11 日,苏军大举进攻,突破了曼纳林姆防线后,芬兰同意举行谈判,3 月 12 日在莫斯科签订了《苏芬和平条约》①,规定:靠近列宁格勒地区的苏芬边界北移 150 公里;卡累利阿地峡连同维堡市,维堡湾和芬兰湾中的岛屿,拉多湖西岸和北岸地区以及卡累利阿北部领土都划归苏联。苏联所得土地比原来所提的土地扩大了数倍。苏联作为交换的领土,和约中根本就没有提。此外,苏联还得到汉科半岛 30 年的租借权,比原来租借汉科港 30 年也进了一步。

罗马尼亚的比萨拉比亚和北布科维纳在苏联"东方战线"的最南端。1940 年 6 月 26 日,苏联政府以比萨拉比亚原属俄国以及北布科维纳的居民主要是乌克兰人为由,向罗马尼亚政府提出最后通牒,将这两块地方归还苏联。罗马尼亚政府被迫同意。28 日,苏军

---

① 《国际条约集》(1934—1944),第 250—253 页。

奉命进驻比萨拉比亚和北布科维纳。

在反对法西斯侵略的特殊历史条件下,苏联为了加强边境防御,建立一条抗击法西斯侵略的防御线,是具有积极作用和重要意义的。然而,苏联的这条防御线——"东方战线"却建立在离自己边界以西三四百公里的邻国的领土上,而且采用了非常手段,甚至用大国划分势力范围的恶劣做法实现。这种把自己的意志强加给弱小邻邦的行动,实质上是背信弃义的行径,影响极其恶劣。

五、签订《苏日中立条约》

1940年8月初,希特勒德国进逼英伦后就开始制订对苏作战计划。1940年9月27日,德、意、日三国在柏林签订了《同盟条约》。12月5日希特勒批准了最初以"奥托"为代号,后又改称为"巴巴罗萨计划"的对苏作战方案。以上情况表明,德国法西斯挑起苏德战争已经不可避免。但斯大林仍相信签订《苏德互不侵犯条约》的希特勒不会在短期内撕毁条约。然而苏联远东地区的安全却因为日本关东军的武装挑衅而受到威胁。在张高峰地区和诺门坎地区,日军进攻先后被苏联红军击退后,1939年9月15日,苏日达成停止军事行动和成立划界委员会的协议。11月开始苏日谈判,12月31日签订了苏日协议,表明苏日关系有所缓和。

1940年下半年,日本在对苏战略上有了重大的改变。7月27日,日本大本营及内阁联席会议决定实施南进政策。为保证南进政策的实施,有必要"迅速调整对苏外交",这样可以避免两线作战。为此,早在7月初日本政府就建议举行日苏谈判,缔结中立条约。苏联政府从自身安全出发,也希望与日本的关系进一步缓和,同意日方的建议。1941年3月12日,日本外相松冈洋右赴欧途经莫斯科时,同苏联政府进行了初步谈判。4月7日回到莫斯科同莫洛托夫再次会谈,13 日签订了《苏日中立条约》①及附件《声明书》②。

《条约》规定:缔约双方保证尊重缔约另一方的领土完整和不可侵犯,如果缔约的一方成为第三者的一国或几国军事行动的目标,缔约的另一方将严守中立。《苏日中立条约》的签订有利于巩固苏联远东地区的安全。一旦爆发苏德战争,苏联则可避免受东西夹击、两线作战的困境。然而苏联只顾自身安全,不顾他国利益,完全违背了国际主义原则。正因为《条约》的签订,解除了日本扩大侵华的后顾之忧,从而为中国人民抗日战争带来了困难。

应当指出,附件《声明书》还含有重大的错误。《声明书》指出:"苏联承担尊重'满洲国'的领土完整和不受侵犯的义务,而日本对蒙古人民共和国也承担同样的义务。"众所周知,1924 年 5 月签订的《中俄解决悬案大纲协定》明确规定:"苏联政府承认外蒙古为完全中华民国之一部";1932 年 3 月 1 日成立的"满洲国"乃是由日本帝国主义阴谋策划而成的傀儡政权。苏联作了违背协定和不尊重事实的声明,侵犯了中国的主权,干涉了中国的内政,伤害了中国人民的感情。

---

① 《国际条约集》(1934—1944),第 303—304 页。
② 葛罗米柯等主编:《苏联对外政策史》(1917—1945),第 416 页。